College Aesthetic
Education

大学美育

主 编·冯民生

副主编·许多忠　石　洁　布和巴特尔　杨佩瑶　王　豪

ZHEJIANG UNIVERSITY PRESS
浙江大学出版社
·杭州·

图书在版编目（CIP）数据

大学美育 / 冯民生主编. -- 杭州 ：浙江大学出版

社，2025. 8. -- ISBN 978-7-308-26696-3

Ⅰ. G40-014

中国国家版本馆 CIP 数据核字第 20255G4E26 号

大学美育

DAXUE MEIYU

冯民生　主编

策划编辑	李　晨	
责任编辑	胡佩瑶	
责任校对	葛　娟	
封面设计	春天书装	
出版发行	浙江大学出版社	
	（杭州市天目山路148号　邮政编码310007）	
	（网址：http://www.zjupress.com）	
排　　版	杭州林智广告有限公司	
印　　刷	杭州宏雅印刷有限公司	
开　　本	787mm×1092mm　1/16	
印　　张	14	
字　　数	286千	
版 印 次	2025年8月第1版　2025年8月第1次印刷	
书　　号	ISBN 978-7-308-26696-3	
定　　价	49.00元	

前　言

　　美育是大学生德智体美劳全面发展教育方针的重要组成部分，是审美教育、情操教育和心灵教育相互融通，塑造美好心灵，涵养健全人格的教育。大学美育是与幼儿启蒙美育、小学美育、中学美育以及职后继续美育前后衔接的终身美育过程中的关键一环。本教材通过对自然美、社会美、艺术美和科技美等审美形态的案例赏析，感知美、鉴赏美、创造美，从而提升大学生的审美和人文素养。大学美育应以艺术教育为主渠道、课堂教学为主阵地、实践活动为载体，坚持"五育融合"的系统育人导向，践行德智体美劳全面发展的教育理念。需要挖掘各类课程中的美育元素，以教学审美化、课程美育化培育大学生的审美素养，在美育课堂教学中发挥以美启智、以美润善、以美育人的功能，实现立德树人的根本任务。本教材是为适应我国美育发展新态势和新需求而编写的大学美育教材。本教材从大学生心灵陶冶和人格健全的视角阐释美育问题，使美育成为大学生人格养成的主要途径。

　　本教材由八章内容组成。第一章阐述了美育的性质、特征、目标和功能等基本理论问题。第二章、第三章论述了自然美育和社会美育的性质、形态、特征、欣赏与价值。其中，自然美育从风光美、景观美和生态美三个层面加以展开；社会美育从生产劳动、社会变革、民俗民风、社交礼仪四个方面进行论述。第四章至第六章是本教材的主体部分，阐述了艺术美的性质、分类、特征和价值，将艺术美育分为造型艺术、表现艺术、语言艺术和综合艺术四类，并对四类艺术的审美特征和鉴赏方法加以论述。第七章阐述了科技美育的性质、形态、特征和欣赏方法，从通过科技活动认识世界的旨趣出发，探讨科技美的表现形态和育人功能。第八章探讨了大学生美育的目标、特征、途径，并对大学生人生境界的内涵和追求审美化人生进行了论述。

　　本教材的主要特色和创新之处表现在以下五个方面：一是着眼于立德树人的根本任务，回应"人生艺术化"的价值求索。大学美育教材内容体系的逻辑起点立足于立德树人这一根本方向，陶冶活泼敏锐之性灵，养成高尚纯洁之人格，培养具有崇高审美追求与高尚人格修养的时代新人。二是紧扣时代脉搏，坚持政策导向。按照2020年中共中央办公厅、国务院办公厅联合印发的《关于全面加强和改进新时代学校美育工作的意见》、2022年教育部办公厅印发的《高等学校公共艺术课程指导纲要》，以及2023年教育部办公厅印发的《关于全面实施学校美育浸润行动的通知》等文件，落实高校要担负起的美育教材建设的主体责任，团队组织编写美育教材。三是淡化美育理论思辨色彩，语言表达浅显易懂。教材内容既有适度的理论知识价值引领，又不会使学生深陷思辨性理论，产生乏味感。本教材语言简洁明了，富有亲和力，与当代大学生的成长环境相契合。四是注重案例鉴赏，强化文本分析。教材以诗歌、绘画、书法等艺术精品为范例进行文本赏析。五是各章设有"学习目标""内容概要""本章小结""思考练习"，有助于大学生的课程学习及自修。

本教材由冯民生担任主编，许多忠、石洁担任副主编。许多忠撰写第二章、第六章、第七章、第八章；石洁撰写第一章、第三章、第四章、第五章。全书由主编冯民生统筹定稿。

本教材在编写过程中参考了大量相关文献，编者在此向这些文献的作者们深表谢意。由于编者水平有限，加之时间仓促，书中难免有疏漏和不妥之处，敬请读者提出宝贵意见。

编　者

2024 年 11 月

目　录

第一章　美育概述 / 1

　　第一节　美育的性质 / 6

　　第二节　美育的特征 / 8

　　第三节　美育的目标 / 12

　　第四节　美育的功能 / 17

第二章　自然美育 / 23

　　第一节　自然美的性质 / 24

　　第二节　自然美的形态 / 28

　　第三节　自然美的特征 / 40

　　第四节　自然美的欣赏 / 46

第三章　社会美育 / 54

　　第一节　社会美的性质 / 57

　　第二节　社会美的形态 / 60

　　第三节　社会美的特征 / 64

　　第四节　社会美的价值 / 68

第四章　艺术美育（上） / 72

　　第一节　艺术美的性质 / 74

　　第二节　艺术美的分类 / 77

　　第三节　艺术美的特征 / 80

　　第四节　艺术美的价值 / 84

第五章　艺术美育（中）／ 88

第一节　造型艺术的主要样式及其审美特征 ／ 89

第二节　造型艺术的鉴赏 ／ 94

第三节　表现艺术的主要样式及其审美特征 ／ 97

第四节　表现艺术的鉴赏 ／ 102

第六章　艺术美育（下）／ 109

第一节　语言艺术的主要样式及其审美特征 ／ 110

第二节　语言艺术的鉴赏 ／ 117

第三节　综合艺术的主要样式及其审美特征 ／ 129

第四节　综合艺术的鉴赏 ／ 137

第七章　科技美育 ／ 150

第一节　科技美的性质 ／ 151

第二节　科技美的形态 ／ 158

第三节　科技美的特征 ／ 165

第四节　科技美的欣赏 ／ 172

第八章　大学生与美育 ／ 180

第一节　大学生美育的目标 ／ 181

第二节　大学生美育的特征 ／ 187

第三节　大学生的美育途径 ／ 195

第四节　大学生的人生境界 ／ 201

参考文献 ／ 211

第一章

美育概述

学习目标

理解美育的基本含义和主要特点;认识到美育在全面发展教育中的重要作用;掌握美育实施的主要途径和方法;思考如何在日常生活和教育实践中更好地推广和实施美育。

内容概要

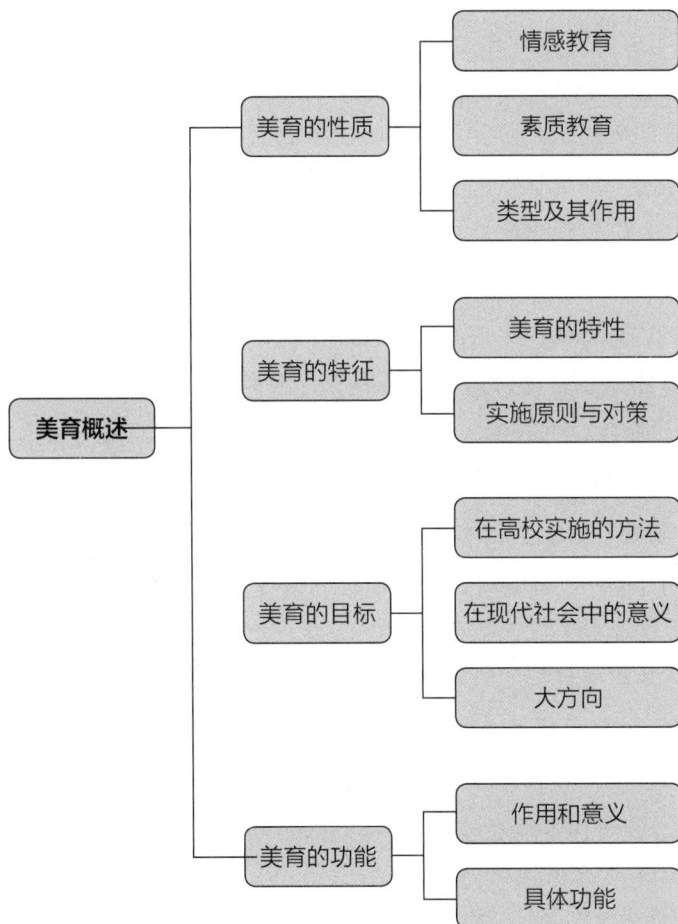

本章导读

一、研究背景

教育方针是国家或政党在一定历史阶段提出的有关教育工作的总方向和总指针，是教育基本政策的总概括，是确定指导整个教育事业发展的战略原则和行动纲领。教育方针包括教育的性质、地位、目的和基本途径等。教育方针的提出是否遵循人的发展规律，主要表现在对教育目的，即对人的培养规格的描述上。教育目的由两部分组成：一是就教育者所要培养出的人的身心素质作出规定；二是指明这种人符合怎样的社会需要或为怎样的阶级利益服务，其中对身心素质的规定是教育目的结构的核心部分。德、智、体历来是我国全面发展教育目的中较为稳定的组成部分，而美育则在全面发展教育目的中经历了起起伏伏的状态。

党的十八大以来，国家高度重视美育工作，针对美育评价、提高学生审美素养等方面，相继出台了一系列重大政策。

2013年11月，党的十八届三中全会审议通过《中共中央关于全面深化改革若干重大问题的决定》，明确提出改进美育教学，提高学生审美与人文素养。[①]"改进美育教学"针对的是美育实施；"提高学生审美与人文素养"是对学校美育目标最准确简明的表述，而"审美素养"就是这个目标支点最核心的着力点。为落实这一决定，教育部于2014年1月出台了《教育部关于推进学校艺术教育发展的若干意见》[②]（以下称2014年《若干意见》）。为改变长期以来学校美育缺乏科学评价标准和基本评价机制的局面，2014年《若干意见》紧紧抓住美育评价这个关键环节，着力进行制度创新和政策创新，用较大篇幅就"建立评价制度，促进学校美育规范发展"提出具体思路与举措，明确提出要建立学生艺术素质评价制度、学校艺术教育工作自评公示制度、学校艺术教育年度报告制度三项美育评价制度，把学生艺术素质、学校工作实绩及各地各学校艺术教育发展水平等全部放到评价平台上，用比较精准清晰的标准和公平透明的程序来进行测量与评估。

依据2014年《若干意见》提出的建立美育评价制度的要求，为了使美育评价改革尽快落地，从2014年2月起，教育部在组织力量进行充分调研的基础上，以中小学艺术教育为突破口，研制起草了《中小学生艺术素质测评办法》《中小学校艺术教育工作自评办法》《中小学校艺术教育发展年度报告办法》三个美育评价实施办法，并于2015年5月正式印发。调研和各地经验显示，要想解决长期以来存在的美育师资缺额大与开

---

① 中共中央关于全面深化改革若干重大问题的决定[EB/OL]. (2013-11-15)[2025-02-24]. https://www.gov.cn/zhengce/2013-11/15/content_5407874.htm.

② 中华人民共和国教育部.教育部关于推进学校艺术教育发展的若干意见[EB/OL]. (2014-01-14)[2025-02-24]. http://www.moe.gov.cn/srcsite/A17/moe_794/moe_795/201401/t20140114_163173.html.

课率低等突出问题，最为有效的手段是建立中小学生艺术素质评价制度，将学生艺术素质测评成绩作为一项重要指标纳入学校与校长工作综合评价体系，以此形成倒逼机制，促进相关问题的有效解决。同时，为了从根本上提高学校美育的办学水平，以学校艺术教育自评公示制度和学校艺术教育发展年度报告制度为辅助，把美育实施主体的学校及教育行政部门也纳入测评考核范围。

2015 年 9 月，国务院办公厅印发的《关于全面加强和改进学校美育工作的意见》（以下称 2015 年国办《意见》）成为我国第一个专项指导美育工作的政策文件。2015 年国办《意见》第二十条"探索建立学校美育评价制度"充分肯定了上述三项评价制度，并从更高站位对其具体实施提出了明确要求：各地要开展中小学生艺术素质测评，抓好一批试点地区和试点学校，及时总结推广，发挥示范带动作用；实施中小学校美育工作自评制度，学校每学年要进行一次美育工作自评，自评工作实行校长负责制，纳入校长考核内容，并通过当地教育部门官方网站信息公开专栏向社会公示自评结果；制定符合高校艺术专业特点的教育教学评价标准；建立学校美育发展年度报告制度，各级教育部门每年要全面总结本地区各级各类学校美育工作，编制年度报告；教育部应委托第三方机构研究编制并发布全国学校美育发展年度报告。[①]由此，教育部制定的学校美育政策作为一种国家行为被确定下来，学校美育评价改革由此也得到了极大推进。

2019 年 3 月，教育部发布《教育部关于切实加强新时代高等学校美育工作的意见》，这是专门针对高校美育工作出台的政策文件。文件提出，完善高校美育评价体系，把美育工作及效果纳入普通高校人才培养工作评估指标体系，作为办学评价的重要因素，更加注重过程及效果评价，发挥专家组织和社会机构在美育评价中的作用；研制艺术人才培养评价标准；实施高校美育工作自评和年度报告制度，积极探索中国特色现代高校美育评价制度；教育部将把高校美育工作和高校公共艺术课程教学纳入国家教育督导范畴，强化督导检查结果应用。[②]文件提出高校要将美育纳入人才培养工作评估指标体系，并要求将美育工作作为办学评价的重要因素，这为高校美育教育的发展提供了新的方向和目标。

2020 年 10 月，中共中央办公厅、国务院办公厅印发了《关于全面加强和改进新时代学校美育工作的意见》（以下称 2020 年《意见》），该意见是中华人民共和国成立以来国家出台的最高规格美育专项文件，是全面推进新时代学校美育改革发展，构建德智体美劳全面培养教育体系的纲领性文件。2020 年《意见》把提高学生的审美素养当作学校美育的

---

① 中华人民共和国教育部. 国务院办公厅关于全面加强和改进学校美育工作的意见[EB/OL]. (2015-09-15)
[2025-02-24]. http://www.moe.gov.cn/jyb_xxgk/moe_1777/moe_1778/201509/t20150928_211095.html.
② 中华人民共和国教育部. 教育部关于切实加强新时代高等学校美育工作的意见[EB/OL]. (2019-04-02)
[2025-02-24]. http://www.moe.gov.cn/srcsite/A17/moe_794/moe_624/201904/t20190411_377523.html.

基本目标，力求把"以美育人、以美化人、以美培元"思想渗透到审美教育以及人才培养的全过程。[①]学校美育开始走向从认识论到存在论、从工具论到价值论、从中心论到互动论的本质转变。2020 年《意见》从中小学美育评价、高校美育评价、美育督导评价、美育问责评价四个方面，从学生、学校、教育行政部门、地方政府四个维度，对完善科学规范的学校美育评价体系提出了具体推进举措，力图把长期以来对于学校美育的"软要求"变成"硬指标"，以便更好、更充分地发挥评价对于学校美育工作的引领和推动作用。

2023 年 12 月 20 日，教育部发布了《教育部关于全面实施学校美育浸润行动的通知》（以下称 2023 年《通知》），提出要进一步强化学校美育的育人功能，并对美育教育如何落地提出指导意见。该通知提出要持续开展中华优秀传统文化艺术传承学校和传承基地建设，并对美育的主要任务和目标进行详细说明："到 2027 年，美育课程教育教学质量全面提升，常态化学生全员艺术展演展示机制基本建立，跨学科优质美育资源体系初步建成，面向师范类专业学生开设美育课程实现全覆盖，艺术学科骨干教师培训全面开展，建设一批学校美育名师工作室，培育一批国家级示范性学生艺术团，涌现一批美育特色鲜明的示范区示范校。"[②]在组织实施方面，鼓励高校建立健全美育工作专门机构和部门，加强公共艺术教育教学和管理。

党的二十大报告中有关于教育目标任务的重要论述，其中报告第五部分强调："育人的根本在于立德。全面贯彻党的教育方针，落实立德树人根本任务，培养德智体美劳全面发展的社会主义建设者和接班人。"[③]这些重要论述，使我们对习近平总书记关于教育目标任务的思想认识更加整体化、系统化。第一，"育人的根本在于立德"整体性揭示了"立德树人"的内在关系；第二，"德智体美劳全面发展"整体性诠释了"五育并举"的教育内容。从德、智、体"三育"到德、智、体、美"四育"再到德、智、体、美、劳"五育"，贯穿其中的始终是对人的全面发展的关注。

国家政策需要落地，改革推进学校美育高质量发展最主要的问题是深化美育课程改革，建立系统、科学的美育育人体系。

二、研究意义

美育即审美教育或美感教育，旨在培养个体的审美观念、审美情趣和审美能力，使其能够感知美、欣赏美、创造美。美育在提升学生审美素养、陶冶情操、温润心灵等方

① 中华人民共和国中央人民政府. 中共中央办公厅 国务院办公厅印发《关于全面加强和改进新时代学校体育工作的意见》《关于全面加强和改进新时代学校美育工作的意见》[EB/OL]. (2020-10-15)[2025-02-24]. http://www.gov.cn/gongbao/content/2020/content_5554511.htm.
② 中华人民共和国中央人民政府. 教育部关于全面实施学校美育浸润行动的通知[EB/OL]. (2023-12-20)[2025-02-24]. https://www.gov.cn/zhengce/zhengceku/202401/content_6924205.htm.
③ 习近平. 高举中国特色社会主义伟大旗帜 为全面建设社会主义现代化国家而团结奋斗：在中国共产党第二十次全国代表大会上的报告[M]. 北京：人民出版社，2022:33.

面发挥着重要作用。大学作为高等教育的殿堂，承担着为社会培养高素质人才的重任。美育在大学教育中的地位不容忽视，其研究意义深远而重大。

（一）提升大学生的审美素养

美育的核心任务是培养个体的审美素养。在大学阶段，学生正处于人生观、价值观形成的关键时期，美育能够引导他们树立正确的审美观念，提升其对美的感知与鉴赏能力。通过艺术教育、文学欣赏、自然美欣赏等多种途径，大学生可以接触到丰富多彩的美育资源，从而拓宽视野，提高审美水平。

美育不仅关乎艺术修养，更关乎人文素养的提升。在欣赏艺术作品的过程中，大学生能够感受到艺术家的情感世界，理解作品背后的文化内涵，进而提升自己的人生境界。这种提升不仅体现在审美层面，更能够影响大学生的思维方式和行为习惯，使他们在面对生活和工作时能够拥有更加广阔的视野，能进行更加深邃的思考。

（二）促进大学生的全面发展

美育是大学教育的重要组成部分，它与其他学科相互渗透、相互融合，共同促进大学生的全面发展。美育能够激发大学生的想象力和创造力，培养他们的创新思维和实践能力。在艺术创作和欣赏过程中，大学生需要运用多种感官和思维方式，这有助于锻炼他们的逻辑思维和形象思维，提高解决问题的能力。

同时，美育还能够促进大学生的心理健康。在快节奏的现代生活中，大学生面临着诸多挑战和压力。美育通过提供美的体验和享受，能够缓解他们的心理压力，增强他们的心理韧性。此外，美育还能够培养大学生的团队合作精神和人际交往能力，使他们在未来的社会生活中更加自信、从容。

（三）传承与创新中华美育精神

美育不仅具有个体发展的意义，还具有文化传承与创新的价值。中华美育精神源远流长，蕴含着丰富的文化内涵和民族精神。在大学美育中，深入挖掘和传承中华美育精神，可以培养大学生的民族自豪感和文化自信。

同时，大学美育也应该注重创新。在全球化背景下，各种文化相互交融、相互碰撞，为美育的发展提供了丰富的资源和广阔的舞台。大学美育应该紧跟时代步伐，创新美育理念和方法，推动美育事业的繁荣发展。

（四）推动校园文化建设与社会文明进步

美育在大学教育中的普及和推广有助于推动校园文化建设。举办艺术展览、音乐会、戏剧表演等活动，可以丰富校园文化生活，提升校园文化的品位和内涵。这些活动不仅能够为大学生提供展示才华的舞台，还能够增进他们之间的交流和友谊，营造积极向上的校园氛围。

此外，大学美育的研究和实践还能够推动社会文明进步。美育通过培养人们的审美观念和审美能力，有助于提高全民的文明素质和文化水平。一个拥有高度审美素养的社会，必然是一个更加文明、更加和谐的社会。

综上所述，大学美育的研究意义深远而重大。它不仅能够提升大学生的审美素养和全面发展水平，还能够传承与创新中华美育精神，推动校园文化建设与社会文明进步。因此，我们应该高度重视大学美育的研究和实践工作，为培养德智体美劳全面发展的社会主义建设者和接班人贡献力量。

第一节　美育的性质

大学美育是大学培养全面发展人才的根本理念之一。大学是一个教授高深学问的地方。所谓高深学问，就是强调大学的知识更具有学术性和专门化，这是大学的优势，也是大学服务社会所不可缺少的职能。随着社会发展多元化趋势的形成，大学专业化的知识教学在人才培养的过程中，逐步暴露出人才对于知识的掌握过于专业反而导致思维、技能等相对窄化，与社会发展对人才的需求不相适应的问题。

美育是一种以提高个体审美素养、情感教育和创造力教育为目标的综合性教育，其中，情感教育是美育的基本属性和特征。美育不仅涵盖艺术教育，还涉及美术教育、音乐教育、文学教育、环境教育、形体教育以及审美情感教育等多个方面。

一、美育作为情感教育

美育在本质上是一种情感教育。德国哲学家、诗人席勒提出"美育"这个词，并创建了系统的美育理论，他从感性与理性和谐的人性的理想出发，提倡恢复人性中感性与理性这两大本性的和谐。通过审美活动，个体能够感受到美的存在，并在此过程中体验和理解美的情感。情感教育作为美育的核心，旨在培养个体对美的感知、理解和表达能力。审美情感教育通过艺术欣赏、创作等方式，促进个体情感的丰富和发展，从而提升个体的情感表达和交流能力。

审美情感教育不仅仅限于艺术领域，还体现在日常生活的各个方面，关系到人的精神气质的养育和提升。例如，在校园文化建设中，通过开展丰富多彩的校园活动，如新春文艺汇演、校园歌手赛、演讲比赛等，让学生感受不同形式的美，并在这些活动中获得审美经验，发展审美能力。这些活动不仅使学生在美的氛围中受到熏陶，还能让学生在潜移默化中陶冶情操、净化心灵。

二、美育作为素质教育

美育也是素质教育的重要组成部分。素质教育强调学生的全面发展，包括德、智、体、美、劳等多个方面。美育通过提高个体的审美素养和创造力，促进学生综合素质的提升。在这个过程中，学生不仅获得了知识和技能，更重要的是形成了正确的审美观念和健康的审美情趣。

美育在素质教育中的作用不容忽视。例如，通过美术教育，学生可以提高视觉审美能力和美术技能；通过音乐教育，学生可以培养音乐感知力、表现力和创造力；通过文学教育，学生可以提升语言表达能力和文学鉴赏能力。这些艺术形式的教育不仅能够提升学生的艺术修养，还能够促进其智力、情感和道德的全面发展。

在具体的教育实践中，美育有多样化的实施途径。学校可以通过开设艺术课程、组织艺术实践活动、参观美术馆和博物馆等方式进行美育。家庭则可以通过音乐、绘画、阅读等日常活动，培养孩子的审美兴趣和能力。社会美育则涉及公共艺术、文化活动的普及和推广，以及媒体对美的正确引导。这些多样化的实施途径，使得美育能够在不同层面和角度上作用于个体的成长和发展。

美育的本质是通过审美教育追求人格的完善。美育视域下的专业艺术教育，将社会生活创造的审美文化根植于规定的教育目标和教学范式，在循序渐进、细致入微的美育浸润过程中，实现人格塑造和专业能力的双重培养目标。

三、美育的类型及其作用

美育涵盖多种类型，每种类型都有其独特的作用。

（1）艺术教育。通过绘画、雕塑、音乐、舞蹈、戏剧、电影等艺术形式的教学，培养学生的艺术鉴赏能力和创作能力。艺术教育不仅能够提高学生的艺术水平，还能够促进其创新思维和问题解决能力的发展。

（2）美术教育。侧重于视觉艺术的教育，如绘画、书法、设计、摄影等，旨在提高学生的视觉审美和美术技能。美术教育能够培养学生的观察力和表现力，促进其创造力和想象力的发展。

（3）音乐教育。通过学习歌唱、乐器、作曲、指挥等，培养学生的音乐感知力、表现力和创造力。音乐教育不仅能够提升学生的音乐素养，还能够促进其情感表达和交流能力的发展。

（4）文学教育。通过阅读、写作、诗歌、散文等文学形式，提升学生的语言表达能力和文学鉴赏能力。文学教育能够培养学生的阅读兴趣和写作能力，促进其语言和思维的发展。

（5）环境教育。关注自然和人文环境的美育功能，通过接触自然环境和文化景观，培养学生的环境审美意识。环境教育能够增强学生的环保意识，促进其生态文明素养的提升。

（6）形体教育。通过体育活动、舞蹈等，培养学生的身体协调性、节奏感和形体美感。形体教育不仅能够提升学生的身体素质，还能够促进其艺术表现力和创造力的发展。

（7）审美情感教育。培养学生对美的感受、理解和情感体验，提升其情感表达和交流能力。审美情感教育通过艺术欣赏和创作等方式，促进学生情感的丰富和发展。

（8）审美观念教育。传授美学知识，培养学生正确的审美观念和审美标准，提高审美判断力。审美观念教育能够帮助学生树立正确的审美观念，提高其审美素养和审美情趣。

（9）创意教育。鼓励创新思维，通过跨学科学习，培养学生解决问题的能力和创新精神。创意教育能够激发学生的创造力和想象力，促进其综合素质的提升。

美育，简而言之，是以美为媒介的教育活动。它不同于传统的知识传授或技能培训，而是通过艺术、自然、社会等多种美的形态，激发学生的情感体验与审美意识，进而达到塑造人格、提升素养的目的。美育的性质决定了其在教育体系中的独特地位，它是连接知识与情感、理性与感性的桥梁。

美育作为一种综合性的教育，具有情感教育和素质教育的双重性质。通过不同类型的审美活动，美育能够培养个体的审美素养、情感表达能力和创造力，促进其综合素质的提升。美育有多样化的实施途径，包括学校美育、家庭美育、社会美育和自我美育。在未来的教育实践中，应更加重视美育的作用，通过多样化的实施途径和方式，促进学生的全面发展。

第二节　美育的特征

美育通过艺术教育和审美活动来培养个体的审美情感、审美能力和创造力，进而促进人的全面发展。美育在现代教育中占有举足轻重的地位，它不仅关乎个体的审美素养和健全人格的培养及塑造，更与人的道德、情感、智力等多方面发展紧密相连。美育的多元性特征使其具有与其他教育形式不同的显著特点。在大学教育中，应通过艺术实践、经典赏析、文化批判等方式，系统提升学生的审美素养。

一、美育的特性

（一）情感性

情感性是美育的首要特性。所谓情感性，不仅指美育主要是以情感为中介，在人的情感领域进行的，也指美育具有激发情感、以情动人、陶情养性的重要作用。

在审美教育中，情感并非仅仅表现为一种单纯的手段，它还是美育直接的目的之一。如果审美教育不能开启人的情感世界的大门，不能激发人的情感，就不可能真正实现其目的。而在美育中，人的情感一旦被激发起来、活跃起来，不仅会在受教者的心中唤起一种新的力量，使其"如入云烟中而为其所烘，如近朱墨处而为其所染"，而且会给受教者留下持久而深刻的印象。不同于智育的逻辑认知或德育的道德规训，美育更注重自觉、想象和情感反应。由于在美育中所生成的审美感受往往与情感伴随交融在一起，它涉及十分复杂的生理和心理过程，因而这种情感记忆比普通的记忆要深远得多。

美育的基本性质和根本特征就是情感体验，这种以审美为基本性质的情感体验具有超功利性和人文性，亦即"无用之用"。在欣赏贝多芬的《命运交响曲》时，无需理论的分析，直接的情感冲击即可引发深刻共鸣。美育的情感体验特征表现为美育的过程性，也就是把过程和目的相统一，在情感体验过程中使受教者的情感得到丰富和提升，以怡情养性本身来"培根铸魂"。

（二）审美性

审美就其深层的本质而言，是人类生命意识的自觉和完满人性的展现。因此，美育的效用与意义，突出地表现在它能培养人们对生命的热爱、崇高感和同情心上，这是培养高尚品德的最深厚土壤。而美育区别于其他教育形式的一个重要特点，即施教者必须积极引导受教者参与并投入审美活动。如音乐欣赏，如果仅仅在课堂上向学生讲授音乐的旋律、节奏、调式等音乐理论，显然是无法达成教育目标的。因此，施教者总是通过自己的教学设计、策划与组织，引导受教者在具体的作品演绎中去体验、去发现、去领悟。正是在作品的欣赏中，我们全身心地沉浸到审美世界中，在直觉、情感、理性等元素的充分作用下，融入作者的心灵，触摸作品的灵魂，领悟作品的境界，并升华自己的情感与内心世界，最终达成美育的目标。

（三）全面性

美育承载着文化传承与价值引导功能，促进人的全面发展。培养德智体美劳全面发展的新型人才，既是社会发展对教育提出的根本要求，也是在全球化语境下我国教育提出的一种新理念。人们日益深刻地认识到教育不是单纯的"复制"工作，即把前人的文明成果单纯地迁移到受教者身上，使之成为适应特殊职业要求的工具，而是应该把培养具有人文情怀、创新意识、批判精神和独立个性的人作为自身崇高的使命，这是一种以人为本的、面向未来的教育观。审美活动隐含着真、善、美的价值导向，我们可通过京剧、书法等传统艺术增强大众的文化自信。

美育不仅仅是一种艺术教育，更是一种全面性的教育。美育的教育目标不仅仅是让学生掌握艺术技能和知识，更是通过艺术的表现形式培养学生的审美情趣、思维能力、社会责任感等全方位素质。美育的全面性表现在以下几个方面：第一，知识层面的全面性。美育教育不仅仅是艺术技能的传授，更涵盖了艺术的历史、文化、理论等方面的知识，包括艺术作品的创作、鉴赏和批评等多个方面，使学生能够全面掌握艺术的知识。第二，个人素质的全面性。美育教育的重点在于培养学生的审美情趣、思维能力和社会责任感等素质，而这些素质的培养不仅在艺术领域有用，还可以在生活中发挥重要作用。第三，教学方法的全面性。美育教育的教学方法不仅仅是传授技能和知识，更注重体验式、互动式等多种教学方法的运用，使学生能够全面、深入地了解和体验艺术。第四，艺术形式的全面性。美育教育涵盖了多种艺术形式和风格，如绘画、音乐、舞蹈、戏剧等，每种形式都有其独特的表现方式和风格，可以满足不同学生的兴趣和需求。

（四）实践性

美育教育是一种体验式的教育。学生可以通过参与艺术活动和欣赏艺术作品，深入感受艺术的美和生命的价值，从而激发情感、思维与艺术表达力，提高综合素质。

美育教育注重实践操作。学生通过实践操作，不断地尝试、实验和创新，从而提高自己的艺术技能和创造力，培养自己的个性化素质。通过实践操作，学生可以更加深入地了解美育的本质和规律，从而提高自己的思维能力和创新能力；可以在美育实践的过程中，和同学、老师以及社会各界人士进行交流和沟通，从而增加对美育的理解和认识，提高自己的社交能力和改善自己的人际关系。因此，美育具有实践性，通过体验式的教育、实践操作和互动交流，学生可以更加深入地了解和体验美育，从而增强自己的情感和思维能力，系统提高自己的综合素质。

（五）终身性

美育教育不仅仅是在学校阶段进行的，更是一种终身教育。美是人类文明的重要组成部分，美育教育可以帮助人们不断提升自己的审美水平和文化素养，增强自己的文化自信和创造力，实现自我完善和全面发展。首先，艺术是一种永恒的存在。艺术作品在创作之初就具有了超越时间和空间的特性，而这种特性使艺术作品具有了永恒的生命力。因此，通过参与艺术活动和欣赏艺术作品，学生可以获得永恒的美感和价值观，从而受益终身。其次，美育教育注重培养学生的个人兴趣和特长。学生在参与艺术活动和欣赏艺术作品的过程中，可以发现自己的艺术兴趣和特长，从而激发自己对艺术的热爱和追求。这种兴趣和特长不仅可以在学生的学习生涯中得到发展和提高，更可以成为学生终身追求艺术的动力和源泉。

（六）形象性

美育具有形象性特征。美育是具体、直观、生动的，更多的是通过寓教于乐、潜移默化，使用鼓励和启发的方式，追求真、善、美，传达审美、优雅、情感，从而真正使教育走进人的内心，真正用心灵走进心灵，以情感交流情感，以沟通增强沟通，充分调动受教者的审美兴趣和审美愿望，引导受教者去感受美、欣赏美、理解美，变被动地接受为主动地参与，自觉地把教育内化为一种内心的需求，引起内心的强烈共鸣，达到事半功倍的效果。美育常通过绘画、音乐舞蹈等艺术形式的直观形象传递美，徐悲鸿的《奔马》以马的形象来寓意民族奋进的精神。

（七）转化性

美育具有转化性特征。美育通过进行启迪、鼓励、关怀，可以提高个体的综合素养，增强认知世界的兴趣与能力，从而改变他们的思维方式，帮助提高工作效率和生活品质。譬如，美育以情感为突破口，使人们在欣赏电影、电视、戏剧等实践过程中将情感不知不觉地转化为内在的坚定信念，再借由信念形成一种相对稳定的行为规范，更好地调节情绪、应对复杂环境。

（八）非功利性

美育具有非功利性特征。美育更多表现为润物细无声，关注什么是美、如何审美、怎样用美去教育人。因此，虽然美育具体承担了丰富现代育人内涵、革新教育教学模式、拓展受教者发展空间等一系列任务，但主要是实现拓展人的审美视野、提高人的审美境界、健全和完善人格等目标要求，目标和手段都不带任何功利色彩。沉浸于一场音乐会或落日美景时，人们纯粹因美而愉悦，不追求实用价值。在美育的价值追求中，更重要的是要把一种无功利心灌注于受教者的灵魂，使其扎根，内蕴中，并用它来观察宇宙、人生。

二、美育的实施原则与对策

在新时代背景下，美育的实施原则与对策需要与时俱进，适应社会主义现代化建设的要求。习近平总书记对美育建设的新要求，强调了美育在培养社会主义建设者和接班人中的重要作用。美育不仅仅是艺术教育，它更是一种全面的教育方式，旨在通过美的体验和创造，培养学生的审美情感、审美能力和审美创造力。实施美育，需要构建符合新时代中国特色社会主义事业发展的当代中国美育建设的实施原则与对策。这包括但不限于加强美育课程建设，丰富美育教学内容，创新美育教学方法，提高美育教师的专业素养。同时，要注重美育与德育、智育、体育等其他教育领域的融合，形成协同育人的教育模式。此外，美育的实施还应注重与社会美育、家庭美育的衔接，形成全社会共同参与的美育大格局。

美育的实施原则与对策，还应包括加强美育理论研究，深化对美育本质、功能和价值的认识。理论研究可以为美育实践提供科学的指导和理论支撑，促进美育教育的科学化、规范化发展。同时，应注重美育的实践创新，鼓励教师在教学中探索新的教学模式和方法，以适应不同学生的需求和特点，提高美育教学的实效性。此外，还应强化美育的评价体系，建立科学合理的美育评价标准和方法，对美育教学效果进行客观评价，以促进美育教育质量的持续提升。应在全社会范围内倡导美育意识，营造良好的美育氛围，使美育成为社会文化生活的重要组成部分，从而为美育的长远发展奠定坚实的社会基础。

第三节　美育的目标

美育的目标是培养学生的审美情感、审美能力和审美创造力，它旨在通过美的体验和创造，激发学生对美的热爱和追求，进而促进学生全面发展。美育的目标不仅仅限于艺术领域，它还涉及道德、智力、体育等多个方面，通过美的教育，帮助学生建立正确的世界观、人生观和价值观。美育的目标还包括培养学生的创新精神和实践能力，使他们能够在未来的社会生活中，以美的视角去观察世界、解决问题。通过美育，学生能够学会欣赏自然美、社会美和艺术美，从而提升个人的审美素养，形成积极向上的人生态度和健康的生活方式。最终，美育的目标是培养出能够适应社会发展需求，具有创新意识和审美能力的社会主义建设者和接班人。

美育课程目标有终极目标与具体目标之分。终极目标是美育成功的要素和指南，它揭示了美育应达到的最终目标。具体目标是指通过美育教学和学生自身努力，个体在审美素质以及其他方面所取得的最高成就。显然，终极目标的实现是以具体目标的达成为基础的。

大学美育是人格教育，其终极目标是使得青年学生具有完美的人性，身心得到健康和谐发展。所谓"完美的人性"，即感性与理性协调发展，与我们通常所说的"健康的人格""全面发展的人""和谐的人""审美的人""生活的艺术家"等，在内涵上是完全一致的。这说明，作为审美教育的美育，其终极目标不在于培养学生的审美能力，而在于通过审美能力的培养，促进感性与理性的协调发展，以此来塑造完美的人性。这正是美育的特殊性所在。

美育的具体目标是从大学生素质发展出发，对美育结果的具体化表述，涵盖感知、能力、情感、人格、文化及创造力等方面。作为审美教育的美育，具有提升和发展个体审美素质的作用，同时也具有立德、启智、助健的功能。大学美育的具体目标，既包括感知、分析、创造等"技能层面"，也涵盖情感、价值观、人格等"精神层面"，最终指向"完整的人"的培养。首先，审美感知是美育的基础，美育能培养敏锐的感受力，从而形成直观、细腻的感受力。其次，美育不仅要"感受美"，更要"理解美""创造美"，美育可提升审美实践能力，包括分析、评价及创造美的能力；美育是情感教育的核心路径，可以促进情感与价值观的升华；美育的深层目标是"以美育人"，最终塑造健全的人格与精神境界。

一、美育的目标在高校实施的方法

（一）具体而言，美育旨在使学生具备以下能力

（1）培养审美感受力。美育的首要目标是培养学生的审美感受力。审美感受力是指人们对美的感知和体验能力。通过美育，学生可以更加敏锐地感知到自然界、社会生活和艺术作品中的美，从而丰富自己的审美体验。

（2）提高审美鉴赏力。美育的另一个重要目标是提高学生的审美鉴赏力。审美鉴赏力是指人们对美的评价和判断能力。通过美育，学生可以学会正确地评价艺术作品和审美现象，形成正确的审美观念和审美标准。

（3）激发创造力。美育还能够激发学生的创造力。创造力是指人们在思维和实践活动中创造出新的事物或新的方法的能力。美育通过培养学生的想象力和创造力，使他们能够在学习和生活中更加灵活地运用所学知识，创造出更多的新成果和新作品。

（4）塑造美的品格。美育的最终目标是塑造学生美的品格。美的品格是指人们在审美活动中所表现出来的道德品质和精神风貌。通过美育，学生可以培养高尚的道德品质和情操，形成积极向上的生活态度和价值观。

（二）要实现美育的目标，应从以下几个方面入手

（1）加强美育课程建设。学校应该加强美育课程建设，将美育纳入课程体系和考核评价。通过开设艺术、音乐、舞蹈、戏剧等美育课程，为学生提供丰富的审美体验和实践机会。同时，还应该注重美育课程与其他课程的融合和渗透，使美育贯穿于整个教育过程之中。

（2）丰富美育实践活动。除了课程建设外，还应该注重美育实践活动的开展。学校可以组织各种形式的艺术比赛、文艺汇演、美术展览等活动，为学生提供展示个人才华和创造力的平台。同时，还可以组织学生参加社会实践和志愿服务等活动，让他们在实践中感受美、创造美。

（3）营造良好的校园文化氛围。校园文化氛围对学生的审美教育具有潜移默化的影响。学校应该注重校园文化的建设，营造良好的校园文化氛围。可以通过美化校园环境、设置艺术雕塑和壁画等方式，为学生提供良好的学习和生活环境。同时，还可以通过举办各种文化活动和文化讲座等方式，丰富学生的文化生活和审美体验。

（4）加强师资队伍建设。教师是美育工作的主要承担者和实施者。要加强美育工作，必须注重师资队伍的建设和管理。学校应该加强对美育教师的培训和管理，提高他们的专业素养和教学能力。同时，还应该注重引进和培养具有艺术特长和审美素养的优秀教师，为美育工作提供有力的人才保障。

（5）加强家校合作。家庭是美育工作的重要阵地之一。要加强美育工作，必须注重家校合作和家校共育。学校应该加强与家长的沟通和联系，共同关注学生的审美教育和全面发展。学校可以通过举办家长会、开展家庭教育讲座等方式，向家长传授美育知识和方法，引导他们积极参与孩子的审美教育活动。

二、美育的目标在现代社会中的意义

（一）对个人成长的意义

在个人成长过程中，美育目标的达成有助于培养丰富的精神世界和独特的个性魅力。具备良好审美素养的人能够更好地装饰自己的生活空间、选择适合自己的服饰打扮，展现出优雅的气质与品位。在面对压力与困境时，他们能够从审美活动中汲取力量，以艺术的视角看待问题，寻找心灵的慰藉与灵感的火花，从而更加从容地应对生活的起起落落，实现自我价值的不断提升。

（二）对社会发展的意义

从社会层面来看，美育目标的实现对于构建和谐社会、推动文化繁荣具有深远影响。一个普遍崇尚美、追求美的社会，必然充满创造力与活力。在这样的社会环境中，文化艺术产业蓬勃发展，能够创造大量的就业机会和经济效益。同时，人们在审美活动中培养的道德感和社会责任感，有助于促进社会秩序的稳定与和谐，增强社会凝聚力，使整个社会向着更加文明、进步的方向发展。

美育的目标是多元且相互关联的整体，涵盖了从审美感知、鉴赏到创造以及人格塑造等多个层面。在现代社会，美育的重要性愈发凸显，其目标的达成无论是对于个人的全面发展还是社会的和谐进步，都具有不可替代的重要意义。我们应高度重视美育工作，通过学校教育、社会文化活动等多种途径，积极推进美育目标的实现，让美成为人们生活中不可或缺的一部分，以美育人，向美而行，共同创造一个充满美感与希望的世界。

美育的最终目标是培养全面发展的人。党的十八大以来，以习近平同志为核心的党中央对学校美育工作高度重视。学校美育取得了突破性进展。但同时，美育仍然是学校教育工作的薄弱环节，仍然是素质教育中亟待补齐的短板。

三、美育的目标大方向

（一）美育目标定位：从全面推进素质教育转向落实立德树人根本任务

20 世纪 90 年代，科技迅猛发展，知识经济已见端倪，国力竞争日趋激烈，教育在综合国力发展中发挥着越来越重要的基础作用。同时，我国正处于经济体制改革和现代化建设的关键时期，迫切需要全面发展的高素质人才。因此，深化教育改革，全面推进素质教育，培养德智体美全面发展的社会主义建设者和接班人成为国家教育发展战略。在此背景下，1999 年，美育被列入国家的教育方针。2002 年，21 世纪第一个学校艺术教育十年指导文件《全国学校艺术教育发展规划（2001—2010 年）》指出，学校艺术教育要"以全面推进素质教育为目标"。[1]

教育是民族振兴和社会进步的基石。党的十八大报告明确提出："把立德树人作为教育的根本任务，培养德智体美全面发展的社会主义建设者和接班人。"[2]立德树人被正式确立为教育的根本任务，这也是新时代我国教育事业发展的主题。由此，教育改革进入了深化教育领域综合改革的阶段。在这一时期，美育工作也必然指向立德树人的根本任务。2014 年《若干意见》、2015 年国办《意见》、2020 年《意见》、2023 年《通知》，都提到艺术教育、美育要全面贯彻党的教育方针，落实立德树人根本任务，一再出现"社会主义核心价值观""中华优秀传统文化""社会主义先进文化""中华美育精神""培养全面发展的社会主义建设者和接班人"等体现社会主义核心价值体系的关键词句。党的十八大报告指出，"社会主义核心价值体系是兴国之魂，决定着中国特色社会主义发展方向"。[3]这也为新时代学校美育工作指明方向，明确了美育必须立什么样的德、树什么样的人、为谁培养人。因此，必须将社会主义核心价值体系融入美育全过程，并强调传承中华优秀传统文化和美育精神，增强学生的文化自信。

（二）美育目标内涵：从工具价值回归本体价值

长期以来，由于对美育本质属性和本体价值的认识不够，对美育目标内涵的表述更多体现在以美启智、以美辅德的工具性价值上。党的十一届三中全会之后，美育、艺术教育逐渐得到重视。20 世纪 80 年代，我国对美育的重视程度不断加深，出台了一系列

① 中华人民共和国教育部. 教育部关于印发《全国学校艺术教育发展规划（2001—2010 年）》的通知[EB/OL]. (2002−05−13)[2025−02−24].http://www.moe.gov.cn/srcsite/A17/moe_794/moe_795/200205/t20020513_80694.html.
② 胡锦涛. 坚定不移沿着中国特色社会主义道路前进 为全面建成小康社会而奋斗：在中国共产党第十八次全国代表大会上的报告[M]. 北京：人民出版社，2012: 35.
③ 同②。

指导学校艺术教育的政策。《全国学校艺术教育总体规划（1989—2000年）》作为中华人民共和国成立后第一个全国学校艺术教育的纲领性文件，肯定了艺术教育的重要地位，指出艺术教育是加强社会主义精神文明建设、潜移默化地提高学生道德水准、陶冶高尚情操、促进智力和身心健康发展的有力手段。这里明显地将艺术教育视为教育手段，突出其促进学生德智体发展的工具性价值。1999年，中共中央、国务院印发了《关于深化教育改革全面推进素质教育的决定》，将美育与德智体等各育并列，指出美育不仅能陶冶情操、提高素养，而且有助于开发智力，对于促进学生全面发展具有不可替代的作用。虽然这一文件充分肯定了美育在推进素质教育、培养全面发展的劳动者的过程中所发挥的价值，但对美育要培养人的什么素养、在人的全面发展中可以发挥何种不可替代的作用等方面，还缺乏精准的定位和表述，美育的工具性价值仍然明显。

21世纪，随着素质教育的全面推进，在强调"育人为本"的政策背景下，美育的本体价值逐渐凸显。2002年，教育部颁布的《学校艺术教育工作规程》对艺术教育的目标内涵进行了更细致的阐释，即通过艺术教育，学生可了解我国优秀的民族艺术文化传统和外国的优秀艺术成果，提高文化艺术素养，增强爱国主义精神；培养感受美、表现美、鉴赏美、创造美的能力，树立正确的审美观念，抵制不良文化的影响；陶冶情操，发展个性，启迪智慧，激发创新意识和创造能力，促进学生全面发展。其中，培养学生的审美能力、审美观念和创新能力是基于艺术教育本体价值的目标设定的。2010年，《国家中长期教育改革和发展规划纲要（2010—2020年）》发布，特别强调要加强美育，培养学生良好的审美情趣和人文素养。可见，21世纪，随着对美育本质属性认识的不断深入，我国的美育目标越来越指向其本体价值的实现。

2013年，党的十八届三中全会召开，我国的美育目标内涵有了明确的表述，即"提高学生的审美和人文素养"。此后陆续出台的三个重要美育政策文本对这个内涵作了进一步的阐述。2015年国办《意见》指出，美育要引领学生树立正确的审美观念、陶冶高尚的道德情操、培育深厚的民族情感、激发想象力和创新意识、拥有开阔的眼光和宽广的胸怀，培养造就德智体美全面发展的社会主义建设者和接班人。2020年《意见》重申，美育以提高学生的审美和人文素养为目标，在学生掌握必要基础知识和基本技能的基础上，着力提升文化理解、审美感知、艺术表现、创意实践等核心素养，基本框定了审美和人文素养内涵的四个方面。2023年《通知》进一步强调了美育目标的这四个方面。至此，新时代美育目标得以明确。

提高学生的审美和人文素养，旨在使其对美与艺术保持持久热爱，能够对自身、他人、社会，以及人类与非人类的属性、关系、价值等维度进行思考和理解，并综合运用审美和艺术的知识技能进行表达、创造和交流；能够以审美的态度面对生活，实现人生的审美化。具体说来，美育要培养学生四个方面的核心素养。

　　第一，审美感知，即对自然世界、社会生活和艺术作品中美的形式、形象特征及意义与价值进行感知、理解、想象的能力。这是美育工作最基本的目标。美国著名的哲学家格林认为，我们应该首先要了解，"美学"是哲学中的一个特殊领域，它与人的感受、知觉和想象有关，它关系到人们是如何了解、理解、感知这个世界的。所以，美育重在帮助人们开启一种新的、不同的看待、感受、思考世界的方式。

　　第二，艺术表现，即在艺术活动中创造艺术形象、表达思想感情、展现艺术美感的实践能力。人类有多种表达情感和思想的方式，而艺术正是其中一种独特的方式。艺术活动与人类其他精神活动最大的区别是，人们可以用直观感受到的形式、形象去传达自己对世界的感知和体悟，描绘心中丰富的审美意象。所以，美育要教会学生创造性地运用各种媒介材料进行艺术创作和表达。

　　第三，创意实践，即综合运用多学科知识，联系现实生活，进行艺术创新和实际应用的能力。培养这种能力，不仅能帮助学生更好地解决当今世界的复杂问题，而且回应了新时代对具有人文精神、能够将美与艺术积极运用于社会生活、通过自身的审美及艺术实践促进社区或社会变革的创新型人才的需求。这是世界美育改革的重要趋势。联合国教科文组织反复倡导，艺术教育要担当起推动人类社会发展的责任和使命，必须为人类社会的可持续发展贡献力量。

　　第四，文化理解，即对美和艺术的人文内涵进行感悟、领会和阐释的能力。美和艺术需要保持形式和内容的和谐统一，生动的形式、形象背后蕴含着丰富的文化内涵和价值追求。所以，在美育中，要将美和艺术作为文化来传授，通过对不同民族、地域、国家、时代中美的形式和艺术的感知欣赏，理解人类所创造的文化符号，学会识别形式符号背后的历史文化、价值观和世界观，形成对本民族、本国文化的认同和自信，以及对其他文化的了解和尊重。

第四节　美育的功能

　　在美育的功能上，马克思以改造客观世界的实践活动为依据，提出相比于动物，人类懂得如何运用内在的尺度来进行生产。也就是说，在马克思的观点里，人既能够按照美的规律来改造客观世界，同时也能按照美的规律塑造人类自身，从而使得他们成为全面发展的人。20世纪六七十年代，克雷布斯从大众传媒的角度指出，美育所具有的批判功能主要表现在电视、广播等更广泛的艺术领域。同时，为了培养自我意识和社会参与能力，美育还具有提高学生思维能力的实用功能。玛克辛·格林指出，美育是一项有意识的事业，美育旨在通过某种教育方式使学生对艺术进行欣赏、反思、参与，并且使学生能够注意到成长所需要注意的东西，并将艺术作品融入生活。

一、美育的作用和意义

美育的作用和意义在于提升人的精神境界，使人进入一种超越人我之见、超越功名利害、超越生死的境界，获得终极幸福。我国教育目的的根本取向是促进人的全面发展。美育就是情感教育，其作用在于陶养人的感情，使人的情感转弱为强、转薄为厚，给人的高尚行为以推动力。美育对人能发生作用在于美具有普遍性和超脱性。美育还能够弥补科学的概念性、抽象性、机械性，使人生丰富而有意义。美育具有自由性、进步性、普及性，能给人的情感以抚慰，使人的心灵纯洁高尚，给人类以温情的精神家园。

（一）美育对学生发展的作用

美育对学生发展的作用主要体现在以下几个方面。

1.树立正确的审美观

所谓审美观，就是人的世界观、人生观和价值观在审美实践中的体现，是人们辨别美丑的基本观点。社会生活中不只有美和善，还有丑和恶。如果没有正确审美观的引导，就有可能混淆美丑，甚至以丑为美，导致个体在思想上腐朽、堕落，甚至走上违法犯罪的道路。美育通过展现具体、多彩的可感形象，培养学生与社会主义核心价值观相适应的审美观，能帮助学生在追求真善美的和谐统一中理解人生的真谛。

2.提升审美能力

审美能力是促进个体实现全面发展的重要能力，包括对美的事物的感知力、理解力和鉴别力。审美能力在一定程度上受先天因素的影响，但主要是后天的审美训练和审美教育的结果。美育对于提高学生的审美能力、促进其智力发展有着不可替代的作用。学生可以通过参与美育活动，充分感受、体验美的事物，进而逐渐提高自身的审美能力。

3.提升创造力

创新意识和创造力是新时代人才需要具备的重要素质。美育活动是以美好的事物形象或情境为基础开展的，可以引发学生丰富的联想和想象，激发学生潜在的创造力，使其充分发挥主观能动性。

4.陶冶情操

美育有利于学生抒发情感，提升其对生活的热情，促进其身心健康发展。同时，美育又能通过为学生提供丰富的美感体验来改变其心境，从而陶冶其情操，升华其情感境界。

5.提升文化修养

美育中的作品欣赏环节可以开阔学生的视野，让学生了解人类文化的发展历程和丰富的文化遗产，了解艺术与生产、生活的内在关系，从而提升自身的文化修养。

（二）美育对学校发展的作用

美育对学校发展的作用主要包括以下几个方面。

1.有利于学校管理

美育对学生有一定的约束作用，能使学生按照美的规律与要求规范自己的言行，养成良好的学习和生活习惯。因此，美育课开得好，学生的自我完善意识和进取心都会大大增强，违纪现象将会大大减少，从而有利于学校的管理。

2.有利于营造积极健康的校园氛围

美育不仅能给校园带来形式上的美感，更重要的是，它还能赋予校园以积极健康的精神内涵。美育注重对他人的尊重和关怀，推崇和谐、民主、创新和超越。学生关心集体、关心他人，教师爱岗敬业，这样就会形成文明、和谐、活跃的校园文化。

3.有利于提高人才的培养质量

学校的根本任务是将学生培养成具有创造力的人才。美育在培养学生创造力方面具有明显的优势，因而可以提高学校的人才培养质量。

二、美育的具体功能

美育鲜明直观的特点往往能感染受众，人们追求美的事物也是天性所致。在愉悦的精神享受中，美育潜移默化地发挥着自己独有的作用，这是我们目前教育所要汲取和认可的。

（一）陶冶情感的功能

美育作为情感教育的主要手段，能以美好的事物丰富人的情感、感染人的心境，使身心得到自由、完满的发展。情感作为人最基本的能力，具有普遍性和广泛性，所谓"七情六欲"，即人皆有之、不可避免。情感也是把双刃剑，既不能任其发展，也不能完全毁灭，而应规范、丰富它，并引导它向正确、合理的方向发展。美育的职能之一就是要通过美的事物、形式陶冶人的情感，使情感得以升华，成为一种审美情感，这样人的内心外化成行动就有益于整个社会的发展。所谓"情感"，是主体在生活实践中对待外界事物以及外物与自身关系的态度、体验、评价等心理现象。情感体验往往呈现两种形态：一种是肯定性的，是主体所持的积极、趋向性的态度；另一种是否定性的，即主体消极、逃避性的态度。所谓"审美情感"，则是主体在对待特定的审美对象时超越了世俗的观念而产生的一种高层次、精神性的情感体验。在这样的审美体验实践过程中，人们不断积累经验，一方面使自身的审美修养不断提升，形成独有的审美理论；另一方面，人类的实践活动也在审美理论的指导下不断提高。有意识的审美训练促使主体各种审美器官的成长，获得各种不同的审美能力，比如音乐培养了我们审识乐律的耳朵、画卷培养了我们辨识绘图的眼睛。人进入审美状态后，就会产生一种奇妙的情感，既有感性的冲动，又有理性的认知，两者相互交织、相互消融，感性的形式中沉淀着理性的内容，理性的认知中透露着感性的情感，感性与理性不再相互对立，而是处于一种自由、和谐的高级层次中。所以，王国维说，"美育即情育"，旨在调和情感、升华情感。海德格尔倡导"诗意地栖居"，审美态度的人生境界是在人的层次上以一种积极乐观、诗意妙觉的态度应物、处事、待己的高妙化境。美育培养了人们感受美、鉴赏美、创造美的能力，同时也帮助人们净化内心、陶冶情操。

（二）开发创造力的功能

美育之所以不同于其他几育，就在于它的精神性特质，在育人的同时带来无比愉悦的精神享受，在享受的过程中开发更多的潜质。美的事物内含着真和善的内容、和谐的外在形式，这是思维灵感开发的最佳外部环境，特别有助于开发人的想象力。有人把生活、工作比作艺术创作，其实所有人努力的终极目标都是拥有一个美好的人生，这样的"美好"就是感受美、发现美、表现美、再创造美的过程。艺术作为审美的重要手段，它呈现在大众面前的是一种特殊的符号，要获得相应的精神体验，就必须有相应的解读这种符号的能力，把抽象的符号转换成感官世界的"形象"，使其大众化。因此，经过长期艺术熏陶的人就会比其他人更加细腻、敏锐，想象力更加丰富，而这也恰好是人类创新的灵魂。事实也证明，众多科学家都有不同的艺术爱好，并且对艺术层面的鉴赏有很高的洞察力和表现力。爱因斯坦的小提琴、普朗克的钢琴合奏；伽利略除了进行天文研究外，还进行诗歌创作；钱学森反复强调艺术教育的功能，并且研究了思维与艺术教育的关系，将美学引入科学。我们也在日常生活中看到了无数的例证，普遍从小聪慧的学生，都有着丰富的艺术爱好，艺术让他们对整个未知世界充满好奇，也充满探索的热情和欲望。

（三）乐中寓教的功能

审美的特性就是精神愉悦，给人们的精神世界增添无限乐趣。作为人们赏析世间万物的方式的审美，虽在理论意义上不应该充当"传道"的工具，却与"传道"相互影响、相互促进。乐中寓教就是将教化的内容用"乐"的形式、"乐"的体验传播开来，成为一种潜移默化的影响。用审美传递"教"的内容主要体现在以下几个方面。

第一，以美启真。美育能开发人的智慧。法国作家雨果曾说，开启人类智慧的钥匙有三把：数学、文学、音乐。其中，文学和音乐属于审美的范畴，足见以美启真的深刻意义。即使是真的东西，也不全是美的，但美的东西却或多或少含有真的内容。因为审美的对象自身不仅具有美的价值，更有认识的价值。拿众多艺术作品来讲，除了艺术欣赏之外，作者本人的经历、背景、故事，以及创作这个作品的时代意义，更成为学者研究的背景资料。人们常说"读万卷书，行万里路"，可见读书的重要性。一部优秀的文学作品可能成为一个时代的代表，如曹雪芹的《红楼梦》就被誉为封建社会的百科全书。它刻画了无数的形象，囊括了现实社会中从上层到中层，再到底层人群的生活，因此它在展现艺术魅力的同时昭示着历史的呼声。我们习读一部作品，犹如感受一部历史，如获生活中的真谛，因此审美教育启真益智的作用是明显和深刻的。

第二，以美辅德。美育"教"的内容就是通过鉴赏美的事物净化人的内心，身心合一、自然和谐。人们常把真、善、美放在一起探讨，因为三者有不可分割的关系，自然美中包含着善的内容。鲁迅指出，美术可以辅翼道德。美术之目的，虽与道德不尽符，然其力足以渊邃人的性情，崇高人之好尚，亦可辅道德以为治。其实，不光是美术，所有具有美的事物都发挥着辅德的作用。道德是协调社会中一切人与人之间关系的准则及规范，社会成员一起制定并共同遵守，因此它成为判断群体理性行为的标准，也是全体成员默认的善恶标准。美往往激起人们感性的情感体验，将善的内容引向人的活动，如果人们能够在精神愉悦的享受中得到善的教化，则是受益终身，比单调的说教更能引起共鸣。小说《钢铁是怎样炼成的》着力塑造了英雄保尔·柯察金，无论是年轻一代，还是老一辈无产阶级革命人士，都深受他的鼓舞。文学作品如此，其他美的形式也发挥着重要的辅德作用。通过参观革命圣地、英雄人物故居、纪念碑、博物馆等，可以接受爱国主义教育，只有这种身临其境的感受才能潜入人的内心深处，而这种影响却是至深的。审美教育虽是"他律"，却能起到"自律"的效果。"知之者不如好之者，好之者不如乐之者"，如果达到了自律，才达到了教育的终极目标。苏联教育学家苏霍姆林斯基说，"美是人的道德财富的源泉"，可见，美育在引导人们向善上发挥着不可替代的作用。

第三，以美健体。人之根本是身体健康、体魄强健，因此"体育"为其他几育的实施打下了坚实基础。古希腊人很早就将体育运动推广开来，而展现体美结合的作品也比比皆是。著名的雕塑《掷铁饼者》就展现着美与力量的结合，艾拉斯山崖上刻着的名言"如果你想健美，跑步吧"，至今鼓励人们加强锻炼，拥有美丽的体魄。我们也常用美丽来形容人的外表，但无论是哪个种族的人群，他们对外貌美的判断标准首先就是健康。想要达到健康，体育运动是首选途径。欣赏美的事物，愉悦了身心，自然能远离疾病。现代医学也进行了临床研究：欢愉的情绪能调节神经细胞的紧张程度，从而使脉搏和血压下降。音乐与舞蹈的结合能锻炼身体、愉悦心情也得到了多数人的认可，因此美育能够健体。

综上所述，美育的功能是多方面的，它不仅对个体的成长和发展具有深远的影响，也在营造社会的和谐、文化的传承与创新、国际交流与合作等方面发挥着重要作用。因此，加强美育的实施，对于建设社会主义文化强国、实现中华民族伟大复兴的中国梦具有重要的战略意义。

📑 本章小结

美育，作为培养个体审美能力和创造力的重要途径，是教育体系中不可或缺的一环。美育旨在陶冶个体的情操，塑造健全的人格，促进社会的和谐与进步。

美育的核心在于审美教育，它涵盖了艺术、文学、自然、科学等多个领域。在美育的过程中，个体通过欣赏美、感受美，逐渐培养起对美的敏感度和鉴赏力。同时，美育也鼓励个体积极创造美，将内心的情感和思想转化为具体的艺术作品或生活实践，从而实现自我表达和价值的实现。

美育有多种多样的实践方式，包括学校教学、校园文化活动、社会实践等。学校作为美育的主要阵地，通过开设艺术课程、组织文艺演出等方式，为学生提供丰富的美育资源和实践机会。而校园文化活动和社会实践则进一步拓宽了美育的边界，使个体能够在更广阔的领域和情境中感受美、创造美。

美育的价值不仅体现在个体的成长和发展上，更体现在对社会的深远影响上。美育能够提升社会的整体审美水平，促进正能量的积聚与传播。同时，美育还能够培养个体的道德情操和文明素养，为社会的和谐与进步提供有力的支撑。

然而，美育的实践也面临着一些挑战。在应试教育的大背景下，美育往往被边缘化，得不到足够的重视。此外，低俗文化的冲击也对美育产生了负面影响。因此，我们需要加强美育的宣传和推广，加深全社会对美育的认识和重视程度。同时，我们也需要不断创新美育的实践方式，以适应时代的发展和个体的需求。

我们应该高度重视美育的价值和意义，积极推动美育的实践和发展，为培养具有高尚情操和创造力的新时代人才贡献力量。

💡 思考练习

1.简述美育的性质。

2.美育的主要任务是什么？

3.美育的实施途径有哪些？

4.美育的教育意义是什么？

第二章

自然美育

学习目标

理解自然美的性质，了解自然美的不同形态及其特征，运用自然美的欣赏方法欣赏自然之美。

内容概要

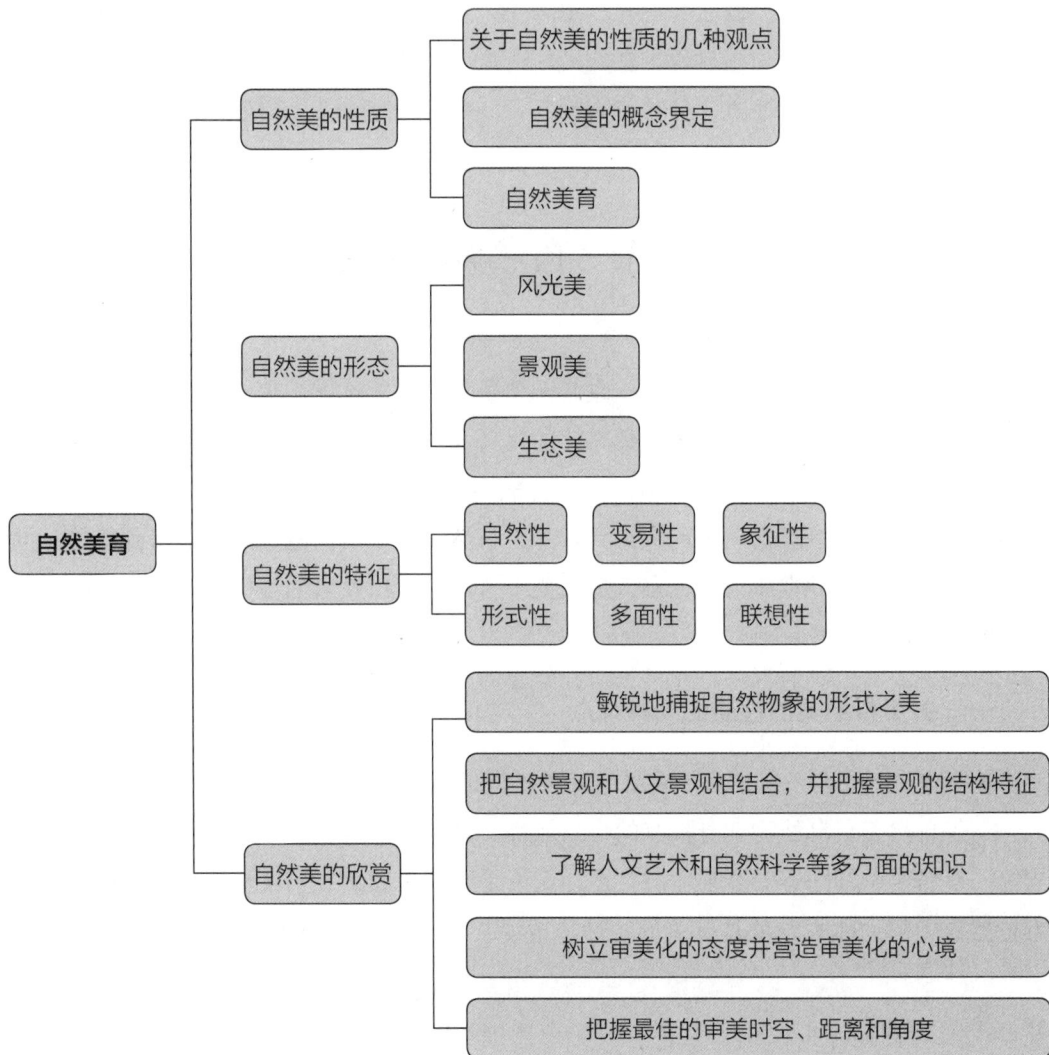

本章导读

现代美学从认识论与创造论出发，依据审美对象的特征、领域及其表现形态，将美划分为现实美和艺术美两大类。现实美是指未经过艺术加工而存在于现实生活中的美的样态，包括存在于自然界中的自然美和存在于人类社会中的社会美。自然界中那些未经人为艺术雕琢、自然形成并为人类所发现和改造的美，称为自然美。而社会美则是人类在社会实践中所创造的，它与人类的审美需求和审美理想相协调，体现在人类行为、语言、精神、环境、劳动以及人类创造的物质产品中。其中，蕴含科学精神、智慧、成果的科学美与运用技术手段对客体对象加工制作的技术美属于社会美。艺术美是存在于一切艺术作品中的美，是人们通过一定的艺术手段创造出来的艺术作品的美。

宗白华在看了罗丹雕刻以后说："自然始终是一切美的源泉，是一切艺术的范本。艺术最后的目的，不外乎将这种瞬息变化、起灭无常的'自然美的印象'，借着图画、雕刻的作用，扣留下来，使它普遍化、永久化……艺术的目的就在于此，而美的真泉仍在自然。"[①]可见，自然中蕴含着丰富的美育资源，自然美在大学美育中具有重要的作用。本章主要讨论自然美的性质、自然美的形态、自然美的特征以及自然美的欣赏。

第一节　自然美的性质

在美学的历史长河中，自然美一直是一个备受瞩目的话题。关于自然美的探讨主要集中在其本质和特征，以及与艺术美相比的优劣和地位问题上。自然美的本质问题最终可以归结为三个核心议题：首先，什么是自然；其次，美的本质是什么；最后，自然为何能够被视为美。一旦这三个问题得到解答，自然美的本质问题也将随之得到解答。同时，如果以自然美的本质为切入点，那么关于自然、美以及自然为何能够成为美的问题也可能随之得到解答。

一、关于自然美的性质的几种观点

美学史上对于自然美的性质主要有四种不同的观点。

一是自然美是自然物本身具有的自然属性，如色彩、线条、形状、对称、均衡、和谐等。自然美以其固有的客观形态存在，无论是否有人欣赏。蔡仪坚持美的客观性，认为自然界中的物体本身就具有美的特性。他说："物的形象是不依赖于鉴赏者的人而存

---

① 宗白华.美学散步[M].上海：上海人民出版社，2005：460-461.

在的，物的形象的美也是不依赖于鉴赏的人而存在的。"①那么，物的形象何以为美，蔡仪认为美的本质是事物的典型性。在西方美学史上，赫尔德认为任何自然物都具有自身之美："美的对象是被置于一个上升的阶梯之上的：从轮廓、颜色和声调，从光、声音到花朵、水、海洋、鸟、地上的动物到人。"②美的对象的上升阶梯从无机自然界的光、声、色，到有机自然界的植物、动物以及人。

二是自然美是心灵美的反映。高尔泰等主张美是主观的，美在心而不在物。高尔泰认为美感的产生需要凭借一定的物象，但物象之所以成为审美的对象，在于主体的心理感受和审美趣味。在西方美学史上，黑格尔持美在心灵的观点。黑格尔认为："只有心灵才是真实的，只有心灵才涵盖一切，所以一切美只有在涉及这较高境界而且由这较高境界产生出来时，才真正是美的。就这个意义来说，自然美只是属于心灵的那种美的反映。"③

三是自然美的实质不在于其自然属性，而在于"自然的人化"过程。所谓"自然的人化"，是指人类通过生产劳动实践，不仅改造了自然界，也改变了自身，使得自然界转变为人的自然，审美主体在这种人化的自然中发现了改造自然的力量，从而激发了美感。李泽厚提出了美是客观性与社会性相结合的理念。他进一步阐述了自然的人化包含两个层面：狭义上，它指的是通过劳动和技术手段对自然事物的改造；广义上，则涉及社会发展到一定阶段后，人与自然之间关系的根本性转变。

四是自然美是人与自然相契合而产生的审美意象。朱光潜提出美是主观与客观的融合。他认为美感的产生和心与物的关系密切相关，而美感的对象是"物的形象"而非"物"本身。物的形象之所以美，简而言之，是因为意象的存在。意象是通过想象力对实际生活经验的加工和创造，在个体心中形成的形象。中国传统美学认为，审美活动是审美主体基于物质世界构建的一个情景交融的意象世界，这个意象世界既是审美对象，也是物的形象。朱光潜在《谈美》中强调，美感的世界本质上是意象世界。宗白华在探讨中国艺术境界时也指出，审美活动是人的心灵与世界的交流，美是一种情景交融的艺术境界。艺术境界是以宇宙人生的具体为对象，赏玩它的色相、秩序、节奏、和谐，借以窥见自我的最深心灵的反映；化实景而为虚境，创形象以为象征，使人类最高的心灵具体化、肉身化。在中国美学史上，孔子的"知者乐水，仁者乐山"表达了自然美与人的审美情趣之间的契合关系。

依照朱光潜美在意象的美学观念，自然美的实质是在情景交融、物我同一的审美状态中产生的审美意象，是人与外界的沟通、交流与契合，形成一种审美交融的样态。任

---

① 叶朗.美学原理[M].北京：北京大学出版社，2009：35.
② 叶朗.美学原理[M].北京：北京大学出版社，2009：178.
③ 黑格尔.美学[M].朱光潜，译.北京：商务印书馆，2006：5.

何美都是"呈于吾心"而又"见于外物"。自然美是"呈于吾心"而见于自然物象、自然风景的审美意象。同理,社会美是"呈于吾心"而见于社会生活中人与事的审美意象;科技美是"呈于吾心"而见于科技产品的审美意象;艺术美是"呈于吾心"而见于艺术品的审美意象。

通常,我们认为自然美就是自然物和自然风光之美。诸如繁星点缀的夜空、无垠的宇宙、浩瀚的沙漠、长河上的落日、广袤的冰封大地、飘扬的雪花等自然景象,都是我们常见的审美对象。深入分析这些审美观点,我们可以发现对自然美性质的两种不同理解。一种理解认为自然美是自然物本身固有的客观美,是独立于欣赏者之外的具体审美对象;另一种理解则认为自然美是人心中的自然物和风光所构建的意象世界,这个意象世界正如宗白华所描述的,是主观情感与客观自然景观相互渗透的结果,形成了一个生动活泼的审美境界。自然美体现在自然事物、现象及其相互关系中。自然美可分为两类:一类是未经人为改造的,如璀璨的星空、耀眼的闪电、茂密的森林和茫茫的雪原等,它们保持了自然的原始状态,以其天然形态展现;另一类是经过人工雕琢的自然美,例如人造园林、耕作的农田、盛开的油菜花等,这类自然美是人类活动的产物,改变了自然物的原始状态,镌刻着人类文明的痕迹,包含了社会美的元素。

二、自然美的概念界定

从概念分析的角度而言,"自然美"这一概念由"自然"与"美"两部分构成。"自然美"关涉"自然"与"美"的客观化和理论性;而"自然美育"则凸显了"自然"与"美育"的主观化和实践性。"自然"这一概念术语具有丰富的内涵和复杂性。从时间维度来看,其含义随着历史的进程而演变;从空间维度来看,不同文化背景下,其含义也存在差异。帕森斯将自然定义为"未经人为干预而产生或发生的事物"。而"美"则被理解为"事物的感性展现"。因此,"自然美"可以被理解为"未经人为干预而发生或产生的事物所具有的某种感性展现"。洛夫乔伊对"自然"概念进行了细致的分类,揭示了其多样性。他将自然分为五个类别:第一,作为模仿对象的自然,包括复制或表现的对象、人性、事实间的联系、作为本质或柏拉图的理念等;第二,作为本真性质和关系的自然,类似于道德中的自然法则;第三,作为宇宙秩序的自然,包含整体性、规律性和多样性的特征;第四,作为艺术家属性的自然,指不受习俗、规则、传统影响的自由;第五,表现出思想、情感和品位的普遍性和永恒性。基于这些分类,洛夫乔伊总结出自然具有普遍性、原初性和简单性等特征。由此可见,"自然"概念的多义性导致了"自然美"的多元化和表现形式的多样性。

从审美对象的美感生成方式来看,审美类型可以分为自然美、社会美、科技美和艺术美。自然美是自然事物或自然生命在运动中展现的美丽。自然之美以其天然的色彩、形态和生命节奏,随着季节和时空的变化而变化。自然美是自然界的杰作,在其中我们可以感受到神圣的力量。自然美指的是自然界中未经人为艺术加工、天然生成并被人发现、改造的事物的美。它与社会美共同构成现实美,与艺术美形成对比。在美学史上,有对自然美本质的不同看法。塔索和博克认为自然美独立于人类社会生活之外,是自然物本身固有的,取决于自然物的自然属性。黑格尔和车尔尼雪夫斯基则认为自然事物本身没有美,自然美是人们意识活动的结果,是主观意识的产物。马克思在《1844年经济学哲学手稿》等著作中提出自然美是自然人化的结果。人类通过以生产劳动为核心的社会实践,既改造了自然,也实现了自我,使自然成为"人化了的自然界"。人在社会实践、审美实践中认识和掌握客观规律,并将思想、情感、意志、智慧融入自然物之中,实现自然的社会化、人化,从而使自然具有包括审美价值在内的种种价值,产生自然美。随着人类社会实践、审美实践的发展,自然美的领域也在不断扩大。因此,自然美的构成是自然属性和社会属性的统一。自然属性包括形态、色泽、声音、线条以及各部分之间的和谐统一,是形成自然美的必要条件;只有当自然属性满足人类的生理、心理需求,经过人的实践改造后确证了人的本质力量,与人发生审美关系,具有了人的社会内容时,自然对于人而言才是美的。

三、自然美育

在自然美与自然美育的关系中,随着"美"到"美育"的概念的转变,自然美的重心也随之转变,从关注美的客观本质转向关注自然审美主体的心理。随着18世纪哲学主体性的转向,自古希腊以来对"美"的客观本质的探究让位于对主体"审美"的探讨。"自然美"逐渐演变为"自然美育",关注点聚焦于对自然的审美欣赏以及自然对象的审美性质。自然美育旨在通过自然环境中的实践活动和理论学习,培养大学生正确的自然审美观和相应的审美技能,促进他们的全面自由发展。这一过程旨在实现人与自然和谐相处的教育愿景。自然审美教育的实施不仅能够促进大学生情感的培养、个性的完善和提供精神上的慰藉,还能加深他们对自然界的认识,激发他们保护环境、促进生态文明发展的意识。自然界通过其形态、色彩和质感等感官属性来激发人们的美感。人们从自然中获得的审美体验是将自然界对象化的过程。这种体验既非完全客观,也非完全主观,而是主观感受与客观存在相融合的产物。自然美体现的是自然的审美化。由于人主观性的选择,自然美成为主体心灵的对象化成果,蕴含着人的心灵状况。自然的审美化又是自然物象人格化的组成部分,人将自身的心灵状况投射于自然之上,将自然内化为人格对象。至此,自然物象具有了人格化的品格。如中国画中的"四君子"——梅、兰、竹、菊,便是自然人格化的典型例证。凌霜傲雪的梅花,幽雅空灵的兰花,虚心有节的翠竹,淡雅清幽的菊花,与中国文人所推崇的卓尔不群、孤标傲世的精神相呼应。

正是出于对这种审美人格的追求，梅、兰、竹、菊成为了文人表达情感和抱负的传统主题。

自然美作为美学理论的一个关键分支，既有理论层面的意义，也有实践层面的意义。在理论层面，"自然"这一概念拥有丰富的语义内涵和多层次的意义结构，涉及本体论、演化过程和人化过程三个维度，引发对自然存在、自然美的真理性和逻辑性等问题的探讨。对"自然"概念的深入理解是推动自然美知识发展的关键。自然物的美、人的自然本性觉醒以及生命共同体的审美构成了自然美的知识体系。自然美不仅在文化实践中发挥作用，也关乎诗意的居住方式。在实践层面，工业化的理性思潮带来了一系列生态环境问题，引发了生存危机和环境异化。审美主体与自然的情感共鸣、自然美向艺术美的转变，以及在自然审美中的诗意居住，都是自然美学知识体系中的重要组成部分，也是审美现代性救赎的一部分。

自然美是自然界中自然物的美，这种定义实际上是对被定义对象的同义反复。深入分析自然美，可以发现其中包含两个问题：一是自然是什么，二是自然为何被视为美。按照中国古代的理解，"天"代表大自然，与现代哲学中客观世界的天地宇宙是同一概念。在人类学、美学的视角下，自然即自然物，自然之美是人赋予的，因为人是万物的尺度。但在生态学的视角下，自然是一个有机的生命体，本身就具有独立的审美特质。

第二节　自然美的形态

根据人与自然的关系，可以把自然美的形态划分为三种类型：第一类是尚未经过人类加工改造的原始状态的风光美，如璀璨星辰、皎洁月色、苍茫雪山、高山峡谷等人迹罕至的地方，维持着自然的原始风貌。虽然这些景观没有直接受到人类活动的影响，但它们与人类生活有着紧密的联系，其感性形态反映了人类生活的内容、思想和价值观，因此成为人类审美活动的一部分，让人们在欣赏时能够体验到情感的愉悦和审美的满足。第二类是景观美，是人类通过生产劳动或艺术创作加工而成的，包括自然景观和人文景观。自然景观指的是自然界中未受人工雕琢的景物，而人文景观则是基于人类审美需求，依据艺术构思设计和创造的物质文化形式，例如苏州园林和杭州西湖。第三类是生态美，人与自然的关系从农耕文明顺应自然，走向工业化时代人与自然的对立，进而引发了生态环境危机，再转向更高层次的人与自然和谐共生。生态美育基于整体论的生态观，以生态系统观念、"诗意地栖居"、家园意识、参与美学等作为美育内容。培养大学生形成一种生态审美观念，让他们学会欣赏自然的美，并在日常生活中实现"诗意地栖居"。同时，生态美育的价值指向培养大学生对自然的依恋和承担生态环境保护的责任意识，实现人自由而全面的发展。

一、风光美

风光美是人从自然环境中获得的审美经验和审美感知，既包括自然空间上的美感，也包括自然时间上的美感。人们时常期待漫步于秀美的自然风光中，风光美已然成为一种特定类型的自然美的典型形态，是艺术创作的重要来源。风光美构成了自然美的一个重要部分，它代表了大自然中那些未被人改造、最具魅力的原始之美。风光美之所以成为审美观照对象，首先因为它体现了事物的自然属性，具有形状、色彩、线条、声音、光泽，构成了风光美的物质条件；其次，风光美表现出整齐、和谐、均衡、多样性统一等形式美的特征，从而引起人们的审美感知，人们从风光的某些特征中联想到人所具有的某些品格而产生美感，这便是自然人格化的审美体验；再次，自然风光是人类家园地球的组成部分，既是人类物质生活的对象，也是人类精神生活的对象。

（一）风光美的各种形态

自然风光各美其美，具有不同的形态。自然风光以丰富多彩的表现形态显现出不同的风格特征。五岳独尊的泰山以其磅礴的气势雄踞在齐鲁大地上，诗圣杜甫登上泰山之巅时，不禁感叹"会当凌绝顶，一览众山小"，这正是对泰山壮丽景色的赞美。而华山则以其"自古华山一条路"的险峻而闻名。"西北之山多浑厚，东南之山多奇秀"，西北地区山脉蜿蜒盘旋，干旱少雨，植被稀疏，而东南地区山形开合分明，植被茂密，色彩葱郁，显示出一派生机盎然之景象。中华大地地域辽阔，南北不同，东西各异。为了分析纷繁复杂的自然风光美，我们将风光美划分为不同的形态，通过把握其共同特征来理解自然风光美。

自然风光具有独特的自然属性和美学特征。按照自然风光的类型划分，可以分为天景、地景、山景、水景。借助气候、天象而形成的自然风光，可以称为天景，如黄山的云海、蓬莱的海市蜃楼等。以地形地貌为中心的，诸如丹霞地貌、喀斯特地貌、花岗岩地貌等，称为地景。山景包括不同的山峦形态，东岳泰山以其雄伟壮观著称，西岳华山以其险峻陡峭闻名，中岳嵩山以其高峻陡峭的特色吸引人们，北岳恒山以其清幽宁静的氛围受到赞赏，南岳衡山则以其秀美灵动的风景让人赞叹，我国"五岳"各自展现了独特的自然之美，带给人全然不同的审美体验。水景则包含海景、江景、湖景等。我国的海景自北向南依次是渤海、黄海、东海、南海。曹操在《观沧海》中写道："东临碣石，以观沧海。水何澹澹，山岛竦峙。树木丛生，百草丰茂。秋风萧瑟，洪波涌起。"这几句诗反映了他站在碣石山上，远眺渤海时的情感。他以充满浪漫主义色彩的笔触，捕捉了大海的壮阔与自然景观的生机，勾勒出渤海吞吐日月、包蕴万千气象的壮丽画卷。发源于青藏高原唐古拉山脉格拉丹东峰西南侧的长江与发源于青藏高原巴颜喀拉山北麓约古宗列盆地的黄河分别注入东海和渤海。长江与黄河孕育了伟大的中华文明。古往今来，很多文人墨客"登山则情满于山，观海则意溢于海"，留下了许多赞美祖国名山大川、江河湖海的千古佳句，为自然风光美注入了浓郁的人文色彩。

按照自然风光的规模进行分类，我们可以将其划分为微观、中观和宏观三个层面。微观层面关注的是自然界中那些精妙细致的美景，自然风光的微观之美印证了美学中"小的就是美的"之说。小之所以美，既美在其小巧的外形结构，也美在其细微处的精致微妙，犹如荷叶上滚动的露珠儿，小巧、圆润、晶莹，正因其小巧圆润的外形加之滚动的动态美，让人心生美感。随着科技的发展，人类可以借助各类仪器观察奇妙的微观世界，在微距摄影中，微观世界因重力与张力作用展现出不同的形态，显现了对称、协调、和谐的形式美和秩序美。中观形态的自然风光美是规模与尺度介于微观与宏观之间的自然风光。康德曾描绘过不同形态的自然风光所引发的审美愉悦。一座峰顶积雪且高耸入云的山峰会激发人的欢愉，一片鲜花怒放、溪水蜿蜒的山谷会使人感到舒畅，夜晚的星空会激起人对永恒的渴望，白昼的万物会让人感悟到生命的生生不息。宏观的自然风光美除了肆意奔腾的大江大河与重峦叠嶂的陡峭山峰，还包括深邃无垠的灿烂星空。我们可以借助太空望远镜探索星空景象，这些美轮美奂的星空景象，既让人类在认知层面形成了对宇宙的新观念，也在审美层面带给人非比寻常的审美体验，面对浩瀚无垠的宇宙，让人不禁产生"寄蜉蝣于天地，渺沧海之一粟"的感喟。这种超大规模的自然风光美，在激发人类对太空世界的向往和惊叹的同时，也唤醒了人类对大自然的敬畏之情。正如康德所言："有两样东西，我越是经常和持久地思考它们，我的心灵之中就会充满越来越新奇，越来越强烈的惊叹和敬畏：那就是我头顶上的星空和我心中的道德律令。"①

（二）风光美的构成要素

自然风光既是各种事物的个体形象之美，也是事物的群像之美。无论是由相似的元素构成还是由多样的元素构成，自然风光总是以群体的形象展现，与单一事物的个体之美相比，群体之美拥有更丰富的内涵，并能引发更为深刻的感官体验。因此，风光之美是一种融合了多种元素的综合美。从审美视角看，风光美的构成要素包括形状美、色彩美、声音美。

1.形状美

自然风光之美的核心在于形状之美。风光美通过其空间形态来激发人们的美感。正如之前提到的，"五岳"的山形山势各具特色，赋予了它们独特的形象美，这种美正是

---

① 周宪.大学美育导引[M].北京:高等教育出版社，2023:269-271.

由它们各自独特的外形所塑造的。太湖石以其独特的形状蕴含着丰富而微妙的文化意蕴。北宋书法家米芾用"瘦""漏""透""皱"四个字来描述太湖石的外形与内涵。朱志良对太湖石的内涵进行了阐释：瘦，意味着孤迥而独立，高洁而超然，有着野鹤闲云的意境，没有萎靡不振的柔弱；漏，指多孔穴，彼此相通，通透而灵活；透，是通透的、玲珑剔透的、细腻的、温润的；皱，最能体现石头的风骨，体现了内在的节奏感。"瘦"表现了淡泊，"漏"表现了通达，"透"表现了微妙和精致，"皱"表现了生动的节奏。米芾用这四个字简洁而恰当地概括了太湖石的形状之美。不仅山石以形状展现美，水也是如此。正如车尔尼雪夫斯基所说："水因其形状而显得美丽，广阔而平静的水面在我们心中唤起宏伟的形象……水将周围一切如画地反映出来，将这一切曲折地摇曳着，我们看到的水是一流的写生画家。"[①]这位一流的写生画家不仅描绘了"落霞与孤鹜齐飞，秋水共长天一色"的优雅闲适之美，也描绘出了"余霞散成绮，澄江静如练"的绚烂繁华之美。我们正是在欣赏自然风光的过程中，感受到了山石与流水的魅力所在，感受到了大自然神奇的造化之美。

2. 色彩美

在科学家的眼中，色彩的多样性源于不同物体对光的吸收和反射程度不一，形成了丰富多彩的色彩现象。色彩包含色相、纯度和明度等基本属性。在人们的生产和生活实践中，色彩被赋予了各种情感寓意和文化内涵，逐渐发展成为一个独立的审美领域，成为一种能够激发人们审美感受的情感符号。色彩具有情感性，不同的色彩能够引发不同的情感反应。例如，红色、橙色和黄色等暖色给人以温暖和热情的感觉，而青色、蓝色和紫色等冷色则给人以冷静和宁静的感觉。色彩除了具有个体感受方面的共性特征，还具有东西方文化方面的差异性和象征性。在中国传统文化中，红色代表着吉祥、喜庆、激情和活力；在西方文化中，白色象征着纯洁、优雅、神圣和高贵。绿色象征着生命和希望，给人一种生机盎然、奋发向上的感觉。而鲜艳明亮的色彩因其纯度高、明度强等特点，很容易引起人们的注意。我国自古以来就有将色彩与方位相联系的传统，即东方对应蓝色、南方对应红色、西方对应白色、北方对应黑色、中央对应黄色。此外，色彩与中国古代的"五行"学说有着密切的联系。在先秦时期形成的"五色"理论被纳入了"五行"哲学体系之中。《周易》中提到的"五行"——金、木、水、火、土，分别与"五色"相对应：金属白色、木属青色、水属黑色、火属红色、土属黄色。这种"五行"与"五色"的对应关系，不仅在艺术上有所体现，还阐释了古代中国王朝更迭的合理性。随着绘画理论和技艺的进步，中国的色彩体系已经超越了传统的"五色"体系，发展出了一个视觉丰富性更强的色彩体系。

---

① 车尔尼雪夫斯基. 车尔尼雪夫斯基论文学[M]. 辛未艾，译. 上海：上海译文出版社，1965：103.

3.声音美

声音也称为音响，从物理学角度来看，是由物体的移动或碰撞产生的振动现象。振幅、频率和波形共同构成了声波。振幅反映了声波振动的幅度，它决定了声音的响度；频率则是声波的周期性，它决定了音高；而音色则是由振幅和频率共同决定的，它体现了声音的特色和个性。从审美的角度来看，声音通过其音响特性对人的听觉产生刺激，不同音高、响度和节奏的声音能够引发不同的情感体验。通常，低沉的声音给人以深沉感，高亢的声音给人以激昂感；强烈的声音激励人心，微弱的声音显得柔和细腻；急促的声音让人感到紧张兴奋，缓慢的声音带来宁静舒缓的感觉；乐音令人心情愉悦，噪音可能让人心烦意乱。音色之美体现在声音的个性和特色上，它是语音四要素——音色、音高、音强、音长中最为关键的因素，主要由声音的泛音数量及其相对强度决定。不同的乐器演奏同一首乐曲，或者不同的人发出相同的声音，我们能够通过音色的差异来区分，这是因为发音时声源、发音方式和共鸣腔的形状各有不同，从而产生了不同的音色。中国古代文学作品中对声音美的描写和论述屡见不鲜。孔子在齐国听到《韶》乐时，被其美妙的声音所吸引，以至于"三月不知肉味"，这足以证明声音美的巨大魅力。《列子·汤问》中也有"余音绕梁，三日不绝"的典故。韩愈在《听颖师弹琴》中运用丰富的艺术手法，将美妙的琴声转化为各种可视化的情境，如："昵昵儿女语，恩怨相尔汝。划然变轩昂，勇士赴敌场。浮云柳絮无根蒂，天地阔远随飞扬。喧啾百鸟群，忽见孤凤凰。跻攀分寸不可上，失势一落千丈强。"整篇文章随着琴声的高低强弱变化，跌宕起伏、姿态横生，用艺术化的笔触展现了声音之美。同样，李顾的《听董大弹胡笳声兼寄语房给事》、李白的《听蜀僧濬弹琴》、李贺的《李凭箜篌引》、白居易的《琵琶行》等作品也是描述声音美的名篇，尽管它们描述的是不同乐器的声音，如胡笳、箜篌、琵琶等，但每一篇都以其独特的方式展现了声音之美。

二、景观美

从景观的发展脉络看，16 世纪末，景观作为绘画艺术的术语，泛指陆地上的自然景色和自然景物。17 世纪后，景观逐渐被园林设计师描述为自然、人文以及它们共同构成的整体景象。19 世纪，景观被洪堡德等人引入地理学和生态学，形成景观地理学和景观生态学。景观具有地表可见景象的综合与某个限定性区域的双重含义。景观的特征表现为具有明确的边界和统一的外貌，具有可辨识性、空间重复性和异质性。有学者认为景观是指一个由不同土地单元镶嵌组成，具有明显视觉特征的地理实体，它处于生态系统之上与大地理区域之下的中间尺度，兼具经济价值、生态价值和美学价值。由此可见，景观的最初内涵主要关注其视觉特性和文化意义，继而，地理学和生态学将其内涵进一步拓展，但两者的关注点不同，前者关注景观的要素构成与形成过程，后者将其视为地方尺度上具有空间可量测性的异质性空间单元。具体而言，景观既包括地域空间中的地貌、植被、建筑、道路、河流等可视化的实物，也包括民族风俗、文化传统、精神风貌等饱含浓厚生活气息和精神特质的内容。纵观景观的发展历程，可以发现，景观与人的关系由二元分离逐渐转变为和谐共生。

美学界将景观美分为两大类：自然景观美与人文景观美，两者的区分关键在于它们的形成基础。那些未受人为改变、纯粹由自然力量塑造的景观被定义为自然景观，而那些经过人类加工、改造的景观则被称作人文景观。自然景观以其原始的形态之美而著称，它们展现了自然界的宏伟与和谐，例如峻峭的山峰、曲折的河流、茂密的森林等。这些景观的美丽源于它们的天然未雕状态，映射出地球的演变历史和生态系统的丰富多样，自然景观的审美属性蕴含在其形状、色彩、声音和动态之中。人文景观则是形式与内容的结合体，它不仅展现了形式上的美感，也体现了内容的丰富性。在某种程度上，人文景观与艺术创作具有许多相似之处，可以说，人文景观是微缩的、立体的艺术作品。鉴于前文对自然景观中的风光美进行了集中论述，因此，本部分内容主要探讨人文景观，而园林景观作为人文景观的典型样态，蕴含着丰富的文化意蕴，若从自然与人工的巧妙结合、实用与艺术的浑然天成这个意义来讲，园林景观堪称人文景观中最耀眼夺目的宝石。

（一）景观的审美价值

景观是自然和文化的综合体。园林景观的审美价值主要体现在其自然属性、社会属性、文化价值和旅游价值等方面。张家骥在其著作《中国造园论》中对"园林"的概念进行了界定，即以自然景观为观照对象，利用植被、水体、岩石、建筑等元素作为表现工具，在有限的空间内打造出视觉上无限延伸、富有深厚自然气息的境界。基于此，园林景观是在自然山水的基础上进一步发展而成，借助亭台楼阁、山水花木、奇珍异石等组合而成的，兼具艺术和实用功能的综合性艺术品，形成空间有限而视觉无限的效果。

园林景观既有自然属性，也有社会属性，如果说自然属性重在形式之美，社会属性重在内容之美，那么，园林景观则是形式美与内容美的完美结合。作为实体而独立存在的山水石路、花草树木等自然物是园林景观的物质基础，均是经过人们的劳动实践和艺术设计而形成的。山石的堆砌、流水的分合、花木的分布、景点的嵌套组合都是按照审美需要设计而成的。因此，园林景观的自然属性主要是指其凭借自然物的形态特征，打上了人类实践的烙印，是一种"人化的自然"。园林景观的社会属性主要表现在其总体布局和艺术构思中的时代精神和审美意识上。园林景观在不同的时代和文化背景下展现出各自独特的社会内涵和审美特点。时代的审美特征在园林景观设计中得到了明显的体现。苏州园林作为中国园林的典范，注重亭台楼阁的巧妙布局、假山与水池的和谐搭配、植物的点缀以及近景与远景的层次感。苏州园林刻意避免对称，叶圣陶指出，对称的建筑类似于图案画，而园林则更接近美术画，追求自然的趣味，不拘泥于对称。相比之下，17世纪的法国园林则强调对称性和几何图形的运用，沿着主轴线和次轴线布置广场、花坛、喷泉、花草，这正是崇尚理性主义的产物。这些无不表明园林景观是一个时代和一种文化的缩影。

园林景观的旅游价值表现为畅游在如画的美景中，游览者可以放松心情、怡情悦性，获得情感的满足。游览者饱览各类园林景观，可以品味廊柱上的书法艺术和诗词佳句，可以提升游览者的审美素养。我国传统文化博大精深，古典园林景观是多种文化的聚合体，包含了中华文化的审美观、自然观以及对意境美的追求。我国园林景观在造景时强调以小见大、曲径通幽、山水相连，追求自然之美。在布局上用分景、隔景等多种方式分隔空间，使景致深远，达到景愈藏而意境愈深的效果。

园林景观在师法自然、顺应自然、融于自然的过程中追求自然意趣，表现出人与自然和谐共生的关系。置人与自然景观之中，让自然物象的特征折射到人的品格中，达到物我合一、审美交融的境界。同时，在建筑与自然景观的融合中，人们能够体会到实践活动的深远意义以及人类本质价值的显现，在感受自然气息和文化氛围的同时，体验到创造美的奥妙，这都是园林景观的价值所在。

（二）景观的审美特征

自然景观以其形状、色彩、声音和光影等形式要素构成了一个和谐的整体，自然美是一种整体美，是多样统一的美；人文景观则蕴含了多重意义，具有鲜明的文化内涵。园林景观的审美特征主要体现在综合性、欣赏性和动态性三个方面。

1.综合性

园林景观尽管也追求自然美，但总体而言，它具有多方面的综合性特征。园林景观设计涵盖了建筑艺术、雕塑艺术和设计艺术等多个领域，它常常与自然景观相融合，形成一种和谐的整体。如苏州园林的优秀代表——拙政园就将居住功能和自然山水相结合，将自然风光与建筑艺术完美融合：就自然风光而言，有山水、花草、树木；就建筑艺术而言，有亭台楼阁。通过运用美学中多样性统一原则，园林景观成为独具特色的综合性艺术。这种综合性既表现为实用与观赏的统一，使园林景观成为可居、可住，可观、可赏的雅居宅院，又表现为不同主题景致的相互对比以及与其他景致的相互衬托，从而形成情趣各异、主题分明、多样统一的综合性景观。此外，综合性还表现为园林景观中绘画、书法、雕刻等多种艺术形式的融合，园林景观在设计中注入文化内蕴与艺术氛围，便能增加其审美价值，使游览者在观赏过程中感受到园林景观的综合性魅力。

2. 欣赏性

园林景观的欣赏既是一种审美的欣赏，也包含着对文化、艺术的评鉴。园林景观并不只是供游览者观赏、休憩的场所，也是将游览者置于如画的景致中，在人与自然的和谐共处中让其领略自然风光，体验审美趣味，感悟审美意蕴，使其在赏心悦目、怡情悦性中陶冶情感、净化心灵。园林景观的欣赏性主要体现在运用各种艺术手段来构景上，构景的方法多种多样，如借景、分景、对景、镜景、框景等。借景是借助园外目力所及的景致，将其组合到园内景致中，以达到囊括无限与有限的审美效果；分景是利用山水、植物、长廊等将风景一分为二，一边是亭台楼阁，一边是湖光山色；对景是指从亭台楼阁等高处观赏周围的山水和花木，通过这种视角，使得不同景观之间相互映衬，增添观赏的趣味性；镜景是指利用水面的反射效果，将实景与虚影相结合，创造出虚实相映的视觉效果；框景是利用门、窗、洞等限制视野的物体，有选择性地摄取优美景色的构景方法。又如曲直、远近、大小、高低、深浅、隔与不隔的设计，是为了让游览者在欣赏中获得丰富的美感体验，在感受自然风光的同时享受人在画中游的快意。

3. 动态性

我们容易将景观视为静态的对象，其实园林景观也可以是动态的。游览者在欣赏园林景观时，在漫步过程中，才能领略到景观的丰富性和层次感，将看似静态、固定的景致动态化。在漫步欣赏中，既能将各具特色的主题景观衔接成为一个和谐的整体，又能使开合自如、虚实相生的景致如画卷般在游览者面前徐徐展开，从而获得静态景物无法实现的动态美感。在古典园林景观的设计中，那些曲径、回廊的设计增加了纵深感与层次感，使游览者在漫步过程中不停地转换视角、拓展视野。园林中的景观是固定的，而美感则是流动的，游览者在光影交错中、色彩变化中品味变化的美感。在欣赏园林的过程中，活动着的人群、流淌着的溪水，甚至凉亭的飞檐翘角，轻盈灵动，形如展翅欲飞之鸟，给人以动态之感。这些一起构成了动态与静态相结合的园林景观的审美特性。

（三）景观的审美方法

在欣赏自然景观的过程中，要着重培养大学生相应的欣赏能力，要让他们自己多到自然中去探索、发现、体验。自然景观的欣赏涉及人文、社科、自然科学等多方面的知识。作为人文景观的典型代表，园林景观是对大学生进行审美教育和人文教育的理想资源。

1. 学习园林景观知识，在审美知识学习中培养大学生的审美能力

在组织学生游览园林前，向学生介绍园林艺术时，可以强调园林艺术的概念、目的、元素、风格、功能等基本知识，通过这些基本知识的学习，学生可以更深入地理解园林艺术的价值和魅力，以及它在人类文化和自然环境中的重要地位，在游览园林过程

中要运用相应的美学知识发现园林设计的巧妙之处，以及如何观赏园林景观。如园林景观设计中采用因地制宜的构景方式，把人工建造的东西与所处的自然环境协调地组合成一个整体。这种借景的构景方法既具有审美价值，也深刻体现了中国传统的"天人合一"生态哲学。设计师们追求的是在园林中的任何一处，游览者眼前都能呈现出一幅完整的美丽画卷，使人体验到仿佛在画中行走的美妙感受。中国传统的景观审美观念中包含了丰富的生态智慧，因此，园林景观不仅具有生态教育的意义，也承载着审美教育的重要价值。

2. 实地观赏园林景观，在审美实践中培养大学生的审美能力

大学生在学习基本园林景观知识的同时，要将美学理论知识与审美实践活动相结合。在实地观赏过程中，运用美学理论知识欣赏园林景观并对园林的构景设计进行解析，这样才能获得较好的审美教育效果。在游园过程中，导游会直接影响美育效果，最好能够邀请园林艺术专家担任导游，看到有特色的景点时，要用专业的美学知识适时地讲解，就会取得较为理想的游园效果。游园讲究动静结合，既要在漫步中把各个固定的静景连成一幅画卷，也要在驻足中细品某些景观的细节。另外，游园要选择在风和日丽、游人稀少的时候，这样才能沉浸在宁静雅致的园林中，静心凝神、开阔视野，取得较好的美育效果。

三、生态美

生态美的本质在于人的自然化和自然的真实化。"人的自然化"是建立在"自然的人化"基础之上的，意味着人在改造自然的同时，也在向自然回归，寻求精神的归宿。人类对自然的依赖和精神上的归属感，不仅体现在认识和改造自然的能力上，还体现在与自然和谐共生的关系上。"自然的真实化"则强调保留一些未经人为改变的原生态自然，这是人类生存的根本和精神的依托。因此，生态美融合了自然美和社会美，是两者充分发展后形成的新的审美形态。从形式美的角度来看，生态美更倾向于自然美；从感性形态来看，生态美强调人与自然和谐共生，并将"自然"视为最终的审美追求。

（一）生态美的提出

"生态"这一概念起源于古希腊，描述了生物体的生存状况、它们之间的相互依存关系，以及它们与环境之间的共生互动。"生态学"这一术语是由德国学者海克尔在1866年提出的，他将生态学定义为研究有机体与其环境关系的科学，强调将所有生存条件纳入生物科学的研究视野，其核心价值在于将环境因素纳入对生物的研究中。1922年，美国学者巴洛斯提出了"人类生态学"的概念，将生态学与人类生存紧密联系起来。随着生态学相关边缘学科的发展，生态美学也应运而生。生态美学基于生态哲学，将生态

理念融入美学研究，是对环境和精神危机的一种回应。

生态学专注于自然界各系统内部的和谐与均衡，特别强调生物链中各个环节的紧密联系和相互作用。人处于生态系统中，是生物链中的关键一环，人的生存发展要受到自然生态系统的影响，人的主体性和能动性的发挥需要在遵照自然发展规律的基础上才能发挥作用。生态美概念的提出是基于人类生存环境遭到严重破坏，守护人类共同生活家园这一背景，因此，生态美关注人与自然和谐共生的关系。曾繁仁将生态平衡的概念融入生态美学理论，定义生态美为一种体现人与自然及社会之间动态平衡与和谐统一的生态审美存在。生态美包括自然、人类在内的整个生态系统及其生态平衡功能所显现的审美价值。这个生态系统既包括宏观系统，也包括微观系统，与地球上所有的物种生存息息相关，该生态系统以自然生态为基础，渗透着人文内涵。我们发现，维护生态平衡的过程中蕴含着生态之美，生态美的发现使人从自然中寻找到了精神的慰藉，寻找到了人的主体性。在维护生态美的实践活动中，人类化功利性为审美性，寻找到了生态美的价值。同时，也要注意到，生态美以生态作为美的条件需要借鉴生态学的内涵，而在生态概念的不断发展中，生态既是一个理论范畴，也是一个实践范畴，需要在审美实践中将生态学的理论成果与生态实践行动相结合，达成生态美的理想状态。

（二）生态美的基本内容

1. "诗意地栖居"

海德格尔在《追忆》中提出了"诗意地栖居"这一概念，启发自荷尔德林的诗句"充满劳绩，然而人诗意地栖居在这片大地上"。他探讨了人类如何在大地上找到自己的栖息之地。"诗意地栖居"意味着超越对自然的征服与控制，让自然回归其本质，为人类构建一个美好的精神家园。这一概念的提出背景是工业社会中工具理性的盛行，资本追求利益最大化，导致自然环境的破坏和对自然资源的掠夺性开发。海德格尔试图通过审美途径引导人类实现"诗意地栖居"。在审美领域，人们通常讨论愉悦和美感，至多涉及情操陶冶和人格完善，但很少有人从审美生存的角度探讨审美。而"诗意地栖居"则关乎人与自然、人与人、人与社会之间的动态平衡与和谐，是一种理想化和诗意化的审美生活方式。

2. 家园意识

海德格尔在《返乡——致亲人》的演讲中提出了"家园意识"这一生态美学理念。他认为家园是给予人归属感的地方，是人们能够感到"在家"的空间。返乡象征着回归起源和根本。在生态环境破坏和精神焦虑日益严重的背景下，人们普遍感到失去了家园，精神上感到无根无依，漂泊不定。所谓"家园"，是指每个人生活和传承的地方、生我养我的地方，既有割舍不断的血脉亲情，也有记忆深处的花草鸟禽。"家园意识"

涵盖了人与自然之间的和谐相处，同时也包含了人们在大地上"诗意地栖居"的深层意义，集中体现了生态美的理论特性，反映了生态美舍弃了传统美学中比例、对称、均衡的形式之美，聚焦于对人类生存状况的关注，也有别于传统美学审美主体与审美对象二元对立的认识论关系，而是基于人与自然相互交融的实践论关系。人存在于生态系统之中，地球是人类唯一的家园。

3. 审美交融

阿诺德·柏林特提出的审美交融理论是在批判康德审美"无利害关系"影响下审美主体与审美对象保持一定距离的"静观美学"。在面对大自然蓬勃的生命力时，仅仅通过"静观"或将风景视为"如画"的被动欣赏方式显得不够充分，需要通过人体的各种感官积极参与体验。柏林特提出的审美交融理念，在审美方式上超越了传统的主客二元对立模式，其核心在于欣赏者的主动体验参与。这种审美交融强调将注意力集中在感知体验上，不对体验设置任何预设条件，而是重视对审美情境的直接和即时的参与。审美交融体现了感知者与审美对象的合一，代表了审美体验的巅峰状态。审美交融也彰显了生态美育重在实践参与的基本特点。

（三）生态美的审美特征

1. 天人和谐性

在现代审美语境下，天人和谐既意味着一种生态美学的境界，也是一种心物相融的艺术化的审美境界，即物我交融，将宇宙万物与生命体验视为一种天人同构的关系。自然为人类的生存和发展提供了物质条件，是人们劳动生产、生息繁衍的重要场所，是人们保持身心平衡的重要载体。自然环境中保持生态系统平衡是生态美的前提条件，生态系统中各要素协调发展、趋向动态平衡，就是美学中的谐和之美，人与自然动态平衡、和谐共处便是生态美的旨归所在。人需要调整自身的行为和状态，让自我与自然环境达成一种良性的互动关系。天人和谐在生态美学视野中的启示就是突破人类中心主义，摒弃"人是万物的尺度"之说，唤醒人与自然协调共生、和谐共处的审美意识，使人类"诗意地栖居"在自然家园之中。

2. 生态协调性

相较于生态平衡而言，生态协调更关注人类主动地调整自身的行为，转变自身的生态观念，使之符合生态规律，能够发挥人的能动性。由于生态系统具有自我修复的功能，即便遭受破坏，也能够通过漫长的修复达到一种新的平衡。在此过程中，人类或许要付出惨重的代价。因此，我们需要坚持生态协调发展的理念，需要重构生态美学知识结构，既要从形式之美把握自然美的形状、色彩、声音等感性特征，也要掌握自然科学知识，包括地理、物理、生物等知识，科学知识能够帮助我们透过表象探究事物的本质，揭示自然对象的内部运行机制，为我们改造自然、利用自然提供理论支撑。在经济发展过程中遵循节能减排的理念，充分利用废料资源的深加工，提高社会效益和生态效益。

3. 多样统一性

多样统一性是形式美的一种高级表现形式。其中，"多样"指的是构成整体的各个部分在形式上具有显著的差异；"统一"则指这些部分在形式上展现出的共同性和一致性。多样统一性的本质在于将具有差异性的多种形态要素有机地整合，使它们在整体中既保持各自的特色，又能够和谐统一，从而实现变化与统一的结合。在生态美的范畴中，多样性体现为生物多样性，即在一定区域内，各类有机体有序地组成一个稳定的生态整体。这种多样性包括了动物、植物和微生物的物种多样性，物种多样性是生物多样性的根本，它既反映了生物及其环境之间的复杂相互作用，也显示了生物资源的丰富性。多样统一性不仅是美学的一个核心原则，也是生态环境美的一个关键特征。正是因为生态系统的多样性，我们的自然家园才变得如此奇妙和美丽。

（四）实施生态美育的基本路径

实施大学生生态美育需要多方因素的支持，其中的关键环节在于课堂生态知识与美学知识的传播，以及课外生态美育实践。

1. 课堂生态知识与美学知识的传播

在课堂上传播生态知识和美学知识，对大学生而言，显得尤为重要。生态美育知识是由生态学知识与美学知识共同构成的。生态美育涉及多个学科，可以采用学科融合的方法，在课堂教学中将生态美融入各个学科中。蔡元培认为，凡是学校所有的课程，都没有与美育无关的。"矿物的结晶、闪光与显色，在科学上不过自然的结果，在装饰品中便作为重要的材料。植物的花叶，不过生殖与呼吸的机关，或供分类的便利；动物的羽毛与声音，在科学上作为保护生命的作用，或雌雄淘汰的结果；在美术、文学上都为美观的材料；地理学上云霞风雪的变态，山岳河海的名胜……都是美育的资料。"[①]这些在地理、生物等学科中存在的自然现象，若从生态审美的角度来观察，都会展现出生态美的魅力。学科融合的理念不仅能够拓展生态美的内涵，还能帮助学生在学习过程中发现学科之美、自然之美和生态之美。

2. 在实践环节中实施生态美育

课堂生态美育知识教学为大学生开展生态美育实践奠定了基础。生态美育的实践过程是实现其教育目标的重要步骤，与其他审美实践活动相比，生态审美实践具有自然融入教育和人为创设生态情境两个方面的优势。一方面，自然融入教育是将充满生命力的

---

① 蔡元培.中国现代美学名家文丛：蔡元培卷[M].北京：中国文联出版社，2017：121.

大自然作为审美对象，唤醒人们的生态审美意识，实现物我合一，即将自身与自然融为一体，自然而然地获得审美经验，在人与自然融合的过程中获得情感上的皈依，并寻找到自我的内在价值。另一方面，人为创设生态情境有利于生态美育实践活动的开展，生态美育可以利用形状、色彩、声音、光影等多种方式的组合，唤起大学生的审美情感。我们要充分利用博物馆、展览馆和生态公园等多种美育资源，激发大学生对大自然的热爱和对生态危机的关注。

第三节　自然美的特征

自然美与社会美均属于现实美，与艺术美的集中、典型、理想相比，显得纷繁驳杂，却是艺术美的基础和源泉。尽管自然美与社会美同属现实美，却有着不同于社会美的特征，具体表现为自然性、形式性、变易性、多面性、象征性和联想性。

一、自然性

自然美的自然性是指自然物象的美具有非人为的自然属性，如形状、色彩、声音、光影等感性特征，是构成自然美的物质基础。若脱离了自然物象的自然属性，自然美也就不复存在了。奔腾咆哮的海浪之所以壮观，是因为它形状的巨大和声音的洪亮，让人产生壮美感；圆润如玉盘的满月之所以秀美，是因为它的形状、色彩和质料让人产生了优美感。自然性构成了自然美的物质基础，赋予了它与社会美不同的质的特性。在《政治经济学批判》中，马克思在讨论金银的美学特质时提出，金银因其固有的美学特质而成为满足奢侈、装饰、华丽和炫耀需求的理想材料。金银的美学特质的物质基础在于它们"自然的光芒"——银能够反射所有光线的自然混合，而金则特别能反射最强烈的色彩，即红色。基于此，马克思得出结论，色彩感知是普遍美感中最广泛的形式之一。

自然界中的每一物象都以其独特的方式展现美，例如，浩瀚的星辰大海之美与宁静的小桥流水之美截然不同，飞禽走兽之美也与花草树木之美各有千秋。这些差异的根本原因在于它们各自的自然属性。星辰大海之美，美在其浩瀚无垠；小桥流水之美，则美在其小巧精致。飞禽走兽之美，美在其飞腾跳跃，花草树木之美，则美在其宁静雅致。因此，人们能够从自然界各种物象的独特性中感受到它们各自的美学价值。自然物象之所以呈现出千姿百态、充满趣味的自然美，正是因为它们各自拥有多样且复杂的自然属性。这使得人们能够在自然界中体验到多样化的美感。以中国的五岳为例，尽管它们在地质结构上存在相似之处，但在形态上却各具特色：东岳泰山，形体厚重，如人之坐姿；西岳华山，崖壁陡峭，如人之立姿；南岳衡山，形似巨鸟，如人飞跃之姿；北岳恒山，连绵起伏，如人之行姿；中岳嵩山，没有高峰耸立，如人之卧姿。确实，自然美的本质不仅仅局限于自然性，但自然性确实是自然美形成的必要条件。如果没有自然物象的形状、色彩、声音和光影等自然属性，自然美便失去了其存在的基础。

自然美依赖于自然物象的自然形式和感性特征，自然之美在于其原始的纯粹性。正如"清水出芙蓉，天然去雕饰"所描绘的那样，自然之美是一种超越人为艺术作品的美。自然物象存在于真实的三维空间之中，为审美主体提供了从多角度、多方位、多距离欣赏的可能性。有时，人们甚至能够亲身融入这些美景之中，利用各种感官，全身心参与到审美情境中，体验自然之美。特别是山水美景，审美主体与审美对象交织融合，人们能全方位体验花草树木的芬芳，感受自然生命力的勃发。另外，山水之美往往是根据其自然性来概括其总体特征。如峨眉山的秀，青城山的幽，洞庭湖的旷。从宏观视角看，名山大川都具有雄、奇、险、秀的特征；从微观而言，即便是秀丽的景色，每处也有其独特的风采。例如，峨眉山以其雄伟与秀丽并存而著称，雁荡山以其奇特的景观吸引游客，而富春江则以其锦绣般的风光让人赞叹。这些地方的自然美景各具千秋，展现了自然美的多样性和丰富性。正因为自然美的自然属性，使得自然美区别于重在内容的社会美以及内容与形式相结合的艺术美，而成为重要的审美形态。

二、形式性

自然美的形式性强调了自然物象的形式美在自然美中的主导地位。形式美涉及自然事物的形状、色彩、声音、光影等元素及其组合方式，如对称、平衡、节奏和多样统一等，它们共同创造出感性形象的美。在自然美的范畴内，决定自然物象美感的并非是其对人类的实用价值，而是其形式组合能否给人带来愉悦的观感。在自然美的体验中，形式美常常占据突出位置，而内容美则显得较为隐晦，有时甚至不是评价的重点。以王勃的《滕王阁序》中的名句"落霞与孤鹜齐飞，秋水共长天一色"为例，它描绘了在落霞、孤鹜、秋水和长天的映衬下，对形状、色彩和光影的美学欣赏。这些意象共同构建了一幅充满诗意的秋日景色图。显然，对秋水的审美体验源于其形式美，而非其实际功能。

自然美正是以其生动、具体、丰富的外部形态令人产生直接的审美感受。当人们面对一个自然物象时，往往是被其形状、色彩和声音所吸引，而不是考虑其社会性的内容是否有价值。在直接的审美体验中，当事物的自然特征，如色彩、线条、光影等与人类的视觉、听觉和触觉等感官相协调时，人们便能获得愉悦的审美感受。自然美之所以在形式上显得尤为突出，一方面是因为自然物象的形态、色彩、声音和光线及其组合与人的感官系统相匹配，从而引发愉悦的情感，另一方面是因为人们在长期的审美实践中积累了深厚的审美心理模式，使得他们能够对事物的形式特征进行抽象和概括。这些物象的形态与人的心理结构在事物的感受上产生了和谐默契，或者说是与人内在的审美尺度相吻合，长期下来，便逐渐形成了一种条件反射，对形式美具有了敏感性。如美术专业的大学生对构图、色彩、线条、形状等异常敏感，音乐专业的大学生则对音高、音长等具有敏感性。

自然美偏重形式美而忽视内容美的例证比比皆是。在审美的领域中，某些动物虽然对人类有益，但由于外观不吸引人，往往不被当作审美对象。例如，蟾蜍虽然能捕食害虫、保护庄稼，却因其外表而被视作丑陋的象征。相反，有些动物因其外表的美观而受到人们的喜爱。鹤就是一个例子，它洁白的羽毛和优雅的姿态赢得了人们的喜爱，被誉为"仙鹤"。元稹赞赏鹤的"毛羽霜雪妍"，而沈括在《梦溪笔谈》中提到林逋在杭州孤山隐居时养了两只鹤，它们能够自由飞翔，最终又飞回笼中，因此林逋获得了"梅妻鹤子"的雅称。宋徽宗赵佶的《瑞鹤图》则展现了群鹤在宫殿上空盘旋的壮丽景象，鹤群如云雾缭绕，形态各异，姿态各异，或振翅翱翔，或引颈长鸣，或蓦然回首，或比翼齐飞，寓意仙鹤来仪，天降祥瑞，是国泰民安之兆。可见人们对鹤的欣赏之情历久弥新。自然美强调形式美，并且具有直观性，使得欣赏者能够较容易地发现并感受到这种美，能够迅速引起欣赏者的审美愉悦，因此，自然审美往往比社会美和艺术美更为快捷和容易获得。

三、变易性

自然美的变易性是指自然物象的美具有变动不居的特性。由于人们观赏自然景物时所处的情景不同，有远近、高低、季节、阴晴的转化变化，作为审美对象的自然物象在主体感受方面会产生多角度、多层次的变化。从总体上看，自然美有其相对稳定性、持久性。大自然中江河日月变化极其缓慢，因此，张若虚在《春江花月夜》中说："人生代代无穷已，江月年年望相似。"然而，从特定的时空看，自然美随时随地都在发生着若隐若现的变化。一朵鲜花从含苞待放到娇艳欲滴，再到枯萎凋零，这正体现了一段充满变化的生命旅程。同一条河流在不同季节展现出不同的水文特征，春天时水流潺潺、夏天时波涛汹涌、秋天时清澈见底、冬天时凛冽刺骨。在北方，一年四季的景观变化极为明显，春天草长莺飞、夏天繁花盛开、秋天黄叶飘零、冬天白雪皑皑。不但一年四季面貌各不相同，哪怕是同一天，飘忽不定的巫山云雨也是极尽变化之姿态。清晨时分，天空中云霞绚烂多彩，而到了黄昏，却转变为绵绵细雨，转瞬间又消失得无影无踪；早晨可能艳阳高照、晴空万里，午后便是阴云密布、电闪雷鸣。

自然美的变易性是由多方面的因素形成的。其一，自然美极少属于孤立隔绝的单一美，多是相互映衬的综合美。山与水、云与烟、池塘与春草、园柳与鸣禽等审美意象的组合总是相辅相成的。如郭熙在《林泉高致》中所言："山得水而活，得草木而华，得烟云而秀媚。"这就说明，在综合美中假如有一项或几项因素变化，就会使整体充满美感。其二，自然美会受到气候时节与自身消长的影响。从外部看，四季轮回、新陈代谢、寒来暑往、秋收冬藏是大自然的运行法则，自然景物的美丑无不受到时令气候的影响；从内部看，自然物的生长具有自身内部的运动规律，花草树木，一岁一枯荣，外表变化明显，而江河湖海的变化却十分缓慢。其三，自然美与人的审美实践活动息息相关。人们会按照自己的审美意识对自然物象进行改变，或将山石按照审美意愿进行有机组合；或围海造田，改变大海原来的形状；或开垦梯田，种植各种颜色的花草，驻足眺望，像是一幅五彩斑斓的天然油画镶嵌在山上。自然美的变易性导致了在不同的环境条件下，同一自然景观的美丽程度和表现形式会有所差异，这使得自然美的审美形象呈现出多样化特征。

四、多面性

自然美的多面性是指自然物象的属性是多方面的，数量众多、分布广泛、品类繁盛，自然之美展现出多维度和多层面的特性。自然物与人类生活之间的联系千差万别，能激发出人们不同的联想。同时，这些联系的不确定性也使得自然物的美丽既呈现出多面性，也有美丑的两重性。在我们的生活领域中，宏观的宇宙星辰和微观的花草昆虫，均有其不同的形态美、色彩美、音韵美、动态美。自然之美的丰富多彩和生机勃勃是其他类型美难以企及的。如果说生活是艺术灵感的源泉，那么自然美便是一个无穷无尽、永不枯竭的宝藏。

自然美千姿百态、丰富多样，究其原因，主要表现在三个方面。

第一，自然物及其属性非常丰富，向人们呈现出多方面的美。同一自然物，有时会表现出别样的风貌。同样是太阳，早晨旭日东升会让人产生朝气蓬勃之感；午后骄阳似火会让人情绪焦躁；夕阳西下时，不同的诗人对同一自然景象有着不同的情感表达。李商隐感叹"夕阳无限好，只是近黄昏"，而刘禹锡则以"莫道桑榆晚，为霞尚满天"展现了对晚霞的赞美。这表明同一自然景物在不同时间、不同情境下，能够激发出审美主体不同的感受和体验。

第二，自然物与人的互动关系是多元的，这也是自然美多面性的体现。苏轼在《题西林壁》中对庐山的描绘"横看成岭侧成峰，远近高低各不同"，说明了由于观察者位置的不同，庐山展现出的景致也随之变化，体现了自然美的多变性和丰富性。正所谓"景随步移"，静态的景物随着游览者步履的移动而转变为动态的画面。当然，产生成岭成峰、高低不同的另外一个缘故是自然物具有三维空间的特性。杜甫在不同的境遇与时节中，对雨有迥然不同的态度。对于春雨，杜甫的欣喜之情在诗中表露无遗："好雨知时节，当春乃发生。随风潜入夜，润物细无声。"然而，面对秋雨，杜甫却描绘了一种困苦的情景："床头屋漏无干处，雨脚如麻未断绝。"这反映了同一自然现象在不同季节给诗人带来的不同情感体验。

第三，审美主体的文化背景差异也是自然美多面性的一个重要原因。不同国家、地区和民族的宗教信仰与文化习俗对自然美的欣赏有着深远的影响，导致不同人对同一自然对象可能产生截然不同的审美感受。例如，车尔尼雪夫斯基认为青蛙的形态令人不悦，但在中国，青蛙却常被描绘得颇具魅力，它们的姿态和鸣叫能够激发人们的美感。辛弃疾在《西江月·夜行黄沙道中》中写道："稻花香里说丰年，听取蛙声一片。"他将蛙鸣与丰收的景象联系起来，表达了对蛙声的欣赏和愉悦。至于颜色，黄色在中国代表着皇权和尊贵，而在西方文化中，由于叛徒犹大身着黄衣，黄色往往带有负面含义。这显示了颜色在不同文化中被赋予的不同象征意义。

五、象征性

自然美的象征性是指借用形象具体的自然物象表示抽象的事理或某种精神品格。象征具有两种情形，一种是"明体"，即象征的本体与其外在表现同时显现；另一种是"暗征"，其中仅展示象征的外在表现而不直接揭示本体。黑格尔解释说："象征本质上是一种直接呈现于感性直观的既定外在事物……在象征中应区分两个要素：一是内在含义，二是这含义的外在表现。内在含义是一种概念或对象，不论其内容为何；外在表现则是感性的存在或形象。"[①] 在这里，内在含义即本体，指的是自然物象所隐含的抽象概念或事理，而外在表现即征体，指的是具体的自然物象。自然物象之所以让人产生美感，就是因为人们可以从它们的形式外观上发现某种品格、精神、意志、操守和理想，从而获得审美享受，进一步可以陶冶情操、健全人格。为了促进大学生的全面发展，我们可以从传统文化中汲取智慧。周敦颐在《爱莲说》中对莲花的赞美体现了其"出淤泥而不染，濯清涟而不妖"的高尚品质，他认为莲花是"花之君子者也"。通过对莲花形象的描绘，周敦颐颂扬了莲花坚贞不屈的精神，并运用象征手法展现了自己洁身自好、高尚洒脱的情怀。在我国，文人墨客常以"四君子"——梅、兰、竹、菊来表达对高洁品格的赞赏，他们通过诗歌或绘画赞美这些植物，因为它们的外观形态象征着人的某些美德。例如，陆游在《卜算子·咏梅》中歌颂了梅花"无意苦争春，一任群芳妒。零落成泥碾作尘，只有香如故"的坚贞不屈，通过咏物来表达自己的志向和情感，以清新脱俗的笔调写出了傲霜斗雪的梅花，暗喻自己尽管人生坎坷，路途崎岖，却如梅花一般坚贞不屈、傲视群芳。李白在《于五松山赠南陵常赞府》中以兰草和松树为喻，表达了自

---

① 黑格尔.美学[M].朱光潜，译.北京：商务印书馆，2006:10.

己高洁的志趣："为草当作兰，为木当作松。兰秋香风远，松寒不改容。"他赞美兰草的芳香远播和松树在严寒中保持本色的品格，借此塑造了自己峻洁孤傲的形象。古代的士大夫们常以竹子为美，居住之地必备竹林，如晋代的竹林七贤和唐代的竹溪六逸。文同颂扬竹子"心虚异众草，节劲逾凡木"，将竹子中空的特性比作人的虚怀若谷，其节节分明象征着人的坚定气节。陶渊明对菊花有着特别的偏爱，他的名句"采菊东篱下，悠然见南山"展现了他悠然自得的生活态度和对自然的热爱，被历代评论家所激赏，认为达到了"静穆""淡远"的美学境界。此处的"悠然"一词既是陶渊明对清淡闲适的精神状态的描摹，也是对南山静穆而自然的写照，在悠然见到南山的一瞬间，有一种旋律在他心中与南山之巅相互照亮，融合成一首清新别致的小夜曲，同时也表达了他辞官归隐、享受田园生活的情调。因此，周敦颐将菊称为"花之隐逸者也"。

六、联想性

自然美的联想性涉及由一自然物象引发对另一事物的心理联想，这种联想是现实事物间的联系在人脑中的反映。联想在艺术想象中扮演着重要角色，对艺术创作和审美鉴赏活动至关重要。在审美活动中，联想有多种形式，包括接近联想、相似联想、对比联想和因果联想等。接近联想基于两个事物在时间、空间或经验上的接近性，由一事物的感知触发对另一事物的联想，形成条件反射，引发情绪反应。例如，《世说新语·假谲》中记载的故事"望梅止渴"，就是接近联想的一个典型例子：士兵们听到梅林的描述后，联想到梅子的酸甜，从而刺激唾液分泌。相似联想基于事物间性质、内容、形态等方面的相似性，进而产生联想。某些自然物的审美价值在于其特征或形态能让人联想到人的品格、精神等。如"岁寒三友"——松、竹、梅，以及"五清"——梅、兰、竹、菊、水仙，都是因为它们的自然特征让人联想到人的美德。对比联想则是由一种事物的经验联想到性质上或特点上相反的另一种事物，这种联想在文学作品中常用以增强审美效果。例如，"朱门酒肉臭，路有冻死骨"和"农夫心内如汤煮，公子王孙把扇摇"，都是通过对比联想强化了社会矛盾的描绘。因果联想涉及由一种事物的经验联想到与之有因果关系的事物。这种联想可以是由结果联想到原因，或由原因联想到结果。如王安石的"不畏浮云遮望眼，自缘身在最高层"和苏轼的"不识庐山真面目，只缘身在此山中"，都是通过因果联想展现了深刻的哲理。除了以上四种较为常见的联想方式之外，还有自由联想和控制联想。但相对而言，艺术创作中最为常见的是接近联想和相似联想，这两种联想方式构成了艺术再现与艺术表现两种倾向。

第四节　自然美的欣赏

一、自然美的欣赏价值

自然美的欣赏价值指的是人们在自然审美活动中所发现并认识到的自然美对人心理和精神层面的积极影响及其价值。自然物象在一定程度上能够满足人的需求，带给人审美享受。我国地域辽阔，名山大川众多，具有较高的欣赏价值。欣赏自然美与欣赏艺术美、社会美具有相通性。具体而言，自然美的欣赏价值包括增强大学生对大自然的审美感受力，激发大学生对艺术的欣赏力和创造力，陶冶大学生的高雅情操，培养大学生对祖国锦绣河山的热爱。

（一）增强大学生对大自然的审美感受力

自然美可以愉悦人的身心，振奋人的精神。畅游于自然山水之中，对人们的身心健康有着极大的益处。我们在林荫小道上漫步，享受清新空气，不仅能够放松心情，还能够促进身体健康。嗅到花草树木和泥土的芬芳，会让我们心旷神怡，陶醉在大自然的美丽风景中，感受大自然的勃勃生机，忘却尘世的忧愁和烦恼，心胸视野也会随之变得更加开阔。人类社会中理性的规则美与秩序美总能在自然中找到源头，人们的悲伤与躁动总能在博大无私的自然中获得抚慰。人们的喜悦与快乐总能在丰富多彩的自然物中寻觅到相互感应的契合点。面对星辰大海、万物生灵，人的视觉、听觉、嗅觉、触觉等各种感官会被调动起来，借助联想、想象、情感、意识等，达到审美愉悦的艺术境界。人们欣赏自然美景，也是一种积极的休闲活动。由形、色、声构成的形式之美会在比例、均衡、对称、和谐等统一中显现形式美的法则，从而唤起人们生理和心理的双重愉悦。

（二）激发大学生对艺术的欣赏力和创造力

自然美是艺术创作的重要源泉，历史上的许多艺术家都对自然怀有深厚的情感，他们以自然为师，从自然界中获取创作灵感。刘勰在《文心雕龙·物色》中提出"山林皋壤，实文思之奥府"，意味着自然界是文学创作的灵感源泉。他进一步指出，屈原之所以能够深刻洞察风骚之情，部分得益于江山之美的启迪。画家石涛在游历名山大川后，提出"搜尽奇峰打草稿"，并称"黄山是我师，我是黄山友"，强调了自然对他的艺术创作有着重要的影响。石涛擅长运用墨色，尤其偏好湿笔技法，通过水墨的渗透和笔墨的交融，捕捉黄山云雾缭绕的景象，其作品强调整体的气势，笔意恣肆，飘逸洒脱，具有一种奔放的气势。画家黄宾虹也喜欢游历名山，最喜欢黄山。他在晚年谈及绘画创作经验时说，在五六十岁之前，他通过学习古人和阅读书籍来积累知识；而在近三四十年中，他更多地向大自然学习，从自然界中汲取智慧和灵感。师法造化就是师法自然，从自然美中探索艺术创作的真谛。黄宾虹晚年创作的山水画笔力浑厚，以黑密厚重为特色，意境清远，去净雕琢痕迹。法国印象派大师莫奈曾指导向他求教的年轻艺术家，指向天空、树木和水面，告诉他们真正的老师就在那里，应当向自然学习，倾听自然的声音。贝多芬同样对大自然怀有深厚的情感，自然界的勃勃生机不仅治愈了他心灵的创伤，还为他提供了源源不断的创作灵感。贝多芬的许多作品都是在乡间漫步时孕育的，他的《第六交响曲》中《溪畔小景》的构思源于一条潺潺流水的小溪和在密林中歌唱的鸟鸣。因此，古今中外的艺术大家都懂得师法自然的道理。

（三）陶冶大学生的高雅情操

自然美在陶冶人的情操方面发挥着重要作用。孔子作为"比德说"的代表人物，在《论语·雍也》中提出了"知者乐水，仁者乐山。知者动，仁者静"的观点。朱熹在《论语集注》中对此进行了阐释，认为智者之所以喜爱水，是因为水的清澈流动与智者的灵活变通相似；仁者之所以喜爱山，是因为山的稳重厚重与仁者的宽广胸怀相似。这表明智者和仁者能在自然界中发现与人的美德的相似之处，因而赞美山水。而山水之所以美，也在于它们能够象征人们的美好品德。自然美的纯净和质朴能够净化人的心灵，帮助人们摆脱世俗名利的束缚，回归本真。正如吴均在《与朱元思书》中写道："泉水激石，泠泠作响；好鸟相鸣，嘤嘤成韵。蝉则千转不穷，猿则百叫无绝。鸢飞戾天者，望峰息心；经纶世务者，窥谷忘反。"置身于大自然的怀抱中，我们能听到泉水拍打岩石发出的清脆声响，鸟儿们互相应和，唱出悦耳的旋律，山间的蝉鸣和猿啼构成了一曲自然的交响乐章，会使追求名利、极力攀上巅峰者，平息逐名逐利的功利之心；使热衷于政务、想飞黄腾达者，窥探到深谷而折返。这说明自然美可以砥砺人的品格，陶冶人的高雅情操，使人从自然的美学特征中汲取平复功名利禄之心的力量，寄托自己的情怀与理想，净化心灵、升华情操。

（四）培养大学生对祖国锦绣河山的热爱

大学生对故乡的眷恋、对祖国的热爱，往往是源自对家乡自然美的热爱、对祖国大好河山的热爱。因此，自然美能够激发大学生的爱国主义情怀。观赏祖国的自然风光，能够激起人们捍卫祖国领土完整、担负起中华民族伟大复兴的历史重任的决心。在抗战时期，以中华民族的母亲河——黄河为背景的《黄河大合唱》，颂扬了中华儿女在外来侵略者面前展现出的坚毅不屈、誓死保卫家园的爱国精神。《松花江上》以富有叙事性与抒情性的笔调描绘了东北的自然美景："我的家在东北松花江上，那里有森林煤矿，还有那漫山遍野的大豆高粱。"歌曲以往昔松花江美丽富饶与今朝东北人民背井离乡、流离失所的场景，唤醒了人们在中华民族危亡时刻的斗志，在中华大地上点燃了抗日的星星之火。改革开放之后，张明敏在春节联欢晚会上献唱的《我的中国心》，以其激昂的旋律充分表达了华夏儿女对祖国大好河山的深厚情感。歌词创作者黄霑巧妙地运用"长江、长城、黄山、黄河"这些标志性的自然景观作为象征，传递出对祖国的热爱之情。游览名山大川，欣赏大江大河，能够加深大学生对祖国山川河流的了解，激发大学生热爱祖国的崇高情感。自然景观的形式之美不仅体现了自然界的规律，而且与人类社会和生活有着许多共鸣点。自然之美常常能激发人们的情感和思考，让人们在欣赏的同时，表达自己的情感和抱负，领悟生活的真谛。

二、自然美的欣赏方法

（一）欣赏自然美，需要敏锐地捕捉自然物象的形式之美

自然界中充满了千姿百态的美的形态，美往往是以一种客观而具体的形态存在着。在审美过程中，我们首先通过具体而感性的形式来感知美，这包括对自然物象的直观感受。只有先认识到美的形式，我们才能进一步理解其中所包含的内容和深层意义，从而体会到自然物象更深层次的美学意蕴。就这个角度而言，形式美是欣赏自然美的审美门户，只有了解了自然物象形式美的构成要素以及构成规律，才能透过纷繁驳杂的自然表象，洞悉自然美的规律。自然界中的一切事物都具有其特定的形态，但并非所有自然形态都具备审美上的吸引力。那些能够激发人们审美体验的形式，通常是指那些具有审美价值的事物。这些事物以其感性的形态呈现，表明美的形式是具体而直观的。形式美通常是将各种美的形式经过抽象和提炼而获得的，美的形式一般与内容具有一定的相关性，而形式美则与内容完全脱离关系。

在生产和生活实践中，我们确实需要依据"美的规律"来塑造物体。这一概念由马克思在探讨动物与人类生产活动的区别时提出。与动物仅根据其"种的尺度"进行生产不同，人类能够根据"内在尺度"进行创造性生产。人类生产是在遵循客观规律的基础上，根据自身需求，有意识、有目的地进行的。这表明，美的规律已经成为人类审美判断的一种内在尺度和标准。当我们掌握了这种内在尺度后，我们不仅会在生产中依据"美的规律"来塑造对象，还会将其作为审美标准，应用于评价自然物象的美丑。

形式美的构成要素包括形状、色彩、声音和材质。自然物象以其感性的实体形态直接作用于人的感官，尤其是视觉和听觉，这两个感官在人们体验美的过程中扮演着重要角色，引发丰富多彩的心理感受。人的视觉器官能够感受到形状与色彩，听觉器官能够聆听到声音，触觉器官能够触摸到物体的材质，而味觉和嗅觉器官能够感受到味道和气味。形式美不同的构成要素之间的有机组合方式，会引起人们具有普遍性的审美愉悦感。康德提出，审美共通感是审美判断具有普遍性和必然性的主观基础。与知识判断不同，审美判断的普遍有效性不能建立在概念之上，而应基于一种普遍存在于个体中的主观心理功能。他假设所有人都拥有在结构和功能上相似的主观心理条件，这种条件能够

引发普遍的审美愉悦。基于此，康德提出了形式美的法则，这些法则包括对称均衡、调和对比、比例匀称、节奏韵律以及多样统一等，它们是构成审美体验的基本形式规律。大学生在欣赏自然美的过程中要能够非常敏锐地捕捉到形式美的构成要素，并在要素组合中运用具体形式美的法则去欣赏自然物象。

（二）欣赏自然美，需要把自然景观和人文景观相结合，并把握景观的结构特征

景观是指人类生活环境中的风光景色，包括自然景观和人文景观。前者是指未经人类改造过的天体、气候、水文、地貌、动植物等由自然因素构成的景观；后者是指经过人类改造的园林、建筑、文物、名胜古迹等景观。但这种分类是相对而言的，许多风景名胜是自然与人工混合而成的，两者相互渗透、相辅相成。很多风景名胜都是在地壳运动过程中形成的，如华山是在地壳受到挤压、褶皱和破裂过程中，岩浆沿着裂缝向表层地壳上升冷却凝结成岩。风景区周围保留了大量古建筑和艺术等文化遗迹，同时流传着众多的神话传说、民间故事和逸闻趣事，增加了景观的丰富性和趣味性，形成了自然景观与人文景观相统一，自然美与艺术美相统一的特征。自然景观与人文景观相统一构成了整体性的审美对象，它们又由各具特色的风景区构成。每个风景区由各具风貌的若干景点构成，风景区之间、景点之间相互联系紧密，从而显示出景观的多层次性和完整性。了解了景观的结构特点，只有将游览区视作一个立体的艺术作品来欣赏，我们才能充分领会景观的多维度和整体性，从而获得更为丰富和完整的游览体验。每个景区内部都存在结构上的差异，每个景区的景观结构都有其独特之处，重要的是能够识别并欣赏这些结构上的独特性。

同属山岳风景，登泰山要把握其雄伟的特征。雄伟意指雄壮而伟大，是一种能够激发人内心崇高感的美。泰山的壮美之感源自其气势磅礴的景观，这种崇高的美让人心生敬畏。当你站在南天门之巅，瞻鲁台之上，仰望天空，俯瞰大地，远望东方的海平面时，一种宏伟的感觉便会自然涌现。因此，孔子发出"登泰山而小天下"的感叹，汉武帝登临泰山则发出"高矣，极矣，大矣，特矣，状矣"的惊叹。登华山则要把握其险峻的特征。险是由山势陡峭、山路狭窄所造成的。"自古华山一条道"便说明华山悬崖峭壁的险峻。攀登华山需要手扶铁索，缓慢移动，正是这种挑战极限的登山过程带给登山者非比寻常的审美高峰体验。游黄山要把握其奇特的特征。黄山以其四大奇景闻名遐迩：奇松、怪石、云海和温泉。其中，奇松指的是那些形态各异的松树，尤其是位于玉屏楼东侧的迎客松，它不仅是黄山的象征，更是黄山的标志性景观；黄山的岩石奇形怪状，最容易引发人们的联想，如猴子观海、喜鹊登梅、仙女绣花、老翁钓鱼等，通过人们的联想，没有生命的岩石被注入了新鲜血液，赋予了鲜活的生命形象；黄山的云海如缎如锦，飘荡于千山万壑之间，变幻莫测；黄山的温泉终年喷涌。不同山岳风景的不同

风貌，会带给登山者不同的审美感受。欣赏者若能准确把握景观的结构特征，便能获得与众不同的审美体验。

（三）欣赏自然美，需要了解人文历史、文学艺术和自然科学等多方面的知识

自然物象是一种综合性的审美对象，欣赏自然美关涉人文历史、文学艺术和自然科学等多方面的知识，欣赏自然美的能力中应该包含了解多种学科知识。

首先，欣赏自然美需要充分挖掘历史文化内涵，游览名胜古迹前要查阅相关资料，了解审美对象的历史沿革、人文风貌、最佳游览路线。在游览之前，对景点相关的神话故事、民间传说有所了解，在观赏时会更加兴致盎然，获得更为深刻的审美体验。正如东山魁夷所说："风景之美不仅仅意味着天地自然本身的优越，也体现了当地民族的文化、历史和精神。"[1]这也强调了欣赏自然景观时对历史文化知识的依赖。我国在自然景观欣赏中具有浓厚的人文主义传统，诸多风景名胜之所以闻名遐迩，正是凭借着其数量众多的神话传说、民间故事、历史事件等增强了其人文气息与历史厚重感。如泰山之所以被誉为"五岳之首"，既是因为其气势雄伟磅礴，更是由于在古代，开国之君或盛世之主在泰山举行隆重的封禅大典。封禅在某种程度上象征着国家统一、民族团结以及社会的繁荣。

其次，要增强大学生的文学艺术素养。我国历代文人墨客对自然景观的审美文化达到了很高的程度，文学作品中的山水诗、咏物诗和游记，以及艺术领域的山水画、花鸟画、园林景观等，均以自然景观为欣赏对象。这些作品不仅捕捉了山水的外在之美，更蕴含了创作者的情感与哲思，展现了人与自然和谐共生的文化传统。通过这些文化和艺术的表现形式，我们得以窥见古人如何在自然中寻找精神的慰藉和审美的愉悦，为我们从文学艺术的视角欣赏自然美提供了丰富的资料。这些作品能够帮助我们领悟中华民族感受自然美的方式、审美心理以及在自然美方面的审美趣味和审美理想。在提升了文学艺术素养后，大学生能够用审美的眼光重新审视自然景观。这时，即使是春天泥土中冒出的嫩芽，夏天花朵上凝结的晶莹透亮的露珠，秋天随风飘零的黄叶，冬天飘落的雪花，都可能会引起审美的遐想和憧憬。

最后，要学习相应的自然科学知识。自然景观的审美形式中包含着科学的秩序美与规律美。学习自然科学知识，可以帮助欣赏者创造性地发现自然景观的特色、成因以及类型。引导大学生从自然科学的角度观赏大自然，在学习理论知识的同时，带领学生走到自然环境中，在老师的指导下认识动物、植物、地形、地貌，引导学生发现和体验自然美。

[1] 杜卫.美育论[M].2版.北京：教育科学出版社，2014:308.

（四）欣赏自然美，需要树立审美化的态度并营造审美化的心境

审美化的态度是人在审美实践活动中形成的求真、向善、爱美的审美需求获得满足的一种主观态度，体现了人与现实审美关系中的一种价值关系，会受到特定时间、地点、环境、主客体关系的制约。个体的审美观念、需求、能力和心境对审美体验有着显著影响。不同个体对同一审美对象可能会有不同的感受和态度。朱光潜在其作品《我们对于一棵古松的三种态度——实用的、科学的、美感的》中，通过一个关于古松的例子阐释了这一点。一位木材商、一位植物学家、一位画家共同观察一棵古松，三人所感知到的是三种不同的事物。木材商看到的是木材的实用性，考虑如何利用它；植物学家看到的是植物学特征，思考其分类和特性；而画家则超越了实用和科学的目的，以审美的眼光欣赏古松的形态和气质。朱光潜强调，只有以审美的眼光去观察，才能真正体验到美："实用的态度追求善，科学的态度追求真，美感的态度追求美。在实用态度中，我们关注事物的利弊和意志；在科学态度中，我们关注事物间的关系和抽象思考；在美感态度中，我们专注于事物的形象和直觉。"[1] 人的本质是多维的，需求也是多样的，只有真善美三者兼备，人的精神世界才能完整丰富。审美化的态度专注于审美对象自身，我们从审美对象的感性特征的观照中体味与人生相关联的某种情调和韵味，获得审美享受。在审美过程中，如果持有实用或科学的态度，即使置身于美景之中，也会浑然不觉。欣赏自然美景，除了秉持"无利害关系"的审美化态度，还需要营造审美化的心境。当人们琐事缠身、为俗务忧心时，是无暇顾及美景的。审美化的心境是陶渊明"采菊东篱下，悠然见南山"的淡然自得，亦是王维"行到水穷处，坐看云起时"的自由惬意，达到物我合一的审美境界。我们需要从尘世的喧嚣中解脱，以审美化的态度和心境探索大自然的风光之美。

（五）欣赏自然美，需要把握最佳的审美时空、距离和角度

自然之美千姿百态、五彩缤纷，瞬息万变、稍纵即逝。因此，欣赏自然美需要把握最佳的审美时间、审美地点、审美距离和审美角度。

首先，从审美的时间和空间维度来看，自然美展现出变化性，随着时间、季节和气候的更迭，自然景观呈现出各异的风貌。许多自然景观都有其最佳的观赏时期。袁宏道在《瓶史·清赏》中分享了他的赏花心得："赏花需择地择时，不适时而邀客赏花，实为冒昧。寒花适合在初雪、雪后、新月或暖房中欣赏；温花则适宜在晴朗、清新寒冷的日子或华丽的厅堂中观赏。"欣赏自然之美，要依据时空的变迁，捕捉最佳的观赏时刻，这样才能有独特的审美愉悦，更容易达到主客和谐、情景交融的境界。审美的时间与空间常常是相互关联的，如周密在《武林旧事》中提到观潮的最佳时机："钱塘江潮，天

---

① 朱光潜.谈美·谈美书简[M].南京：江苏人民出版社，2019：8.

下壮观，从十六日至十八日最为汹涌。"非此期间观潮，便难以体验到潮水震撼激射、吞天沃日的壮阔气势。

其次，关于审美距离，它既包含心理层面的距离，也包含物理空间上的距离。心理距离指的是在欣赏自然美时，将自然物象置于实用和功利之外，保持适当的心理距离，从而引发审美的愉悦。正如前文提到的对古松的不同态度，这种心理距离对于审美体验至关重要。唯有摒弃实用的、科学的态度，抱有审美的态度，才能体验到美感。审美心理距离是形成审美化态度和审美化心境的必要条件。在自然审美过程中，也要保持适度的空间距离，距离太近会产生一叶障目、不见泰山之感；距离太远，同样也无法感受到自然物象之美。宗白华通过郭六芳的诗《舟还长沙》阐释了距离如何产生美："女子郭六芳有一首诗《舟还长沙》说得好：'侬家住在两湖东，十二珠帘夕照红。今日忽从江上望，始知家在画图中。'"[1]这表明，在日常生活中，我们可能无法充分感受到周围环境的美，但当我们与日常生活保持一定的距离，从远处观看时，我们才意识到自己的家宛如画中之景。当然，审美主体产生美感既是因为保持了适度的空间距离，同时，也是因为一些客观条件的映衬。"十二珠帘"随着小舟摆动具有节奏感，"夕照红"则以鲜艳夺目的色彩美让人赏心悦目。

最后，从审美视角来看，自然美是一种三维空间的美，不同的观赏角度会带来不同的视觉体验。苏轼在欣赏庐山时所言"横看成岭侧成峰，远近高低各不同"，正是对审美视角影响的生动描述。审美视角分为平视、仰视、俯视。面对空旷辽阔的草原和一望无际的大海时，可以采用平视的角度，极目远眺，感受海天相连的壮阔景象；面对险峻的峭壁和直冲云霄的山峰时，通过仰视，我们能够体验到一种震撼人心的崇高感，这种视角能够强化山峰的雄伟和威严，让人感受到自然的壮丽和力量；登上长城瞭望口时，可以采用俯视的角度，鸟瞰大地，长城犹如一条巨龙盘旋在崇山峻岭之间，在苍松翠柏的衬托下，显得愈加壮观。可见，不同的审美角度可以带给欣赏者不同的审美感受。

本章小结

自然美是指自然界中天然生成并被人发现、改造而未经艺术加工的事物的美，与社会美合成现实美，与艺术美相对。在美学史上，对于自然美的性质主要有四种不同的观点：自然美是自然物本身具有的自然属性，如色彩、线条、形状、对称、均衡、和谐等；自然美是心灵美的反映；自然美不在于自然属性，而在于"自然的人化"；自然美是人与自然相契合而产生的审美意象。自然美育是在自然环境中，通

---

[1] 宗白华.艺境[M].北京：商务印书馆，2011：271-272.

过与自然相关的实践体验或理论学习，引导大学生形成正确的自然审美观念并习得相应的自然审美方法，实现大学生自由全面发展，即实现人与自然和谐共生的教育目标。依据人与自然的互动关系，自然美可以分为三种形态：第一种是保持原始状态、未经人为改造的自然风光之美；第二种是经过人类的生产活动或艺术创作而形成的景观之美，景观可以分为自然景观和人文景观，自然景观是自然界独立存在的、没有经过人工雕琢的景物；第三类是生态美，人与自然的关系从农耕文明顺应自然，走向工业化时代人与自然的对立，进而引发了生态环境危机，再转向更高层次的人与自然和谐共生。自然美与社会美均属于现实美，与艺术美的集中、典型、理想相比，显得纷繁驳杂，却是艺术美的基础和源泉。尽管自然美与社会美同属现实美，却有着不同于社会美的特征，具体表现为自然性、形式性、变易性、多面性、象征性和联想性。欣赏自然美，需要敏锐地捕捉自然物象的形式之美；需要把自然景观和人文景观相结合，并把握景观的结构特征；需要了解人文历史、文学艺术和自然科学等多方面的知识；需要树立审美化的态度并营造审美化的心境；需要把握最佳的审美时空、距离和角度。

💡 思考练习

1.简述自然美的性质。

2.自然美包含哪些形态？

3.结合审美活动论述自然美具有哪些特征。

4.论述生态美育对于生态环境保护有哪些作用。

5.结合自身审美经验论述如何欣赏自然之美。

第三章

社会美育

学习目标

　　了解美育对个体成长和社会发展的积极影响；重点培养和提高学生对美的观测力、感受力、判断力、鉴赏力，以及表现美、创造美的能力；广泛吸收各种不同的文化和艺术信息，培养广阔的视野和包容的心态；能够将所学的美育理论运用到实际生活中，促进个人成长和社会发展，发挥美育在社会实践中的重要作用。

内容概要

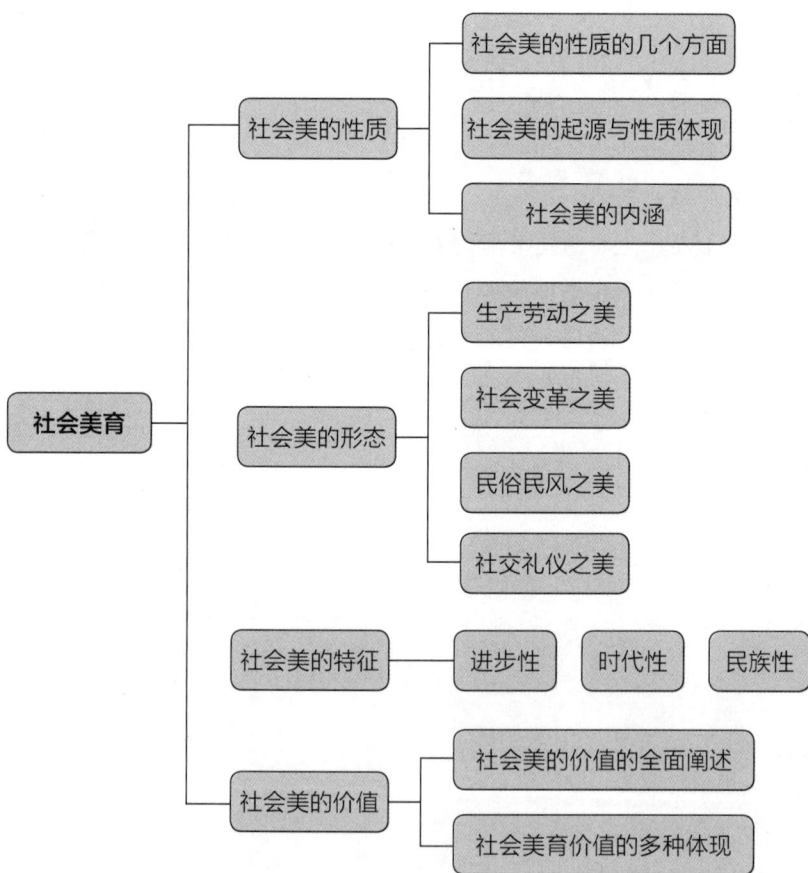

本章导读

一、社会美育的概念

"社会美育"是"美育"的次一级概念,"社会"定义了美育的实践领域和人文意义生产特点。

在狭义上,以教育学的教育对象、教育形式为划分标准,有家庭教育、学校教育、成人教育与社会教育。"社会美育"在这一框架中可以指家庭与学校美育之外的、伴随人终生的,贯穿于各类社会活动、人与自然关系中的社会美育文化。社会美育与家庭、学校美育既有区别又有重叠,是社会中人必然参与其中的基本活动。例如,参观博物馆、美术馆、自然保护区,去剧场、音乐厅观看演出和参与业余艺术活动,都是参与社会美育活动。社会美育的内容、形式相比学校美育更加丰富而零散化,与社会文化服务水平和家庭、个人的生活条件、兴趣选择相关。

在广义上,"社会美育"更突出美育的"社会性",即审美与社会精神文明、日常生活礼仪、流行时尚、消费行为等社会活动的关联。同时,社会美育又通过博物馆和剧场、音乐厅等社会文化艺术机构,实现对大众的历史与国家认同、审美文化共识的建设。在这个意义上,社会美育是现代国家治理体系中体现国家文化意识形态建设的一个重要维度。因而广义的"社会美育"将美育贯穿在家庭、学校、社会三大部分的整体系统中。

美育并非新的话题,但是致力于以美育来构建社会主义和谐社会,是要放在新的语境下进行研究的。人的需要总是与一定的社会经济条件、社会交往状况相联系。在经济不发达的社会,人们为了衣、食、住、行而奔波,生存需要占据了主导地位;而到了经济相对发达的社会,人们就会产生更高层次的需要。审美的需要既是随着人的物质生活水平不断提高而出现的,也是随着人的物质生活水平不断提高而发展的。中国特色社会主义进入新时代,我国社会主要矛盾已经转化为人民日益增长的美好生活需要和不平衡不充分的发展之间的矛盾。"美好生活","美"字当头,其中蕴含着对美的追求、对美的期待、对美的向往。20世纪初,鲁迅在《拟播布美术意见书》中,论述了艺术的三个功用,即"表现文化""辅翼道德""救援经济",提出从中央到地方建设一批由政府出资并管理的艺术设施和艺术团体;在20世纪30年代,蔡元培在《美育实施的方法》中提出"社会美育"的概念,他的"社会美育"以陶养感情、促进人生为精神旨趣。

美是"应当如此生活"和使人"想起生活",除去其人本主义因素,赋予它历史唯物主义观点,美就是起源于社会实践,美在本质上是社会实践的生活。自然美与社会实践的关系就比较间接,自然物的美,只是由于人类通过实践活动,改变了自然与人原先对立或无关的关系,产生了审美主体与审美客体的审美关系之后,才显示出来。而社会美与社会实践的关系非常直接、明显，生产劳动和劳动产品的美直接来源于生产劳动，"按照美的规律来建造"的活动。人与人之间关系的美，也直接来源于人们的各种交往活动中。

"社会美育"以提高广大民众的精神文化素养和建设公共文化为根本目标，主要培养面向社会各界的美术馆、博物馆公共美育，设计与生活美育，美育的交流传播等方面的人才，是培育全社会创新文化、提高全民美育素养的重要路径。社会各类艺术机构、艺术院团以及公共文化艺术场馆要加强协同合作，用人类最优秀的艺术作品激发大众的审美情趣和审美能力。

二、美的主要形态之一：社会美

社会美作为美的三种主要形态（自然美、社会美、艺术美）之一，具有独特的审美性质。通过对社会美的深入分析，我们可以更好地理解美的本质，以及它在人类社会发展中的价值。

过去对于社会美的表述，一般叙述为生活美和工艺美的集合，这显然不够全面。首先，它对于生活美的涵盖范围规定为人的全部实践活动；其次，它将工艺美和对自然改造的美与艺术美进行了切割。在马克思主义中，社会主要强调的是人是社会的存在物，阐释了人在社会生活中的存在属性。而根植于社会生活的美，是马克思所讲的"人是社会关系的总和"这一人的本质中的一个相互关系的部分，也是人类全部文明史卷中的人与人关系间的直观展现。

人与人之间的这些关系，在马克思、恩格斯后期对古代社会的研究中是相当重要的，他们把人类及其意识、语言和艺术的来源都划归为劳动与人的交往这两者的共同作用。自我的交往，他我的交往，是马克思交往理论的核心内容。在此基础上，才建立了公私的、民族的、世界的等交往方式。于是交往在物质生产与世界历史转变上成为一种中介的存在。而美在交往中的中介地位已超越了人类本有的、冷酷的契约约束感，成为祛除物化社会中人类关系越来越疏远的一个范导。社会美是指现实生活中社会事物的美，源于社会实践。人是社会实践的主体，在社会实践的过程当中，充分体现出人的智慧、品德、意志、性格、创造力，感受到实践力量的崇高与强大，这种对自身的才能与积极力量的肯定使人产生愉悦情感，获得审美价值。人的美是社会美的核心，人生观、理想、修养等内在美通过外在的行为、语言、风度等形象表现出来。人类社会的历史是不断改造和征服自然的历史，也是不断创造社会美的历史。凡是有人类活动的地方就有社会美的存在。社会生活在本质上是实践的。社会美是人类创造性劳动实践的结果。真正的社会美是积极的、健康的，对人生有肯定价值，有益于人类，催人奋发向上的事物所具有的属性，是人类生活中一种积极的、肯定的社会现象。

三、社会美育的时代背景

蔡元培在大力提倡"以美育代宗教"的同时，长期重视社会美育，并在《美育实施的方法》中为之正名，提出"社会美育"的概念。蔡元培的美育思想是一个双线结构，"以美育代宗教"与"社会美育"的互洽关系一以贯之，构成一主一从两大线索。在蔡元培那里，"社会美育"以培养感情、促进人生为精神旨趣。对"社会美育"的建构既与西方美学相关，也不乏结合本土传统的创造和开新。在 20 世纪 30 年代，蔡元培美育思想的开拓创新与抗日的烽火共始终，战争风云在其美学思想中留下了浓重的痕迹，也给其"社会美育"注入了勇猛悲壮的内涵，使之达到了新的升华。

当前，中国的社会美育在内容上面临着需要提升基于人文价值的人民娱乐程度的问题。首先，我们需要增强美育资源的普及性，提高优质美育资源的推广程度，让更多人享受到美育的益处。其次，还需要积极创新娱乐性美育内容，在使娱乐性美育形式丰富多样的同时，保证其人文价值，使美育既具有深厚的文化内涵，又能满足人们的审美需求，从而做到寓教于乐，让美育成为人们喜闻乐见的精神食粮。

在新时代背景下，社会美育的实施原则与对策需要与时俱进，适应社会主义现代化建设的要求。社会美育不仅仅是艺术教育，它更是一种全面的教育方式，旨在通过美的体验和创造，培养公民的审美情感、审美能力和审美创造力。实施社会美育，需要构建符合新时代中国特色社会主义事业发展的当代中国社会美育建设的实施原则与对策。这包括但不限于：加强社会美育资源的建设，丰富社会美育内容，创新社会美育形式，以及提高社会美育工作者的专业素养。同时，要注重社会美育与学校美育、家庭美育的衔接，形成全社会共同参与的社会美育大格局。这些原则与对策的实施，可以有效推动社会美育事业的发展，为培养全面发展的社会主义建设者和接班人提供坚实的基础。

社会美育的最终目的是培养全面发展的人。党的十八大以来，以习近平同志为核心的党中央对社会美育工作高度重视。党的十八届三中全会明确提出，改进社会美育教学，提高公民审美和人文素养。社会美育在国民精神培育和社会文明演进中有重要价值，但社会美育仍然是社会教育工作的薄弱环节，仍然是素质教育中亟待补齐的短板。

第一节　社会美的性质

美的效用不在于经济实用，也不是纯粹的道德工具，它通过愉悦人的身心，陶冶人的情操，净化人的心灵，提高人的生活质量，有利于个体自由、全面地发展。善虽然不就是美，但它是美的前提、基础和内容，在社会领域，美与善是直接统一的。

社会美的性质是多维度的，它不仅体现在物质形态上，更渗透于人的精神世界。社会美是人类社会实践活动的产物，它反映了人的智慧、品德、意志和创造力。社会美的存在，不仅美化了人的生活环境，也提升了人的精神境界。社会美育的核心在于引导人们认识和欣赏社会生活中的美，通过美的体验和创造活动，培养人们的审美情感和审美能力，进而促进人的全面发展和社会的和谐进步。

一、关于社会美的性质的几个方面

社会美与社会实践活动有着最直接的联系。它不仅显现于动态的社会实践过程中，也显现于静态的社会实践成果中。社会美是现实美的重要内容之一，它的根源是实践，并且本身就是实践的最直接表现。

社会美与社会功利性密切相关。由于社会美依附于社会实践，因此与社会实践所追求的功利目的有着密切联系。

社会美与社会历史条件密切相关。它来源于人类社会生产和生活，其内容和形式都与一定的社会历史条件，如社会生活、生产水平、科学水平、社会制度、文化风貌、时代特性等密切相关。

社会美必须符合社会发展规律，以"真"为基础。

社会美以"善"为核心，体现了人类社会的道德和伦理价值。

社会美还具有阶级性和民族性。不同的阶级和民族在社会生活中形成的审美观念和审美标准有所不同。

社会美的具体体现包括以下几点。第一，实践主体的美。社会美体现在作为革命实践主体的先进人物身上，这些人物体现了人类的献身精神、智慧和力量。如志愿者服务的奉献精神，革命先烈深厚的家国情怀。

第二，劳动产品。社会美还体现在劳动产品上，特别是那些已经改变自然原有感性形式的劳动产品。如港珠澳大桥展现了中国基建的综合实力，苗族银饰反映了民族审美与信仰。

第三，人物、事件、场景。社会美包括人物、事件、场景等生活形象。如工匠的精湛技艺、城市的合理规划、和谐的人际关系，都是社会美的具体体现。

二、社会美的起源与性质体现

社会美是代表人类社会生活的美学，是美的具体展现。社会美源于社会实践，直接展现实践过程。社会美在自然与社会改造历史中体现，同时体现在实践成果中。社会美的核心在于作为社会主体的人的美，包括内在与外在两部分。内在美涉及人生观、理想与修养，需要通过外在形式展现。外在美为形式之美，反映内在美，具有独立性。在人之美中，内在美为根本、持久之美，与外在美和谐统一为社会美的最高形态。

与自然美相比，社会美更重视内容与形式的关系，偏重内容。社会美总是与反映历史发展方向的进步的道德观和政治理想紧密相连。社会美与善紧密相关，它将善转化为个体自觉自由的行动，引发审美愉悦。社会美在展现形式中融合了人的内在与外在之美，通过社会实践体现出来。其核心在于作为社会主体的人的美，展现为外在行为、语言、风度等，以及内在的人生观、理想、修养等。

社会美的性质体现在其与社会发展的紧密联系上。社会美育不仅关注个体的审美体验，还强调社会整体的审美氛围和文化环境的建设。社会美育的实施，有助于形成积极向上的社会风气，提升公民的道德水准和文化素养，为构建和谐社会提供精神支撑。

社会美的性质体现在其对人的全面发展的促进作用上。社会美育不仅关注人的审美能力的培养，还注重人的道德情操、文化修养和创新能力的提升。通过社会美育，人们能够在欣赏和创造美的过程中，实现自我完善和个性发展，从而更好地适应社会发展的需要，成为具有创新精神和实践能力的社会主义建设者和接班人。

社会美育的性质体现在其对社会整体的美化作用上。它不仅关注个体的审美体验，更强调通过美的教育来提升整个社会的文明程度和文化品位。

社会美育的性质体现在其对社会和谐的促进作用上，通过美的传播和教育，可以增进人与人之间的相互理解和尊重，促进社会的和谐发展。

社会美育的性质体现在其对社会进步的推动作用上，通过培养公民的审美情感和创造力，激发社会成员的创新精神，从而推动社会的全面进步。

社会美育的性质是多方面的，它既是一种文化传承，也是一种社会创新，更是推动社会向前发展的重要力量。美是人类永恒的追求，而社会美作为美的一种重要表现形式，广泛存在于人类社会的各个层面与活动之中。从日常生活中的人际交往，到宏大的社会历史变革；从个体的道德行为，到群体的社会风尚，社会美以其独特的魅力彰显着人类社会的进步与文明。

三、社会美的内涵

社会美是指存在于人类社会生活中的美，它以社会生活中的人及其活动为核心，涵盖了社会生活的各个领域，反映了社会关系、人的行为和精神品质中的积极、和谐与进步因素。社会美的本质在于展现人的创造性、能动性和社会性。社会美的内涵首先体现在人的美，人的美是外在形象与内在品质、个体行为与社会关系的综合体。外在形象的美是社会角色的直观表达，内在品质是道德与精神的价值内核。

其次，社会美还体现在社会关系与社会活动之中。和谐的家庭关系、真挚的友谊、有序的社会秩序以及伟大的社会变革运动等都属于社会美的范畴。比如，一场正义的社会改革运动，它体现了人们对公平、正义的追求，众多参与者为了共同的理想而努力奋斗，这种集体的行动与追求展现出震撼人心的社会美。

社会美的价值在于它能够促进社会和谐、提升公民的审美素养、丰富人们的精神世界，并且有助于文化的传承与创新。通过社会美育，可以培养公民的审美情感、审美能力和审美创造力，进而推动社会的全面进步和人的全面发展。

第二节　社会美的形态

社会美即人类社会生活的美，是美的具体表现形态之一。它来源于人类的社会实践，是社会实践的直接体现。社会美首先体现于人类改造自然和社会的历史过程中，同时也体现在人类社会实践的成果中。社会实践的主体——作为社会的人的美是社会美的核心。在征服自然、改造自然和变革社会的实践中，人的本质力量不断得到发挥，人类主体实践的巨大力量，如人的智慧、品德、意志、性格、创造力等得以充分展现，在此过程中，人们认识到人类实践力量的崇高与伟大，由这种对自身才能与力量的积极肯定而产生一种愉悦情感，人类的劳动活动本身获得了审美的价值。社会美还存在和表现于静态的人类劳动的产品上，在感性成果中凝结了人的本质力量，物化了人的审美心理因素，人按照美的规律创造着自身。

社会美涵盖范围之广决定了它的表现形式必定也是丰富多彩的，它与社会成员的审美需求密切关联，并在阶级社会里不自觉地带有该阶级意识形态的烙印，也会影响阶级成员的审美思维及审美习惯，形成不同形态的社会生活美，主要表现在生产劳动之美、社会变革之美、民俗民风之美、社交礼仪之美四个方面。

一、生产劳动之美

生产劳动之美指人类在物质生产和精神创造过程中所展现的审美价值，它既体现在劳动过程本身，也凝结于劳动成果中。生产劳动的美是真、善、美的统一，它既存在于农耕文明的历史传统中，也体现在人工智能等现代科技里，更指向未来劳动的人性化回归。

马克思对美的来源下了定义：劳动创造了美，这揭示了人类社会在不断的实践过程中总结社会发展的基本规律、遵循历史发展的客观规律，并不断提升自身能动的创造力的客观真理。人们要追求美的社会生活，首先要从生产劳动入手，才能得到最基础的物质保障。有了生产劳动创造的各种社会财富和生存必需品，人类才有了发现美、欣赏美的精神追求，并且在生产劳动中显现出更多的本质力量，使审美活动贯穿于劳动过程与劳动成果之中。正如马克思所说，当劳动的内容、方式、结果能够吸引劳动者的时候，劳动者就能把劳动当作他自己体力和智力的活动来享受，人们能够感受到劳动作为人本质力量的体现，在实践过程中能够产生主体所需的审美愉悦感。而阶级社会的异化劳动，违背了劳动本身所体现的美，马克思在他的众多著作中痛斥了这种异化劳动及它产生的危害，人们困在其中，不但得不到美的享受，还会慢慢消沉，以致变得"愚蠢""呆滞"。改变这种状态的唯一途径就是消灭私有制、消灭剥削，建立一个新的、属于劳动人民自身的政党，消灭一切破坏自由、破坏和平的制度，使劳动人民重获自由和审美体验，在劳动中创造美，并享有自己创造的美的生活。

然而，阶级社会的存在是历史发展的必经阶段，我们也不能完全否认阶级社会劳动所创造的美。万里长城流传着多少血泪传说，人们在斥责当年秦王朝暴政的同时，却也被它恢宏的气势吸引，毛泽东当年曾挥笔写下"不到长城非好汉"的豪言，足见它的魅力。晚清时期大型皇家园林颐和园的修建，不仅劳民伤财，还挪用了海军购船开支，导致北洋海军最后的覆没，但在今天，当我们欣赏颐和园的美景，置身其中，尽情感受人工与自然合二为一的美妙时，却不得不承认先人的劳动成果创造了我们欣赏美的可能。我国古代有大量的诗歌描述生产劳动的场面、讴歌劳动之美：庖丁解牛"手之所触，肩之所倚，足之所履，膝之所踦，砉然向然"，体现了人与工具的和谐统一；李绅的"谁知盘中餐，粒粒皆辛苦"赞赏劳动果实来之不易；辛弃疾的"稻花香里说丰年，听取蛙声一片"描述劳动获得丰收之喜悦；孟浩然的"开轩面场圃，把酒话桑麻"讲述劳动之余享受生活的愉悦……这些无一不是对勤恳劳动的赞扬，古代中国的劳动人民在平平淡淡的生活中感受到劳动带给他们无限的乐趣。"杂交水稻之父"袁隆平是劳动之美的科学化身与精神丰碑，他80岁仍下田的坚持，体现了劳动精神的崇高美。

二、社会变革之美

社会变革之美指人类在追求进步的过程中，在社会结构、制度、文化和价值观的转型过程中呈现出的审美体验。每一次社会变革都会带来政治制度、经济制度、文化制度等的更新，一切有利于社会进步、人民群众发展的社会变革就是进步的政治变革，进步的变革本身就是一次争取自由、争取美的斗争。无论是制度的改良还是社会形态的更替，都伴随着生产力的发展，当旧的生产关系及维护旧生产关系的规章制度和行为规范不能适应新的生产力发展要求时，人们会力图改变旧制，争取新的、更好的社会制度的活动方式。人们为了心中的理想、为了更完善的社会制度的创建而不懈努力，这也是社会美的重要内容。例如在封建社会里，王朝更替的主要原因大多在于统治者骄奢淫逸，使民不聊生，当这种状态继续发展、不可挽回时，一次大的变革就必然发生，统治阶级内部划分为变革派与守旧派，两派激烈斗争，为的是推行新政、缓解矛盾、发展生产、维护社会稳定。如戊戌变法，在封建统治严重阻碍了生产力发展时，一批有识之士引入西方世界制度文明来变革当朝统治，目的在于救亡图存，但由于受到以慈禧太后为首的守旧派阻挠，最终没有实现变革目标，但这次变革的重大意义却永远载入史册。一次思想潮流的解放、一场轰轰烈烈的爱国运动，这些意义甚至远超于它的结果，因此它的进步意义是符合历史审美倾向的。拿审美思想来讲，新学术包括哲学、历史学、文学理论愈加成熟，"诗界革命""文体革命"相继发起，封建残余的习俗、规矩逐渐被摒弃，新的审美活动不断进行，新的审美观念不断树立，从哲学、艺术到政治实践，社会变革的美学贯穿于追求进步的过程中。

我国历史上大多数变革的路径，虽然以失败告终，但它的积极意义却显而易见。还有一些变革是血雨腥风的革命，是抵抗外来侵略，获得民主和平的战争运动。如果没有人民群众的奋勇抗敌，整个国家会沦陷、民不聊生，人们生存受到巨大威胁，何以追求生活之美。我国近代史上轰轰烈烈的抗日战争就是最好的例证，外来侵略者的残酷抢杀、肆意掠夺没有吓倒英勇的中国人民，他们奋起抵抗、拼尽全力保卫国家主权。当我们再次走进烈士陵园去缅怀先烈时，无不为他们"我以我血荐轩辕"的英勇无畏精神所震撼，在曾经血流成河的祖国疆土上，他们种下了无私无畏、万死不屈的精神信念，也展现了群体团结协作的壮美，这是多么崇高的社会生活之美，这种美的精神价值是不可替代的，它才是社会变革之美的核心。

三、民俗民风之美

社会是由众多小群体聚集在一起形成的大群体，虽然有共同的社会准则和行为标准，但各个小群体间也存在不同的生活方式和行为习惯，因而就有了不同地域、不同种族、不同群体时兴的风气和风俗。俗语有言，"百里不同风，千里不同俗"，从不同的民俗民风中，我们同样能感受到社会美。

所谓民俗之美，就是世代相传的民间美好习俗，是集体智慧在日常生活中的诗意凝结。我国是一个多民族、大聚居的古老国家，悠悠中华文明史总结了许多民间的美好风俗习惯，成为民族融合的桥梁。例如最牵动所有中华儿女心绪的就是每年的春节，到了春节，不论身在何处，人们都要想尽办法回到家中，与家人团聚、与亲友畅饮，准备年货、祭奠祖先、贴门神春联、放鞭炮、守岁、拜年、发压岁钱、走亲访友……从正月初一忙活到元宵节，数年来这个民俗一直没有动摇它在人们心中的地位，反而代代相传，因为它象征着美满团圆，象征着人们对新的一年的美好憧憬与祝福，是人们心中对美的最高期待。除了春节、元宵节、中秋节等喜庆的民俗节日外，还有许多祭祀的民俗也同样表达着另一种社会美，如清明节、中元节、寒衣节等，都是为祭奠祖先和逝去的亲人，在拥有美好生活的同时缅怀逝者、寄托哀思，"不忘恩情"是中国老百姓最朴实的情感，也是民间最平凡的美。当然，在社会发展中，有些风俗违背了老百姓当初最本真的情感需求，开始朝着庸俗化、利益化的方向发展，比如婚丧嫁娶大摆宴席、铺张浪费之风愈演愈烈等，这是我们必须摒弃的文化糟粕。

所谓民风之美，是人们在处理社会关系及事务时遵循的行为准则和精神氛围之美。民风之美首先反映在人际关系上，人们在社会交往中不可避免要产生多种人际关系，或是朋友之间，或是同事之间，或是邻里之间，如果能拥有一个和谐友善、相互尊重、互帮互助的人际圈，无论是对个人事业的发展还是对个人身心健康的发展，都是有益的，良好的外部环境也可以为个人营造赏心悦目的审美环境及审美心境。中国是一个拥有五千年文明史的古老国度，历朝历代都讲究社会风气的和谐。古代二十四孝故事通过木雕、年画、戏曲流传，成为提升民风道德的审美教材。朋友之间要"严于律己，宽以待人"；同事之间要"己所不欲，勿施于人"；长幼之间要"老吾老以及人之老，幼吾幼以及人之幼"，足见整个社会的风气就是崇仁、尚贤。民风之美其次反映在政治统治上，历史上流传下了许多为官清廉、政治开明的故事，百姓不仅推崇他们的政策，更把其为人处世之道作为传诵的榜样，这也是颂官、扬美的审美活动，是社会生活之美的表现。尤其是中国共产党带领全国人民奋勇抗敌、舍生取义，在抵御外来侵略的战争中，无数的共产党员冲锋陷阵、舍小家为大家，为全体人民树立了优秀的形象，也使团结一致、服务人民、艰苦奋斗的社会主义新风尚深入人心。我们在看到新阶段民风建设逐步取得成效的同时，也要自觉抵制不良社会风气的侵蚀，特别是商品经济时代催生的异化现象，腐蚀人们心灵、破坏人与人之间和谐共处的关系，我们应该用审美的眼光看待事物发展，争取自身积极健康自由的全面发展。

在全球化的浪潮中，民俗民风是地方的"审美身份证"，我们倡导社会生活之民俗美、民风美，就是要把握整个社会前进的方向和保持我们民族文明的诗意基因。随着时代的发展、物质生活的丰富，维护社会民俗民风美，将是一项长期的精神文明建设任务，也是人们社会生活审美的共同目标。

四、社交礼仪之美

社会包罗万象，是一个复杂的群体环境，社会成员必然要与社会上各种各样的人群打交道，而交往的尺度、礼仪、规范就成为协调社会关系的重要准则。社交礼仪之美不仅是社会生活审美的一个重要内容，还是一种文明的象征和标志。我国从古代开始就十分重视"礼"，儒家更是把"礼"作为其维护封建统治的纲领。儒家圣贤孔子是我国礼仪文化的创始人，他在《论语》中对"礼"作了详细阐述。"不学礼，无以立"是把"礼"作为立身之本，"非礼勿视，非礼勿听，非礼勿言，非礼勿动"，足见"礼"在日常生活中的重要地位。孔子好"礼"也是出于维护当时政治统治的目的。"上好礼，则民易使也"，孔子提倡的"礼"是一种理想的社会状态，是一种上下有序、长幼有序、社会稳定、人民安居的政治环境，在一定程度上既符合社会发展规律，又体现社会和谐的审美观念。到了汉代，董仲舒却将孔子的"礼仪"推向极端，规定了人人必须遵循的"三纲五常"，毁掉了人们自由发展的可能，严重束缚着人们的思想行为。虽然各个历史时期对"礼仪"的规定和准则大相径庭，但礼仪之美却代代相传，成为中华民族的美德，也成为处理人际关系的无形准则。

所谓"礼"，即为"礼节"；所谓"仪"，即为"仪表、仪式"；所谓"社交礼仪"，即为"社会交往中要求注意的仪表和遵守的礼节"。大到不同的国家、民族、地区，小到不同家庭，都要有礼仪可循，所以我们的政府设有礼宾司，依照既定礼节对不同交往对象采取不同礼仪，每个家庭也有自己世代相传的礼仪规则，全家人共同遵守。礼节是我们在社会交往中对他人表达不同感情的一种行为方式，或表示尊重，或表示问候，或表示哀悼，如注目礼、握手礼、鞠躬礼、鼓掌礼、拜访礼等。除此常用礼节外，不同国家还有其他一些补充，比如毛利人有碰鼻礼、欧洲人有拥抱礼等。礼节之美在于对人际交往分寸的拿捏，礼节显示个人修养之美。仪表美在乎外，是人们通过修饰展现给他人外在形态上的美感，现代礼仪要求人们出席重要场合时注意自身衣着打扮。在日常生活中，大家出门前会梳妆打扮、稍作修饰，以展现自身外在形象之美。而国家领导人出席外事活动时，就对仪容仪表有了严格的规定，无论是国内还是国外的正规会议，领导人均着正装，严格按照国际惯例穿戴，甚至还会为体现个人外形魅力添加适当的装扮，这种美是文明的标志，是个人修养及素质的体现。

第三节　社会美的特征

社会美的特征涵盖了进步性、时代性、民族性、阶级性。

一、社会美的进步性

社会美既然存在于以人为核心的社会生活之中，这就决定了社会美具有鲜明的社会性。社会美既然具有有益于推动、促进人类自身的健康发展，有助于推动、促进社会进步发展的性质，就决定了社会美最关键的一项特征，这就是社会美的进步性。

社会美更注重人的内在品质、精神及社会活动的意义等内容。比如那些无私奉献的志愿者，他们的行为所蕴含的善良和责任感体现出社会美，外在形象等因素在衡量社会美时相对次要。

人类社会总是在前进着、发展着。人类自身又总是在推动这种前进与发展中逐渐地提高与完善着自己。所以，进步性也就作为人类社会赖以存在与发展的重要根据。任何一种社会，一旦停止了进步与发展，就必然要被新的社会所取代；人们的社会实践，一旦失去了它的进步性，也就失去了健康的善的性质，当然也就会失去它的美学价值，从而遭受到人们的反对与唾弃；任何一种社会事物，一旦失去了它的进步性，失去了它的健康的善的性质，当然也就失去了它的美学价值和存在价值。所以，进步性成为了社会美的关键性特征。

社会美的进步性，既是由社会必须进步与发展的性质决定的，又是由社会美的质的规定性决定的。这就是凡是阻碍社会进步与发展的，凡是损害人类自身的健康、进步与发展的，都会遭受世界各国人民共同反对的原因。这也就是争取生存权、发展权，争取民主自由权利等成为世界各国人民的共识的原因，反对贩毒、吸毒，反对污染环境、破坏生态平衡，反对恐怖活动，反对种族歧视，反对霸权，反对殖民统治，反对侵略战争等，成为了世界各国人民的共同愿望。

所以，进步性是社会美首要的、突出的特征，否定了社会美的进步性，也就从根本上否定了社会美。

二、社会美的时代性

处于不同时代的社会，其生产力的发展程度是不同的，人们的社会关系、社会生活方式和社会的风俗人情等都是各具特色、不尽相同的。当然，人们的审美观念、审美理想与审美情趣等亦是不尽相同的。所以，社会美总是因社会所处的时代的不同而有不同的表现，对于社会美的看法与评价也不尽相同，社会美总是带有自己的时代色彩的。比如，处于原始狩猎时代的人们，往往以文身、穿孔为美，但是随着时代的发展、社会的进步，文身、穿孔不仅不能给人带来美感，而且可能被视为一种落后的行为表现。

不同历史时期的审美标准不同，我国唐代画家笔下的贵族妇女的形象总是丰满肥硕的，如著名画家阎立本的《步辇图》中的官人"皆曲眉丰颊"、著名画家周昉所画的仕女"多穗丽丰肥，有富贵气"。这是由唐代上层统治阶级崇尚丰满肥硕的审美观所决定的，也是这种审美情趣的反映。五代以后的画家们所画的仕女，则逐渐趋向于"秀美""妩媚"的描绘了，这是因为社会的审美情趣发生了变化的结果。

又如女子发型的变化，唐代妇女盛行梳高髻，并佩戴金玉珠宝等首饰，追求典雅、端庄、华丽之美；到了辛亥革命之后，少年、女子多前额留着厚厚的刘海，把头发梳成两个髻，插在耳上方。出嫁后的妇女，常把额头修饰得圆齐，后面梳成一个发髻，挨在顶骨和枕骨部位。今天，女子的发型更加丰富多彩，比较流行且受欢迎的样式有：扎结式、运动式、刘海式、翻翘式、波卷式、荷叶式、花束式、自然式等，至于那种植高髻、带珠翠的古典式的发型，多半只有在戏剧舞台上才能看到了。古今女子发型的差异，说明了古今时代的差异、社会审美观的差异，亦是妇女在社会中的作用与地位发生巨大变化的结果。这一切正说明了社会美具有鲜明的时代性。

一方面，一些基本的社会道德观念所体现的社会美是比较稳定的，如诚实、勇敢从古至今都被认为是美的品质。另一方面，社会美也会随着时代的发展而变化，如现代社会对创新、环保意识的推崇也成为社会美的新内容。

社会美的时代性特征体现在其对社会成员的激励作用上。社会美通过展现个体和集体的优秀品质、成就和贡献，激发人们追求卓越、积极向上的精神。这种激励作用不仅限于个人层面，它还能够促进整个社会的积极氛围，形成正向的社会动力。

社会美的时代性特征体现在其对社会问题的反映和批判功能上。社会美育不仅仅是对美的欣赏和创造，它还能够通过艺术和审美的方式，揭示社会问题，引发公众的思考和讨论，从而推动社会正义和进步。

社会美的时代性特征体现在其跨文化的交流和融合上。在全球化的背景下，不同文化之间的交流日益频繁，社会美作为一种普遍的价值，能够跨越文化界限，促进不同文化之间的理解和尊重，增进国际友好关系。

社会美的时代性特征还体现在其对未来的启迪和引领作用上。社会美育不仅关注当下，更着眼于未来，通过培养具有远见卓识的审美观念和创造力的人，为社会的可持续发展和实现未来的美好愿景提供动力和方向。

社会美和社会生活紧密相连，受社会环境、文化价值观等诸多社会因素的影响。在不同的社会文化背景下，社会美有着不同的标准。从农耕社会、工业社会到数字社会，社会变迁一直改写着对美的定义，美的标准从来不是永恒的，而是社会结构的镜像。

三、社会美的民族性

不同的民族具有不同的历史、文化、传统、生活习俗、道德观念，具有不同的民族精神、民族性格，具有不同的审美观点、审美情趣。社会美的民族性，是指特定民族在历史、地理、宗教、伦理等文化因素影响下形成的独特审美标准，它既体现在服饰、建筑等物质文化方面，也反映在礼仪、价值观等精神层面。

歌德就曾讲过："中国人在思想、行为和情感方面……比我们这里更明朗、更纯洁，也更合乎道德。""请你说一说，中国诗人那样彻底遵守道德，而现在法国第一流诗人却相反，这不是极可注意吗？"[①]这正是不同的民族传统、不同的民族道德观和审美观在文

---

① 爱克曼.歌德谈话录[M].朱光潜，译.北京：人民文学出版社，1982：112-113.

学上的具体反映。同样，丹纳在《艺术哲学》一书中非常具体地比较了日耳曼民族与拉丁民族不同的民族特性，不同的民族特性决定了这两个民族对社会事物的美丑评价是极不相同的。丹纳指出："在德国，风流的行为并不光荣，便是在大学生中也如此。在拉丁国家，风流是宽恕的或容忍的，有时还受到赞许，婚姻的约束和夫妇生活的单调似乎很难忍受。"[①]

又如衣着，不同国家、不同民族之间的差异也是极鲜明的。阿拉伯人的长袍裹头、欧洲人的燕尾服与袒肩露胸的衣裙、日本人的和服、朝鲜族人的长裙和船形鞋、中国人的中山装和旗袍等，都比较鲜明地体现出不同国家、不同民族的审美观点和审美情趣。

今天，虽然各国家、民族之间的交往越来越多，相互之间的联系也越来越密切，相互之间的影响也日益扩大，这一切无疑将促进相互了解，影响民族性的发展，但既不可能完全改变一个民族的特性，也不可能完全消除民族之间的差异。所以，社会美的民族性亦不会因为民族间交往的增加而消失。

四、社会美的阶级性

在阶级社会中，阶级性是人的社会属性中的重要属性，社会美作为人类社会实践的产物，不可避免地受社会结构和阶级关系的影响。因此，从不同的文化背景、经济地位和价值观念出发，对社会美的认识、评价必然是不同的，对人的思想、品德、行为，对人与人之间的关系等的看法也必然是不同的，甚至是针锋相对的。

马克思认为，统治阶级的思想在每一时代都是占统治地位的思想。比如，古罗马时期，贵族奴隶主们强迫驱使奴隶们进行毁灭性的角斗，以观看奴隶们的相互残杀和他们死亡前在血泊中的挣扎为乐。不同阶级的审美体现了观点的不同。

如儒家礼乐文化是古代中国的官方美学标准。唯利是图、巧取豪夺的思想与行为，对于具有高尚的社会主义道德情操和具有为人民服务思想的人来说，总是被鄙弃与否定的。但是，对于具有资本主义思想和封建主义腐朽思想的人来说，唯利是图当然是天经地义的事。某些社会美能超越阶级、成为人类共同的精神财富。如山水体现的自然美，真、善、美体现的基本道德美。

今天，在我们的社会里，那些真正忘我地为祖国大业贡献一切的人，那些为改革开放奉献智慧与才能的人，那些为了保卫祖国、保卫社会主义建设而战斗，牺牲了宝贵生命的人，那些为了保卫国家财产和他人幸福、安全而与歹徒搏斗，献出生命的人，那些勤勤恳恳、努力工作的人，都是我们社会公认的最高尚、最美的人。

[①] 丹纳. 艺术哲学 [M]. 傅雷，译. 北京：人民文学出版社，1963：154.

第四节　社会美的价值

社会美是指人类社会生活中的美，它表现在人类生活的各个方面，包括人的行为美、人际关系美、社会风尚美、劳动创造美、制度文化美等。社会美在某种意义上来说，比欣赏自然美、艺术美更有意义，因为社会美的核心是人的美，根植于人类的社会实践，具有鲜明的伦理性和现实性，我们也有责任以自己的行为去创造和丰富社会美。

社会美的价值主要体现在其能够提升人们的道德情操，培养正确的人生观和世界观，并激励人们积极追求美好的生活上。社会美不仅源于社会实践，而且是社会实践的最直接存在形式。它通过展现阶级斗争、生产斗争和科学实验等领域的美，激发人们的道德情操和审美情趣。例如，为人类进步事业奋斗的献身精神、乐观进取的生活态度、吃苦耐劳的精神以及助人为乐的生活方式等，都是社会美的具体表现。

社会美在美育中扮演着重要角色。通过欣赏社会美，人们可以培养高尚的情操，树立正确的价值观，并通过赋予人们发现美的眼睛，促使人们更加热爱生活。社会美能够激励人们积极追求和创造美好的生活，树立乐观的生活态度。

此外，社会美在促进社会文化良性发展方面也具有重要意义。它通过引导和重构人们的认知，推动和谐社会的发展，弘扬社会主义核心价值观。在新时代，美育不仅注重吸收本土传统文化的精髓，还与现代进步思想相结合，促进社会文化的繁荣和发展。

社会美的价值在于它不仅能够美化人们的生活环境，还能提升社会成员的审美水平和文化素质。中国社会学家费孝通提出了一个文化设想：各美其美，美人之美，美美与共，天下大同。通过社会美育，人们能够学会欣赏和创造美，从而在日常生活中实现美的实践。社会美育的实施有助于形成积极向上的社会风气，促进社会和谐与进步。它通过各种形式的审美活动，如艺术展览、音乐会、戏剧表演等，丰富人们的精神世界，激发人们的创造力和想象力。此外，社会美育还能够促进社会成员之间的相互理解和尊重，增强社会凝聚力，为构建和谐社会奠定坚实的基础。社会美的培育需要个人、教育和社会的共同努力，最终让美成为社会进步的永恒动力。

一、社会美的价值的全面阐述

社会美是美学领域中的一个重要范畴，它涵盖了社会生活中各种事物的美好形态和人们的优秀品质。社会美不仅是外在的形式美，更是内在的伦理美。

（一）促进人的全面发展

社会美通过展现人类社会的文明成果和优秀品质，为个体提供丰富的精神滋养。人们在欣赏和追求社会美的过程中，能够提升自身的审美素养和道德品质，从而实现全面发展。社会美通过雷锋、焦裕禄等榜样示范激励人们向善，培养责任感与奉献精神。

（二）增强社会凝聚力

社会美能够激发人们的共同情感和归属感，促进社会的和谐稳定。通过共同欣赏和追求社会美，人们能够形成共同的价值观念和行为准则，从而增强社会的凝聚力和向心力。中国传统礼乐文化通过礼仪之美维系社会秩序，形成"和而不同"的文化物质。

（三）推动社会进步

社会美是社会文明进步的重要标志，它反映了人类社会的发展方向和趋势。人们在追求社会美的过程中，会不断推动社会的科技、文化、教育等各个领域的发展，从而促进社会的全面进步。高铁、5G等"中国制造"，体现了科技创新与民族自信，激发社会生产力。

（四）提升生活品质

社会美能够丰富人们的物质生活和精神生活，提升人们的生活品质。优美的社会环境和良好的社会风尚能够让人们感到愉悦和满足，从而增强生活的幸福感和满意度。城市景观、社区环境的设计美直接影响居民的生活幸福指数。

（五）传承历史文化

社会美是历史文化的重要载体，它承载着人类社会的历史记忆和文化传统。通过欣赏和追求社会美，人们能够更好地了解和传承历史文化，从而增强民族自豪感和文化自信。北京冬奥会奖牌"同心"和火炬"飞扬"体现的中国风设计，向世界传递着东方美学精神。

（六）促进人与自然和谐共生

社会美也包括了人与自然的和谐共生之美。这种美体现了人类尊重自然、保护自然、与自然和谐相处的理念，对于推动生态文明建设具有重要意义。苏州园林作为世界文化遗产，以独特的造园手法体现了人与自然和谐的社会美。

二、社会美育价值的多种体现

社会美育的实施不仅限于传统的艺术形式，还涉及现代科技与媒体的运用。随着科技的飞速发展，数字艺术、虚拟现实等新兴领域为社会美育提供了新的平台和手段。通过这些现代技术，社会美育能够以更加生动的方式呈现，吸引更多的年轻人参与其中，从而扩大社会美育的影响力和覆盖面。例如，利用虚拟现实技术，学生可以身临其境地体验历史名胜，感受不同时代的艺术风格，这种沉浸式的体验不仅增强了学习的趣味性，也加深了学生对社会美的理解和欣赏。

社会美育与环境保护紧密相连。在倡导绿色生活、可持续发展的今天，社会美育可以引导人们认识到自然环境的美，激发公众对环境保护的责任感和参与度。通过组织植树造林、清洁河流等环保活动，社会美育不仅美化了自然环境，也提升了公众的环保意识和审美体验。在这些活动中，人们不仅学会了如何保护环境，还通过亲身体验感受到了与自然和谐共处的愉悦。

社会美育还应关注弱势群体，通过美育活动帮助他们发现生活中的美好，增强他们的自信和自尊。例如，为残障人士提供艺术创作的机会，让他们通过艺术表达自我，进行艺术疗愈，也感受社会的温暖和关怀。在艺术工作坊中，他们创作的画作、雕塑或音乐作品，不仅展示了他们的才华，也成为了社会美育中不可或缺的一部分，让更多人认识到每个人都有创造美的能力。

回望百年中国社会美育的发展历程，社会美育的地位呈现出向主流发展的趋势，社会美育的实施方法更为多元，社会美育的受众也拓宽至全体大众。但是，社会美育的责任机制、协同机制、发展机制、人才培养机制和实施路径还不健全，社会美育的边界问题还不够清晰，社会美育的学科建设仍需加强。简言之，社会美育作为国家发展战略，它的发展、研究与实施需要社会各界共同关注和参与。当前，我国的社会美育受到广泛关注，从国家层面来看，一系列美育方针政策的出台为普及社会美育提供了有力的保障；从社会层面来看，大众对美育的需求持续高涨，形成了以政府倡导、校社协同、科教融合的多元化社会美育发展新态势。

综上所述，社会美育的价值在于它能够促进和实现人的全面发展和共同富裕。新时代，面对美好社会的探索和对美好生活的追求，以及美好中国的实践，社会美育将在未来发挥更加重要的作用，通过培养人们的审美情感和创造力，激发社会的活力和创新精神，努力营造一个"大美育"的时代。

📋 本章小结

　　社会美是指社会生活中的美好事物和现象，它反映了社会的和谐、进步和发展，是人类共同追求的目标，也是社会文明进步的重要标志。社会美是社会生活中客观存在的社会事物、社会现象的美，它包含着社会发展的本质规律，体现人的理想愿望，给人以精神愉悦。社会美的范围包括社会实践的美（如工作学习、闲暇娱乐等）、社会实践成果的美（如人文环境、文化遗存等），以及社会实践主体即人的美。社会美育的主要目标是提升公众的审美素养，培养良好的审美观念，并丰富社会文化生活。美育活动可以激发人们对美的热爱和追求，进而推动社会的文明进步。

💡 思考练习

1. 你认为哪些社会现象或事物最能体现社会美?
2. 你在日常生活中如何感受到社会美?
3. 在不同的文化和社会背景下,社会美的表现形式有何异同?
4. 你认为社会美的评价标准是什么?
5. 在当今社会中,你认为哪些方面的社会美是缺失的?

第四章

艺术美育（上）

　　激发学生对美的感知和追求，使学生能够在日常生活中发现美、欣赏美、创造美；促进学生情感的健康发展、创新思维的培养和文化素养的提升。

内容概要

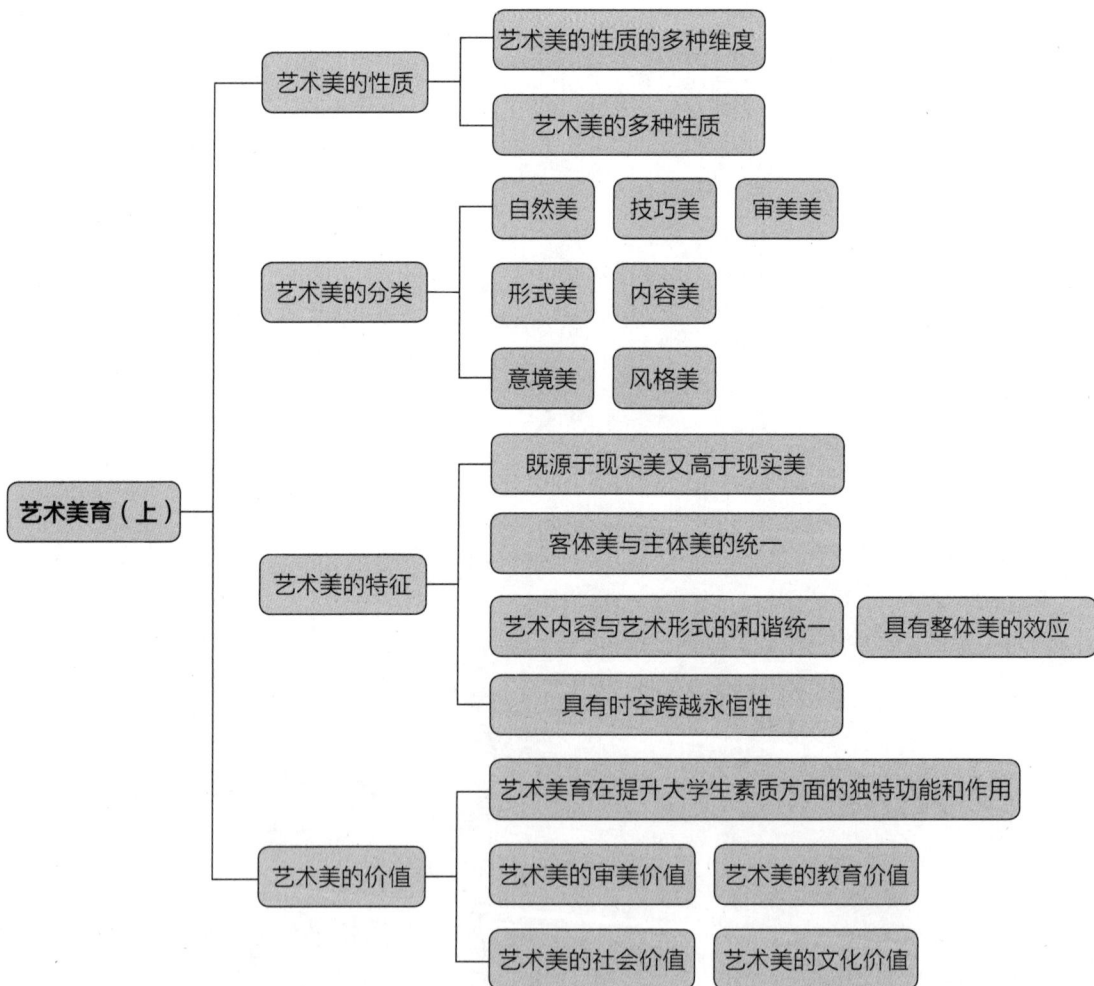

本章导读

艺术美育是个易混淆的合成概念，要强调和区别两方面内容：一是"美育"，二是"艺术教育"。"艺术美育"这个术语，不是简简单单地把美育和艺术教育合二为一，而是强调实施美育的诸多途径中的一种——艺术教育。目前国内教育界存在一种误识，即把美育混同于艺术教育。其实，美育的范围要大于艺术教育。

艺术美育不仅能够丰富学生的精神世界，还能够激发他们的创新精神和社会责任感，为他们未来成为具有全球视野的公民打下坚实的基础。

艺术美育是以艺术为载体，向受众开展的一种特殊的美育形式，它旨在通过艺术教育培养人们的审美观念、审美情趣和审美能力，进而促进人的全面自由发展。全国各高校普遍利用高校教师队伍的资源优势，面向全体学生开设各类公共艺术课程。其中，艺术美育通识课不同于艺术美育公共课，有其自身的特殊性。

艺术美育通识课的开设，是高校教育中一项富有前瞻性的举措，它旨在打破艺术与非艺术专业学生之间的界限，让所有学生都有机会接触和学习艺术，从而提升他们的艺术素养和审美能力。这类课程通常涵盖广泛的艺术领域，如音乐、美术、戏剧、舞蹈等，旨在通过跨学科的教育方式，培养学生的综合素质和创新能力。艺术美育通识课的特殊性在于其课程内容的多样性和包容性，它不仅包括艺术知识的传授，还包括艺术创作和欣赏的实践，鼓励学生在艺术的海洋中自由探索、发现自我、表达情感。

为了更好地实施艺术美育通识课，高校需要建立一支专业的教师队伍，这些教师不仅要有深厚的艺术专业知识，还要具备跨学科教学的能力和创新教学方法。他们应当能够引导学生深入理解艺术作品背后的文化和历史，激发学生对艺术的热爱和对美的追求。同时，高校应提供丰富的艺术资源和良好的学习环境，如艺术工作室、展览厅、音乐厅等，为学生提供实践和体验艺术的机会。这些空间不仅是学习的场所，更是学生交流思想、展示才华的平台。

此外，艺术美育通识课的评价体系也更加注重过程和学生的个性化发展，而不仅仅是最终的技能掌握。评价方式可以多样化，包括学生的艺术创作、课堂参与度、项目作业以及反思性写作等。这样的评价体系能够更全面地反映学生的学习成果，同时激励学生在艺术学习的道路上不断探索和进步。

艺术美育通识课的开设，不仅能够丰富学生的校园生活，还能够促进学生全面发展，培养他们成为具有创新精神和审美能力的未来社会成员。通过艺术美育通识课，学生能够学会欣赏和理解不同艺术形式的美，提升个人的文化素养，同时也能够增强对社会的责任感和参与度。艺术美育通识课是高校美育的重要组成部分，它对于推动校园文化建设和社会文明进步具有不可替代的作用。通过这样的课程，学生不仅能够获得知识和技能，更能够培养对美的敏感度和对生活的热爱，为他们未来成为具有全球视野的公民打下坚实的基础。

第一节　艺术美的性质

艺术美是人类审美活动的重要形态，它通过艺术家的创造性劳动，将现实生活、情感体验与审美理想凝结为具体可感的艺术作品。它是内容美和形式美的统一，它不仅显示了自然和社会的美，而且表现了艺术家的心灵美。艺术美是生活和自然中的审美特征的能动反映，是审美意识的集中物态化形态。艺术美作为美的高级形态，来源于客观现实，但并不等同于现实，它包括两方面：艺术形象对现实的再现；艺术家对现实的情感、评价和理想的表现，是客观与主观、再现与表现的有机统一。它的特征在于具有审美功能，能给人以在现实生活中难以获得的、最为纯粹的美的愉悦和享受。艺术美作为美的一种形态，是艺术家创造性劳动的产物。艺术家的创作活动作为一种精神生产活动，从本质上说，也是人的本质力量的定向化活动。

艺术美是艺术作品的精髓，是反映世界、认识世界的，高度概括的人的感受。艺术美通过具体可感知的形象来呈现，体现了形象性、情感性、审美性、创造性及社会性的统一。理解艺术美的性质，有助于我们深入地感受艺术作品中蕴含的生命意义。

一、艺术美的性质的多种维度

艺术美的性质是多维度的，它既包括艺术作品的外在形式美，也包括内在的精神美。艺术作品的形式美体现在色彩的和谐搭配、线条的流畅与力量、构图的巧妙布局以及节奏的韵律感等视觉和听觉元素上，这些元素的和谐组合能够给观众带来审美愉悦感。例如，一幅色彩斑斓的油画，其色彩的渐变与对比能够营造出一种视觉上的节奏感，而一幅简洁的素描作品，则通过线条的粗细、曲直来表达艺术家的情感和观念。在音乐作品中，旋律的起伏与和声的搭配，能够触动听众的心弦，引发情感上的共鸣。而艺术作品的精神美则体现在作品所传达的情感、思想和哲理上，它能够触及人的内心深处，引发共鸣和思考。例如，达芬奇的《最后的晚餐》通过展现耶稣与门徒的冲突，反映出文艺复兴时期人文主义思想对社会关系的重新审视。

艺术美的性质还体现在其能够跨越时间和空间的界限，与不同文化背景的人产生情感和思想交流上。艺术美是人类共同的精神财富，它能够激发人们的创造力和想象力，促进社会文化的多样性和进步。例如，不同国家和地区的传统艺术形式，如中国的京剧、意大利的歌剧、非洲的面具舞等，虽然风格迥异，但都能够跨越文化的隔阂，让世界各地的人们感受到艺术的魅力和人类情感的共通性。

因此，艺术美的性质是艺术美育中不可或缺的一部分，它为艺术美育提供了丰富的教学内容和方法，帮助学生在欣赏和创作艺术的过程中，实现自我成长和精神升华。艺术美育不仅仅是对艺术技能的传授，更是对审美情感、审美能力和审美创造力的培养。

二、艺术美的多种性质

艺术美的多种性质不仅限于传统艺术形式，还包括现代艺术形式，如电影、摄影、新媒体艺术等。艺术美育的目的是通过艺术教育来培养学生的审美情感、审美能力和审美创造力，使他们能够欣赏和理解艺术作品的深层含义，从而提升个人的精神境界和文化素养。艺术美育的教育过程强调体验与实践，鼓励学生积极参与艺术创作和欣赏活动，通过亲身体验来感受艺术的魅力。艺术美育还注重跨学科的融合，将艺术与科学、技术、历史、哲学等其他学科相结合，拓宽学生的视野，促进其全面发展。在艺术美育中，教师的角色至关重要。教师不仅需要具备扎实的艺术专业知识和教学能力，还应具备引导学生进行艺术探索和创新的技巧。艺术美育的课程设计应具有跨学科思维，注重启发性，鼓励学生主动思考和表达，培养他们的批判性思维和独立判断能力。例如，在绘画课程中，教师可以设定一个有趣的主题，引导学生探索不同的绘画技法和材料，激发他们的创造力和表现力；在音乐课程中，教师可以组织学生进行即兴创作和演奏，培养他们的音乐感知力和表达能力。艺术美育的评价体系也应与传统教育有所不同，它不应仅仅关注学生的技能掌握程度，更应重视学生在艺术创作和欣赏过程中的情感体验、思维发展和个性表达。通过艺术美育，学生能够学会欣赏不同文化背景下的艺术作品，培养国际视野和跨文化交流能力。例如，通过学习不同国家的音乐风格和舞蹈形式，学生不仅能够欣赏到多元文化的艺术之美，还能够理解不同文化背后的历史和价值观。综上所述，艺术美育是美育的重要组成部分，它通过艺术教育的途径，培养学生的审美情感和创造力，促进学生全面发展。

艺术美育的性质在于它是一种全面的、深入人心的教育方式，通过艺术的形象性和情感性，以及其娱乐性和自由性，潜移默化、润物无声，对人的感性、理性乃至整个生命都产生积极的影响，最终目标是塑造完美的人格，培养高素质的、全面和谐发展的人。艺术美是审美对象在艺术作品中表现出的独特审美价值，其性质包括创造性、情感性、形象性、思想性和审美性。

（一）创造性

创造性是艺术美育的核心性质之一。艺术创作的过程本质上是一种创新和探索的过程，它要求艺术家不断地突破传统，创造出新颖独特的艺术形式和内容。艺术美育鼓励学生发挥想象力和创造力，通过艺术创作来表达个人的情感和思想，从而培养他们的创新精神和独立思考能力。在艺术美育中，学生被引导去尝试不同的艺术形式和技巧，探索艺术表达的无限可能，这不仅丰富了他们的艺术体验，也促进了他们个性的发展和培养自我表达的能力。艺术美育的创造性还体现在它能够激发学生对未知领域的探索欲望上，鼓励他们勇于尝试和创新，这对于培养学生的适应能力和未来在社会中的竞争力具有重要意义。艺术美也体现了艺术家的创造力和独特个性。

（二）情感性

艺术美能够激发人们的情感共鸣。艺术美的情感性体现在艺术作品能够触动人心，激发人们的情感共鸣上。艺术作品通过其独特的形式和内容，能够表达和传递艺术家的情感和思想，使观众在欣赏的过程中产生情感上的共鸣和心灵上的触动。艺术美育通过引导学生深入理解艺术作品背后的情感和故事，培养他们的情感体验和同理心，从而提升他们的情感智慧和人际交往能力。艺术美的情感性还体现在它能够帮助学生学会表达和管理自己的情感上。通过艺术创作和欣赏活动，学生可以找到适当的方式释放内心的情感，增强自我认知和情感调节能力。此外，艺术美育的情感性对于培养学生的审美情感和审美能力至关重要，它使学生能够更加深刻地理解和欣赏艺术作品的美，从而丰富他们的精神世界和情感生活。

（三）形象性

艺术形象是艺术家根据实际生活的体验、认识，根据美的规律创造出来的具体可感而又带有强烈情感色彩的艺术情境。形象性是艺术美的首要性质。艺术美通过具体的形象来表达抽象的思想和情感。

艺术美的形象性体现在艺术作品通过具体的形象来传达情感和思想上。艺术家通过塑造生动的形象，如人物、场景、物体等，来表达抽象的概念和复杂的情感。艺术美育通过教授学生观察和分析这些形象，帮助他们理解艺术作品的深层含义。学生在学习过程中，不仅能够学会欣赏艺术形象的美学价值，还能够通过这些形象来认识世界和自我，从而促进他们的认知发展和情感成长。艺术美的形象性还鼓励学生运用想象力和创造力，通过艺术创作来构建自己的内心世界和表达个人观点，这有助于他们形成独立的思考能力和个性化的表达方式。

（四）思想性

艺术美的思想性揭示了艺术作品中所蕴含的深层思想和哲学意蕴。艺术家通过其作品，不仅展现了个人的情感和审美，更传达了对社会、人生、自然等领域的深刻见解和哲学思考。艺术美育引导学生深入挖掘艺术作品中的思想内涵，从而培养他们的批判性思维和独立思考能力。在这一过程中，学生不仅能够欣赏到艺术作品的美学特质，还能领悟到作品背后的思想深度，进而提升他们的思想认识和文化素养。艺术美育的思想性还鼓励学生将艺术与现实世界联系起来，思考艺术与社会、文化、历史之间的相互作用，从而增强他们的社会责任感和历史意识。通过艺术美育，学生能够学会从艺术的视角审视和理解世界，形成全面而深刻的世界观和价值观，为他们成为具有独立思考能力和深厚思想底蕴的现代公民奠定坚实的基础。

（五）审美性

审美性是艺术美中最为本质的性质之一。艺术美育的审美性不仅体现在艺术作品本身所具有的审美价值上，更体现在艺术教育过程中对学生审美能力的培养和提升上。艺术美育通过引导学生欣赏和理解艺术作品的美，激发他们对美的感知和追求，从而培养出具有高度审美鉴赏力的个体。在艺术美育中，学生被鼓励去发现和欣赏生活中的美，无论是自然界的壮丽山河，还是人类创造的艺术杰作，都能够成为他们审美体验的源泉。艺术美育的审美性还体现在它能够帮助学生建立正确的审美观念，区分美与丑、高雅与庸俗上，从而提升他们的审美标准和文化品位。

第二节　艺术美的分类

艺术美的分类可以从多个维度展开，每种维度都揭示了艺术的不同面向和审美特质，主要包含了三个方面：现实生活中的美、艺术家的审美理想以及艺术传达所取得的形式美和技巧美。

一、自然美

自然美是艺术美育中不可或缺的一部分，它涵盖了自然界中各种形态的美，如山川、花草、动物等。自然美不仅体现在自然景观的壮丽与和谐中，还体现在生物多样性和生态平衡中。艺术美育通过引导学生观察和体验自然美，培养他们对自然环境的欣赏能力和保护意识。例如，通过户外写生、摄影、自然观察等活动，学生可以更加深入地理解自然界的美，并学会如何在艺术创作中表达这种美。艺术美育还鼓励学生探索自然与艺术之间的联系，如通过绘画、雕塑等形式，将自然元素融入艺术作品中，从而创造出具有自然美的艺术作品。通过这样的教育，学生不仅能够提升自己的审美能力，还能够增强对环境保护的责任感，为构建和谐的人与自然关系作出贡献。

二、形式美

形式美是艺术美育中另一个重要的分类，它关注的是艺术作品的外在形式和结构，如色彩、线条、形状、构图等视觉元素的和谐与美感。形式美不仅能给人以视觉上的享受，还能够传达出作品的节奏、平衡和动态，从而影响观者的情感和心理反应。在艺术美育中，学生通过学习形式美的原则和技巧，能够更好地理解和欣赏艺术作品的结构美，进而提升自己的审美鉴赏力和创造力。例如，通过学习色彩理论、构图法则和设计原则，学生可以在自己的艺术创作中运用形式美的法则，创造出既美观又富有表现力的作品。形式美的教育不仅限于视觉艺术，它同样适用于音乐、舞蹈等其他艺术形式，帮助学生理解不同艺术门类中形式美的应用和表达。通过形式美的学习，学生能够更加全面地把握艺术作品的内在逻辑和外在美感，从而在艺术创作和欣赏中达到更高的层次。

三、意境美

意境美是艺术美育中一种独特的审美范畴，它超越了物质形态的直接表现，通过艺术作品传达出一种超越现实的精神境界和情感氛围。意境美往往需要观者在欣赏艺术作品时，通过自己的想象和情感体验去感受和理解。例如，在中国古典诗词中，诗人常常借助自然景物来抒发内心的情感，创造出一种深远的意境，让读者在阅读时能够感受到诗词中所蕴含的哲理和情感。在绘画艺术中，意境美则通过画面的布局、色彩的运用和笔墨的处理来体现，观者在欣赏时能够感受到画面之外的广阔空间和深邃情感。意境美的培养对于提升学生的审美情感和创造力具有重要作用，它能够引导学生超越物质世界的表象，去探索和体验更加丰富和深邃的精神世界。通过艺术美育，学生可以学会在艺术创作中营造意境，在欣赏艺术作品时感受和理解这种超越现实的美。意境美的教育不仅能够丰富学生的艺术体验，还能够促进他们的情感发展和精神成长。

四、技巧美

技巧美是艺术家通过精湛的技艺和手法所展现的艺术美。这种美不仅体现在艺术家对材料的熟练掌握和运用上，还体现在他们对艺术形式和表现手法的创新上。技巧美要求艺术家具备高超的技能和对艺术的深刻理解，通过独特的技术手段来表达艺术理念和情感。在艺术美育中，技巧美的培养是提高学生艺术实践能力的重要方面。通过学习和模仿大师级艺术家的技巧，学生可以逐步掌握艺术创作的技巧和方法，从而提升自己的艺术表现力。技巧美的教育不仅限于传统艺术形式，它同样适用于现代艺术创作，如数字艺术、装置艺术等。通过技巧美的学习，学生能够更加深入地理解艺术创作的复杂性和多样性，从而在艺术实践中达到更高的水平。技巧美的培养有助于学生在艺术创作中形成个人风格，为他们未来在艺术领域的探索和创新打下坚实的基础。

五、内容美

内容美是艺术作品的灵魂所在，它通过艺术的形式传达了深刻的思想和情感。内容美不仅包括作品所表达的主题和故事，还包括其背后所蕴含的道德、哲学和文化价值。艺术美育通过引导学生深入分析和理解艺术作品的内容，培养他们对复杂主题的思考和批判性分析的能力。例如，在文学作品的分析中，学生可以学习如何从文本中提取深层含义，理解作者的意图和作品的社会背景。在电影和戏剧的欣赏中，学生可以探讨作品所反映的社会问题和人性，从而提升他们的道德感和社会责任感。内容美的教育不仅限于传统艺术形式，它同样适用于现代多媒体艺术，如电影、电视剧和网络艺术等。通过内容美的学习，学生能够更加全面地理解艺术作品的多维度价值，从而在艺术欣赏和创作中达到更深层次的满足和自我实现。

六、风格美

风格美体现了艺术家的个人风格和时代特征。风格美是艺术作品中最为显著的个性表达，它不仅展示了艺术家独特的审美观念和创作手法，还反映了特定历史时期的艺术潮流和社会文化背景。在艺术美育中，学生通过学习不同艺术家的风格和流派，能够理解艺术发展的历史脉络和文化多样性。例如，通过研究文艺复兴时期的艺术作品，学生可以感受到那个时代的艺术家对人文主义的追求和对古典美的复兴；通过分析现代艺术，学生可以探索艺术家如何通过创新的形式和材料来表达当代社会的复杂性和多样性。风格美的教育有助于学生形成独立的审美判断和艺术鉴赏力，使他们能够欣赏并理解不同艺术风格的独特魅力。通过风格美的学习，学生能够更加深入地认识到艺术与时代精神的紧密联系，从而在艺术欣赏和创作中展现出更加成熟和全面的视角。

七、审美美

艺术美育中的审美美，是指艺术作品所引发的审美体验和审美情感。这种体验和情感是艺术美育的核心，它能够触及人的内心深处，激发人们对美的追求和向往。审美美不仅仅局限于艺术作品本身，它还包括了艺术创作和欣赏过程中的审美体验。在艺术美育中，学生被引导去体验艺术作品所传达的情感和思想，通过这种体验来丰富自己的情感世界和精神生活。审美美是艺术美育中最为本质的特征之一。通过艺术美育，学生能够学会欣赏不同文化背景下的艺术之美，培养出对多元文化的尊重和理解，这对于构建和谐社会和促进文化多样性具有重要意义。艺术美育中对审美性的最终目的是培养学生的审美情感，使他们能够以审美的眼光看待世界，以审美的态度生活，从而达到精神上的满足和自我实现。

第三节　艺术美的特征

　　艺术美指艺术作品的美，是人类审美的主要对象，是艺术家对生活的审美感情和审美理想与生活美丑特性在优美艺术形象中的结合。艺术美和艺术不是同一个概念。艺术是和哲学、宗教、伦理等相并列的社会意识形态。艺术美是对艺术品审美属性的概括。艺术美的种类繁多，它存在于一切种类、样式的艺术作品中。造型艺术如工艺美术、建筑、雕塑、绘画；表演艺术如音乐、舞蹈；综合艺术如戏剧、电影、电视剧；语言艺术如文学等。这些都是艺术美存在的具体形态。艺术美是一种反映形态的美，它来源于客观现实生活，但不等于生活，是艺术家创造性劳动的产物。生活是第一性的，属于社会存在范畴，是艺术美的源泉和反映的部分对象。艺术美是意识形态性的，属于社会意识的范畴，是第二性的。有一部分艺术美，是客观存在的生活美的主观反映的产物。艺术美不是将生活美机械、刻板、原封不动地复制，而是生活美经过典型概括的艺术反映，它比生活美更集中、更强烈、更有普遍性。艺术美并不都是生活美的反映。生活丑经过艺术家正确的审美评价和典型概括，也可以化腐朽为神奇，转化为艺术美。生活美反映到艺术中，如果没有正确的审美评价而被歪曲，也不可能产生艺术美。艺术美是艺术家正确的审美意识对生活美丑的正确反映，是理想美的现实存在。和艺术一样，艺术美具有陶冶性情、娱乐身心、认识生活、宣传教育、净化灵魂等作用。

　　艺术作为审美主客体关系的最高形式，包含着两大方面的内容：一方面，艺术是对客观现实生活的反映；另一方面，艺术又凝聚着艺术家主观的审美理想和情感愿望。也就是说，艺术美既有客观的因素，又有主观的因素，这两方面通过艺术家的创造性劳动互相渗透、彼此融合，并凝聚为具有艺术形象的艺术作品。因此，艺术美的主要特征表现在以下几个方面。

一、既源于现实美又高于现实美

　　自然美、社会美等现实美，是以社会存在的范畴为第一性的。艺术美则是艺术家反映现实美的美，属于社会意识的范畴，为第二性。两者的关系正如毛泽东所说，可以而且应该比普通的实际生活更高、更强烈、更有集中性、更典型、更理想，因此更带有普遍性。生活是艺术家进行创造的前提和基础。艺术家的创作激情和创作素材都来源于生活。在艺术史上，一些杰出的画家所取得的巨大成就和深入生活有着密切的关系。

　　比如，达·芬奇的《最后的晚餐》，为了能真实地反映现实生活，他花了好几个月的时间到处奔走。为画犹大的头像，他特意观察小偷被抓时的惊恐、投机商的奸诈、无聊之徒的空虚以及趁火打劫者的卑劣，最后他以讨厌的、不驯的僧院长的头作为蓝本，终于完成了能真实体现背叛与残酷无情的犹大头像。

所以，生活是艺术的源泉，艺术美是社会生活的反映，同时艺术美又是艺术家按照生活逻辑与艺术规律对社会现实进行选择、提炼、概括、加工后创造出来的，因此具有生活原型不可比拟的生动性、完整性、有序性、深刻性、明确性。古希腊画家宙克西斯在画海伦时，以很多美女作参考，把她们各自最美的地方提炼出来塑造海伦的形象，所以画像上的美女比任何一个美女都漂亮。正因为艺术美是美的典型形态，其形象比现实美更鲜明、更有感染力。

二、客体美与主体美的统一

从生活到艺术的过程，就是我们常说的典型化的过程。典型化是指艺术家概括现实生活、创造典型形象的方法。在典型化过程中，概括化和个性化同时进行，客观因素和主观因素相互渗透、融为一体。在典型化过程中，对生活形象的提炼，包含着客观与主观两方面的因素，两者的关系是：客观因素是基础，主观因素是主导；客观因素指生活内容，主观因素指艺术家的审美理想、思想感情。艺术美中包含的客观因素不同于自然形态的生活原型，艺术美集中了生活形象中的精粹，因此艺术形象的审美特征很鲜明。

艺术形象虽然是由艺术家创造的，但本质上是社会生活在艺术家头脑中的反映，是客体美的再现。比如罗中立用罩染技法创作的《父亲》，这幅画本身是罗中立深入生活的结晶。他和农民朝夕相处，为他们画了大量的速写和素描，他从看到的一个正在拾粪的农民身上产生了灵感。画中农民的美，就是集中了社会生活中无数农民优秀品质的感人形象的再现。但是，艺术美不仅是客体美的再现，而且是艺术家主体美的表现，在艺术家所创造的艺术形象中灌输着他本人对生活的认识、体验、态度和评价，表现着他的审美意识和审美情感。

艺术美具有主体性。如前所述，艺术作为一种特殊的社会意识形态，艺术生产作为一种特殊的精神生产，决定了艺术美必然具有主体性的特征。众所周知，艺术美来源于现实生活并且反映现实生活，但是，这种反映绝不是简单的模仿或再现，而是融入了艺术家这个创作主体。艺术家作为创作主体，对于艺术创作起着决定性的作用。艺术创作的主体性，集中体现在艺术家的创作活动具有能动性和独创性上。艺术家面对大千世界浩瀚的生活素材，必须进行选择、提炼、加工、改造，并且将自己强烈的思想、情感、愿望、理想等主观因素"物化"到自己的艺术作品之中。正是艺术创作的这种能动性，使得每一件艺术作品都必然打上艺术家作为创作主体的烙印。艺术创作更具有独创性的特点，任何优秀的艺术作品都应当是独一无二、不可重复的。或许这正是艺术生产的产品和物质生产的产品两者之间最根本的区别。每一件优秀的作品，总是凝聚着艺术家个人的主观色彩和独特的艺术追求，体现出艺术家鲜明的创作风格和艺术个性，具有强烈的创造性与创新性特色。由于艺术的独创性，甚至面对同一个题材时，艺术家们也完全可以创作出不同的作品来。另外，艺术美的主体性也包括欣赏主体的思想感情，其中体现出十分鲜明的创造性和创新性。所以，主体性作为艺术美的基本特征之一，不但体现在艺术创作上，而且体现在艺术欣赏中。

不同的艺术家，由于主体因素的不同，在反映同一客体时所创作的艺术美也不相同。比如，大卫和热拉尔都为雷卡米埃夫人画过像，但两幅画像的风格、人物神态、意境各不相同。不同艺术种类中，主客观的结合都有不同的特点。主客观的统一，在形式上是主观因素消融在客观的形象中。只有对绘画作品进行理性的分析，才能清楚地揭示形象中的主观因素和客观因素。

三、艺术内容与艺术形式的和谐统一

自然美偏重形式，社会美偏重内容，艺术美则要求美的形式与美的内容相统一。没有一件艺术作品是单靠线条或色调的匀称，仅仅因视觉满足就能打动人的。一幅素描或色彩的总体要表明一种意义，在艺术作品中，艺术形式的根本任务是准确、鲜明、生动地表现艺术内容，而适应内容的艺术形式具有积极意义，能以独特的美学功能反作用于艺术内容，使之得到强化，能够完美地被显现。比如，法国画家米勒的作品《拾穗者》中画了三个弯腰拾穗的农妇，表现了贫苦农妇们辛苦劳动的生活形象。这幅画在艺术上单纯、质朴，因为在农妇的形象中流露了作者对农民的深厚感情。在艺术欣赏中，形式和内容是统一的。首先直接作用于感官的是艺术形式，但艺术形式之所以能影响人的思想感情，是由于这种形式生动明确地表现了内容，否则这种欣赏就失去了意义。罗丹说："一幅素描或色彩的总体要表明一种意义，没有这种意义便一无美处。"这里所说的"意义"就是指生活、思想的内容。[①]

从艺术生产的角度来看，任何艺术作品都必须具有以下两个条件：其一，它必须是人类艺术生产的产品；其二，它必须具有审美价值，即审美性。正是这两点，使得艺术品和其他一切非艺术品区分开来，也使得艺术美与自然美区分开来。

艺术美作为艺术家创造性劳动的产物，比现实生活中的美更加集中、更加典型，能够更加充分地满足人的审美需求。艺术美注重形式，但也不脱离内容，艺术的审美性是内容美和形式美的有机统一。艺术贵在创新，随着艺术实践的不断发展，形式美的法则也在不断变化和发展，然而，不管怎么变化，艺术的形式美都不能脱离内容美，因为艺术的形式美正在于它鲜明生动地体现出内容。

与此同时，艺术美的审美性又体现为真善美的结晶。艺术美之所以高于现实美，正

---

① 孙美兰.艺术概论[M].北京：高等教育出版社，1989：5.

是由于艺术家的创造性劳动，把现实生活中的真善美和内心的思想感情凝聚到艺术作品中了。艺术中的"真"并不等于生活真实，而是需要通过艺术家的创造性劳动，通过提炼和加工，使生活真实升华为艺术真实，也就是"化真为美"。艺术中的"善"更不是什么道德说教，而是要通过有血有肉的艺术形象来以情感人、以情动人，也就是"化善为美"。

因此，艺术美是艺术内容与艺术形式的和谐统一。艺术美应当具有深刻的思想内涵和完美的艺术形式，两者有机统一，才能具有令人惊叹的艺术魅力和发人深思的精神内涵。

四、具有整体美的效应

在现实世界中，并不是什么东西都是美的，有些东西甚至是丑的，因此不能说现实整体都美。但艺术世界却不同。德国哲学家谢林认为，真正的艺术作品中没有个别美，只有整体才是美的。因此谁如果不能把自己提高到整体的观念，他就完全没有能力判断一件艺术作品。艺术的整体美是指艺术作品是个整体，它的美要把握全局，从整体观赏才能感受到。欣赏一幅字或一幅画，孤立地看某个笔画、某个字、某个线条、某个色块，都不能说清楚它是美还是不美。

当然，艺术作品虽然也反映生活中的丑，但却仍然有美的整体效应。罗丹认为，在自然界中一般人所谓的"丑"，在艺术中也能变为非常的美。生活丑变为艺术美的关键在于艺术家要有美的心灵。他选择丑恶的事物作为表现对象，在他所塑造的艺术形象中已经渗透了他对丑恶事物的否定性情感评价，从而从反面肯定了生活中的美。

这就说明，对于艺术美，无论是内容还是形式，无论是表现生活中的丑还是美，都具有审美价值和审美意义，它给予人们的是美的整体效应。

五、具有时空跨越的永恒性

现实美总是处于活动状态中，是不稳固的、易逝的。恩格斯认为，任何一个有机体，在每一个瞬间都有它本身，又不是它本身。即使是现实美的最高表现形态——人的美，也不能青春永驻，而是转瞬即逝。但艺术美却能突破时间、空间的限制，传承久远。达·芬奇为蒙娜丽莎画像，画完不久蒙娜丽莎就去世了，她的美也随之消逝了。但这幅富有魅力的画像却传遍世界，至今仍给人以艺术享受。达·芬奇在画她时，她年仅24岁，当时刚失去自己心爱的女儿，常常悲哀抑郁。为了让她露出微笑，达·芬奇想了种种办法：请乐师奏乐、唱歌或者讲笑话，让欢乐的气氛使她展现笑容。画面上的蒙娜丽莎呈现出的笑容是微弱的，但可从她眉宇间看出内心的愉快，一丝微笑似乎刚从她脸上掠过。但她那安详的仪态，表明她的微笑是平静的，不引起情绪上的波动，这正是一种古代妇女矜持美的表现。由于蒙娜丽莎的微笑富有魅力,不少美术史学家称其为"神秘的微笑"或"永恒的微笑"。

当然,艺术美的永恒性也是相对的。古往今来,有无数的优秀作品,但由于各种原因,大多数艺术美的魅力无法寻觅。即使流传至今的少数艺术品的美,也总是和一定的时代相联系,有它的时代性。但艺术美的存在毕竟比现实美长远得多。

艺术美的特征是多方面的,它们相互关联,共同构成了艺术作品独特的审美价值。艺术美不仅能够提升人们的精神境界,丰富人们的精神生活,还能够激发人们的审美情感,使人们在欣赏艺术作品的过程中获得美的享受和心灵的启迪。

第四节　艺术美的价值

艺术美具有多方面的价值,这些价值在丰富人们的精神世界、推动社会进步等方面发挥着关键作用。

一、艺术美育在提升大学生素质方面的独特功能和作用

(一)美化心灵

首先,艺术美育是一种美与善的教育。它通过各类艺术作品来塑造和培育大学生的感知、想象、情感、理解等心理能力,使之处于一种自由和谐的状态。其次,艺术美育又是情与感的教育。艺术美所展示的社会、人生、历史、心灵可以生动地启迪大学生对社会、自然、人生的观察与思考,可以作用于学生情感和意识的"耳濡目染""潜移默化",影响他们深层的精神世界。

(二)激发潜能

艺术美育可以启迪大学生的智慧和才能,促进大学生的思维能力,启发大学生的观察力,激发大学生的创造力,提升大学生的潜力。艺术美育具有直观性、生动性、愉悦性、感染性等鲜明特征,是其他学科教育所不具有的。艺术美育对智育的作用首先体现在创造能力的培养上,通过培养人的想象力来达到培养人的创造力。

(三)促进和谐

艺术美育有促进和谐的作用,主要体现在两方面:其一,艺术美育可以培育人们的心理调控力,促进和谐;其二,艺术美育是培育人们爱心的重要内容。爱心与善心是人性的基础,也是社会和谐、校园和谐、师生和谐、同学和谐的基础,一个没有爱心和善心的人是一个冷漠的人、一个脱离社会的人。

（四）陶冶情操

情操是心理品质的体现，是人们通过社会实践的体验和艺术作品的熏陶而实现的。人类的社会生活，就其全部生活内容来看，一是物质的，二是精神的。精神生活的健康与否，对物质生活的影响是巨大的，精神生活越充实，人的精神面貌就越振奋。大学生处于青年时期，生命力最旺盛，精力最充沛，思想最活跃，如果没有正确的精神支柱，就会失去前进的方向，有的甚至会沉溺于低级庸俗的趣味之中。而美好的艺术作品是现实生活的典型化和形象化，集中揭示和反映了现实生活的本质。一部好的艺术作品就是一面时代的镜子，一个美好的艺术形象对学生具有极大的教育力量和感染力，能够提高大学生的思想认识，燃烧学生心灵美的火花，引起强烈的感情共鸣。

（五）强身健体

艺术美育是促进大学生强身健体的良方。现代生理学研究证明，当人们处在欣赏美的过程中，其精神就会处于愉悦舒心的状态，这时血液中会分泌出一种有益于身心健康的化学物质，它能调节人体的节律，刺激人的中枢神经，加强人的消化功能，起到通心理气、强身健体的作用。大量社会实践也证明了许多有慢性疾病或亚健康的人通过绘画、舞蹈训练、音乐欣赏、书法练习等艺术活动，调整了内在的身体机能，起到了增强体质的作用。大学生正处于心理能力发展和体质能力发展的重要阶段，艺术美育的实施可以促进其心理机能和生理机能的协调发展。

二、艺术美的审美价值

艺术美的首要价值在于其审美价值。艺术作品通过色彩、线条、形状、声音等艺术语言，创造出一种独特的审美体验，其价值不仅体现在感观愉悦上，更渗透到人类精神、文化认知和社会实践的深层维度。在艺术作品中，人们可以感受到艺术家对美的独特理解和表达，从而获得一种精神上的愉悦和满足。

例如，在绘画艺术中，艺术家通过画笔和色彩，将现实中的美转化为画布上的艺术美。这种艺术美不仅具有形式上的美感，还蕴含着艺术家的情感、思想和审美理想。观众在欣赏绘画作品时，可以感受到艺术家所传达的审美情和审美理想，从而提升自己的审美水平和鉴赏能力。如文森特·梵高的《星月夜》中，星空被赋予流动的生命力，画家用粗犷的短线条和强烈的色彩对比表达着心灵所感。

三、艺术美的社会价值

艺术美具有重要的社会价值。艺术作品不仅反映了社会的现实生活，还通过艺术家的独特视角和审美理想，对社会现象进行批判和反思。这种批判和反思有助于人们更深入地了解社会现实，塑造集体情感，推动思维变革，推动社会的进步和发展。

在文学作品中，艺术家通过塑造各种人物形象和故事情节，反映了社会的各种矛盾和问题。艺术作品中的英雄形象和正面价值观，起到了榜样和引领作用，激励着人们积极向善、奋发向上。路遥的《平凡的世界》中，孙少安办砖厂、少平挖煤仍坚持读书，展现了改革开放初期底层青年的奋斗史诗。

四、艺术美的教育价值

艺术美具有显著的教育价值。艺术作品通过其独特的审美形式和情感表达，对人们的思想观念、道德品质和审美趣味产生着潜移默化的影响。这种影响不仅有助于培养人们的审美素养和创造力，还有助于提升人们的道德水平和文化素养。

在音乐艺术中，艺术家通过旋律、节奏、和声等音乐元素，创造出一种独特的审美体验。这种体验不仅让人们感受到音乐的美妙和动人，还激发了人们对美好生活的向往和追求。瑞士音乐团体班得瑞的音乐将新世纪风格结合大自然音效，融入流水、雀鸟之声，能镇静人的情绪，给人以返回大自然的感觉。

五、艺术美的文化价值

艺术美具有重要的文化价值。艺术作品是文化传承的重要载体，它们通过独特的艺术形式和审美表达，将各种文化元素和审美观念传递给后代。这种传递不仅有助于保持文化的连续性和多样性，还有助于推动文化的交流和融合。

在舞蹈艺术中，艺术家通过身体语言和舞蹈动作，将各种文化元素和审美观念融入其中。这种艺术不仅让人们感受到舞蹈的美妙和动人，还让人们了解了不同文化的独特魅力和审美观念。同时，舞蹈艺术的交流和融合也有助于推动不同文化之间的理解和尊重，促进世界的和平与发展。中国著名舞蹈家杨丽萍的《云南映象》，将云南民间濒临消失的歌舞文化搬上舞台，让观众领略到云南各民族独特的舞蹈风格和文化魅力。

综上所述，艺术美具有多重价值，包括审美价值、社会价值、教育价值以及文化价值等。这些价值不仅体现了艺术美的独特魅力，也凸显了艺术在人类社会中的重要地位和作用。因此，我们应该更加重视艺术美的创造和传承，让更多的人能够感受到艺术美的魅力和价值。同时，我们也应该积极推动艺术教育的普及和发展，让更多的人具备欣赏和创造艺术美的能力，为社会的和谐与进步贡献自己的力量。

📋 本章小结

艺术美育是通过艺术手段对学生进行审美教育的一种形式，它旨在培养学生的审美情趣、审美能力和审美创造力。在艺术美育的过程中，学生不仅可以欣赏到各种优秀的艺术作品，还能通过创作实践来体验和表达美。

通过学习艺术美育，学生可以更加深入地理解艺术的本质和内涵，掌握各种艺术表现技巧和方法。同时，学生的审美观念也会得到不断提升和拓展，能够更加敏锐地感知和领悟生活中的美。

艺术美育具有情感教育的功能。它可以通过艺术作品中的情感表达，来引发学生的情感共鸣和情感体验，从而培养学生的情感素养和情感表达能力。这对于学生的身心健康和人格完善都具有重要的意义。此外，艺术美育还能激发学生的创新思维和创造力。在艺术创作的过程中，学生需要不断地尝试和探索新的表现方法和形式，这有助于培养他们的创新意识和创新能力。

💡 思考练习

1.想象一下，如果没有艺术美育的滋养，你的生活会变得怎样？

2.艺术美育在你的生活中扮演着怎样的角色？它对你的成长和发展有哪些积极的影响？

3.反思自己在艺术创作中的优点和不足，思考如何进一步提升自己的审美能力和创造力。

4.每种艺术形式给你带来了哪些美的感受和体验？

第五章

艺术美育（中）

学习目标

通过学习艺术美育，学生能够逐渐形成良好的审美情趣，能够欣赏和理解各种艺术作品中的美，提升对美的感知和鉴赏能力。在艺术美育的熏陶下，学生能够激发自身的创造力和想象力，学会用艺术的方式表达自己的情感和思想，创作出具有个性和美感的艺术作品。

内容概要

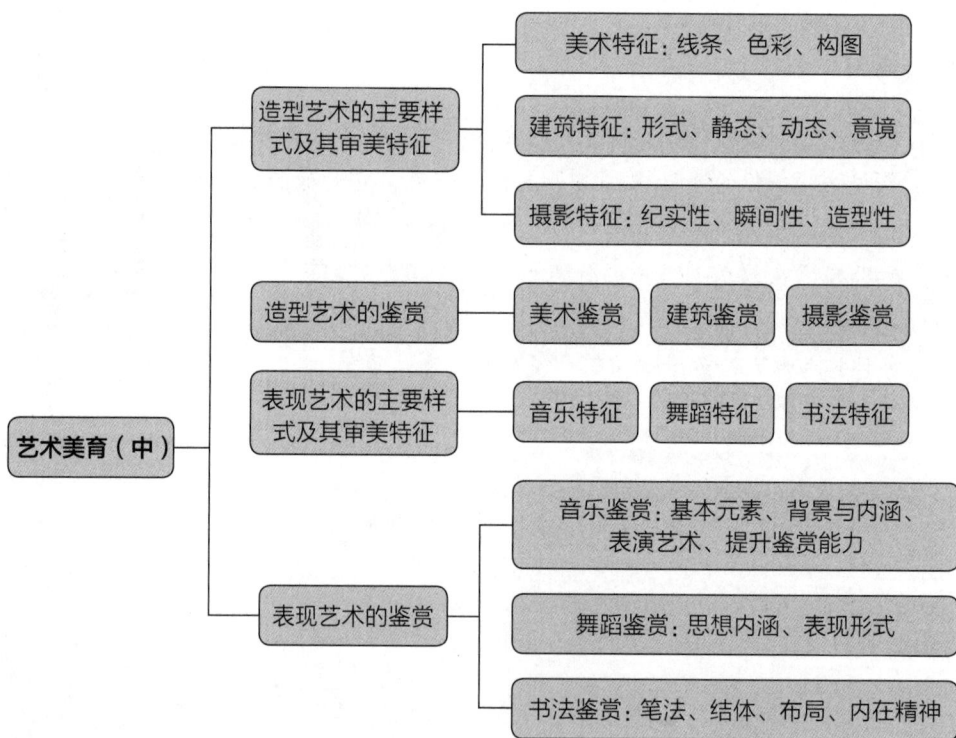

本章导读

艺术作品中所蕴含的情感、思想和精神，能够激发人内心的积极因素，如勇气、毅力、创造力等，进而促进人的全面发展和提高人的生活品质。通过感受艺术的美，大学生能够更加深刻地认识到美好生活的重要性，从而培养出积极向上的思想品质。艺术作品是一个国家、民族文化的重要组成部分，它具有独特的民族特色和文化内涵，能够引导大学生更好地认识和理解自己的民族文化，增强其民族自信心和文化自觉性。通过欣赏和学习艺术作品，使大学生能够更加深刻地认识到自己的民族文化，从而进一步认同和热爱自己的国家和文化。艺术作品中所蕴含的情感和思想，往往能够引导人们思考社会问题和人生意义，进而培养出人们的社会责任感和道德观念。

第一节　造型艺术的主要样式及其审美特征

造型艺术也就是人们通常说的美术，是用一定的材质，按照某种表现形式创造出来的，具有静态空间特性的视觉艺术，来反映社会生活与思想感情，是艺术形态之一，包含绘画、书法、篆刻、雕塑、建筑、设计、工艺美术等。审美教育是通过美的形式对人们进行美的教育，达到提升人们的思想道德和综合素质的目的。造型艺术审美教育则界定在以造型艺术这种形态对人们进行审美教育。造型艺术审美教育是实现美育的方式和手段之一，是我国推进素质教育不可或缺的重要构成部分。造型艺术审美教育是将造型艺术作为审美活动的媒介，让教育者（教师）和受教者（学生）之间产生造型艺术审美信息的交流和传递，从而达到审美教育的目的。受教者通过绘画、雕塑、书法、设计、建筑等造型艺术的理论学习、作品鉴赏、艺术体验等规范化和系统化的审美直观教育，培养认识造型艺术美、体验造型艺术美、感受造型艺术美、欣赏造型艺术美和创造造型艺术美的能力，这对提高受教者的整体审美素质有直接意义，能陶冶人的情操，使其怀有美的愿望与素养，升华人的人格魅力和品德。造型艺术在展示人类生活、思想、文化状态的同时，摆脱并超越了现实生活中存在的那些有限意义的实际需求，上升为具有超功利的美的体验、丰富的想象力及情感的体验，启发受教者感受人生本来的意义和创造生活本质的多样性。造型艺术审美教育具有启发人的想象力、使人投入直观感性情感、凝聚专注力、调动自由表现力的作用，并且具有注重过程的、内心愉悦的、思想与行动结合的特征。

在艺术的广阔天地里，造型艺术以其独特的视觉表现力占据着举足轻重的地位，以一定物质材料和手段创造出可视静态空间形象的艺术。它主要包括美术、建筑和摄影三大领域，各自展现着不同的特征与魅力。

一、美术

广义的造型艺术是指所有塑造二维或三维空间的静态视觉形象的艺术，又称"空间艺术"或"视觉艺术"。狭义的造型艺术主要指绘画和雕塑。造型艺术需要运用特定的物质材料来塑造可视的具体形象。因此，造型艺术的审美教育可以培养人们对各种物质材料审美特性的感受能力和表现能力。画种的区分就是依据所使用的不同材料，如油画、水墨画、版画、水彩画、水粉画等差异，表现为绘画材料的不同。水墨画的笔墨意趣，油画的色彩肌理，木刻画的线条明暗都是艺术形象塑造的重要形式语言。

绘画塑造的是二维空间形象，雕塑创造的是三维立体形象，它们都需要以点、线、面、色彩、明暗、形体等形式因素构成视觉形象。因此，造型艺术的教育是培养学生对形式美感受力的最佳方式。素描的主要形式是线条，绘画的主要形式是色彩，雕塑的主要形式是形体，鉴赏绘画作品可以提高人们对线条的曲直、色彩的明暗冷暖、形体的方圆轻重及其情感色彩的感受力。

绘画是造型艺术中主要的一种艺术形式，它是指运用线条、色彩和形状等艺术语言，通过造型、色彩和构图等艺术手段，在二维空间里塑造出静态的视觉形象，以表达作者审美感受的艺术形式。绘画种类繁多，主要可分为以油画为主的西方绘画和以中国画为主的东方绘画。

绘画艺术之美，美在作品深刻的思想内涵和形式的完美结合。古往今来，中西方艺术家们创造了无数辉煌的艺术作品，每一个时代，每一个国家或地区都呈现不同的艺术面貌。

一般说来，西方绘画以具象摹写、再现客观现象为基础，重在反映客体真实，故重视远近、大小和明暗的正确性，讲究透视、明暗和投影的关系，以造成空间实体能如触摸的效果。随着时代的发展，油画既重视真实地再现对象，又强调主观精神、表现自我，从具象到抽象，各种流派纷呈。中国绘画则以"神形兼备"为皈依，以追求"气韵生动"为最高境界，重在抒发主体精神。中国画家将主观精神因素，包括修养、品德、秉性等，与客观世界相融合，从而创造出具有深刻内涵的美的形象和境界。在透视规律上，中国绘画相别于西方的"焦点透视"，以"散点透视"为造型法则。中国绘画在长期发展演变过程中积累了极其丰富的技法经验，讲究笔墨效果，包括以毛笔纵横挥洒、皴擦，运用线描和墨、色的变化，来表现形体和质感，强调传达神韵和气势。文人画派又将诗、书、画、印相结合，形成富有东方特色的艺术情趣。

无论是西方绘画还是中国绘画，其审美特征主要体现在以下四个方面。

（一）线条之美

线条是绘画艺术构成视觉形象的最基本语汇，是绘画要素中最生动的部分，是画家从自然真实中抽取的一种有抽象意味的语言。线条不仅勾勒形象，成为可视的绘画语汇，而且具有情感意味，可以表达画家精微、细腻的感受与意趣。线条分为直线与曲线两种形式。直线又分为水平线、垂直线、斜线三类。水平线常用来表现舒展、开阔、深远的场面，表达宁静、平稳的感受。垂直线具有伟岸、挺拔、庄严、宏大之感。斜线则具有激荡、运动、危急、冲突之感。曲线分为圆线、螺旋线、抛物线、波纹线等。与直线相比，曲线具有柔和、流动、变化、优美等特征，可以表现轻快、愉悦、婉媚、飘逸等意趣。

（二）色彩之美

色彩是辨别物体的重要依据，是绘画中最富情感性质的要素。色彩作用于人的感官，会产生心理效应。色彩由物体借助光的照射而形成。色彩包括固有色、光源色、环境色三种。色彩又由色相、明度、纯度三要素构成。色彩具有温度感，称作"色性"，一般来说，分为暖色和冷色两种。色彩还具有情感意义与象征意义，叫作"情感色"和"象征色"，例如红色表达欢乐、喜庆的情感，象征光明。色彩运用的好坏直接关系到作品的优劣。

（三）形体之美

形体在绘画中不仅指具体物象的形貌，还指这种形貌所暗示的情感倾向特征。三角形表示稳定、平衡；方形表示秩序、静态等。单独的形体已具有含意，几组形体之间形成的相互关系和趋势更造就了画面的情感倾向。绘画中的形象以它们的动态寓意传情，形体的写实性和象征性融合一体。欣赏中对形体的感知能帮助人们领会画作的内涵。

（四）构图之美

构图是根据一定的美学原则和题材、主题的要求，在平面上布置、安排所要表现的物象的各个部分和各种因素，包括线条、形体、明暗、色彩等，使之成为一个完整的艺术形象。构图是绘画艺术中最重要的元素，绘画主要凭借构图而成为一门独立的艺术形式。构图的主要语汇是几何图形，其中有三角形、正方形、长方形、圆形、波浪形、S形等。

二、建筑

千万年的人类历史产生了形形色色的文化，形形色色的文化又孕育了千变万化的建筑形态。由于地域、政治、经济、文化、宗教等诸多因素的差异，每个时代、每个地方的建筑都有自己独特的形态。建筑成了人类历史沉默的见证者和鲜明的文化标志。建筑说到底是为满足人的需要，例如住宅是为了满足人的居住需要，教堂是为了满足教徒对上帝顶礼膜拜的需要，园林是为了满足人们放松身心、嬉戏游玩的需要等。建筑根据功能类型的不同，可以分为民用建筑、工业建筑、公共建筑、宗教建筑、宫殿陵墓建筑、纪念性建筑、园林建筑和建筑小品等；根据建筑材料的不同，可以分为木结构建筑、砖石建筑、钢筋水泥建筑和钢木建筑等；根据时代风格的不同，可以分为古希腊式建筑、古罗马式建筑、哥特式建筑、文艺复兴式建筑、古典主义式建筑等；根据艺术形式的不同，可以划分为古典建筑和现代建筑等。无论哪一种建筑，都具有其独特的审美价值。

建筑是造型艺术中极具实用性的代表。它不仅是人类居住和活动的空间，更是文化的载体和艺术的结晶。从古至今，建筑风格的演变反映了人类文明的进步与发展。无论是雄伟的宫殿、庄严的庙宇，还是现代的摩天大楼，都在以它们独特的形式和美感，诉说着各自的故事与内涵。

（一）形式之美

建筑艺术的形式美，是指建筑物形体所呈现的造型美。它具体表现在建筑物的总体外轮廓和部分之间的比例、体量、色彩、装饰、与周围环境的协调等诸多方面。建筑的造型必须遵循形式美法则，如多样、统一、平衡、对称、对比、比例、节奏、韵律、宾主、参差、和谐等。如雅典神庙，作为古希腊建筑的典型代表，其形式之美集中体现了古希腊人对比例、秩序、和谐和理性的追求。建筑思想的主题，一般是通过象征性的造型形式来表达的。建筑艺术的形式美，能引起欣赏者的多种想象与共鸣，从直接形象中获得美感。

（二）静态之美

建筑艺术以其优美的造型，展现出在一定空间内的静态艺术形象，具有宁静、稳重的静态美。建筑形体的方正、线条的平直、色彩的和谐等，都能给人以静态美的艺术享受。例如，北京天安门是中华古代文明和现代文明的高度浓缩，同时也是新中国的象征，显得十分庄重、肃穆。

（三）动态之美

建筑艺术是通过寓动于静和动静结合的造型手法展现动态美的。例如，建筑物的参差错落、纵横穿插、形体变化、空间组合、色彩对比和线条流动等，都能巧妙地表现建筑艺术的动态美。从总体上看，建筑物是静态造型艺术形象，但是从局部上看，则又包含着许多动态因素。例如，北京国际饭店的高大雄伟、气势巍然，就表现出了一种静态美。然而，北京国际饭店以平直线与圆弧线的有机结合，塑造出动静结合的空间艺术形象，则又表现出一种动态美，同时也体现了伟大民族的时代精神，产生静中有动、雄中含秀的美感。

（四）意境之美

建筑艺术的意境和其他艺术一样，主要取决于艺术家的审美体验、情趣和理想。意境美就是情和景的高度统一。建筑的意境是通过建筑艺术语言来创造的。例如，北京故宫的建筑主题就是为了突出帝王的权力和威严，象征着皇权的神圣和至高无上。再如，中国古典园林以"天人合一"为哲学根基，追求的是自然情趣和诗情画意，例如苏州拙政园的"缀云峰"假山，将山水画的意象转为实景呈现，意境深远含蓄，耐人寻味，颇具艺术感染力。

建筑是凝固的艺术，它起源于人类劳动实践和日常生活遮风雨、避群害的实用目的。早在原始社会末期，人们在建造房屋时就开始考虑实用与美观。恩格斯认为，到了原始社会高级阶段的全盛时期，已经有了作为艺术的建筑术的萌芽。我国在母系氏族社会就有了氏族聚落的住房，如浙江河姆渡木结构的房屋和西安半坡村遗址。到了奴隶社会，埃及的金字塔、古希腊的神庙、中国的宫殿等建筑物的出现，凝聚了人类的智慧和才华，展现出了时代风貌和民族风貌，成为至今仍让人赞叹不已的艺术瑰宝。

三、摄影

摄影是借助照相机和感光材料，以客观事物为对象，经过拍摄和暗房工艺制作，塑造真实、生动、具体、可感的艺术形象的造型艺术。摄影是人类近代史上的一项伟大发明。1826年，法国人尼埃普斯用沥青白蜡板曝光拍摄窗外的景色，这是人类通过阳光得到的第一张照片。1839年，法国人达盖尔用银版曝光法拍摄了工作室一角，其影像的清晰度和感光度都得到了加强，摄影艺术正式诞生。20世纪30年代，在小型、精密照相机和快速感光材料出现以后，摄影形成了自己独特的艺术语言和艺术形式，成为一门年轻的艺术。从早期模范绘画的"画意摄影"，到现代主义的形式探索，直至数字时代的虚拟建构，其本质是通过机械之眼重新定义人类的观看方式。

摄影艺术的审美特征既包含技术层面的精确性，又蕴含艺术表达的多元性。可以概括为纪实性、瞬间性和造型性三个方面。

（一）纪实性

纪实性是摄影的一种技术属性、自然属性。摄影艺术是通过再现现实生活中实际存在的客观事物的形状、形态、质感、色彩及其周围环境的方法，来反映生活的真实场景。摄影艺术形象只能直接来源于生活，具有现场纪实的性质，因而可以给人一种现场感、真实感和亲切感，可以使一切形象得以记录和留存，从而增强了它的审美能力。一张绘画作品画得再逼真，它在人们心里真实可信的程度，也难以和一张照片相比。摄影艺术所独有的纪实功能，使摄影具有文献性、凭证性和纪念性。

（二）瞬间性

摄影作品所展现的不是事物运动的过程，而是运动的某一瞬间；不是生活进程的纵断面，而是某一凝固了的生活瞬间的横断面。摄影作品的瞬间性包括动态的瞬间、神态的瞬间和形态的瞬间三种类型。摄影艺术的瞬间形象，包含着艺术家对生活审美的主观评价和情感体验，是对生活本质规律认识的客观化和形象化。摄影创作可以有一个较长的酝酿准备过程，但它总是在一个极为短暂的瞬间内完成拍摄。瞬息万变的生活现象和时过境迁的社会事态，更需要摄影者抓住最能表现形象特征的典型瞬间来完成。《奶滴皇冠》由闪光灯之父哈罗德·埃杰顿拍摄，他使用高速快门捕捉到了牛奶滴落的瞬间形成的皇冠状形态，这是我们用肉眼无法看到的景象。摄影艺术的欣赏过程，就是以瞬间形象调动欣赏者的想象，继而引起审美心理活动的过程。

（三）造型性

摄影艺术是一种造型艺术，摄影作品的造型具有无穷的意味。点、线、面、光、影、色等造型因素，在摄影作品中被摄影者加以创造性地运用，具有独立存在的价值，从而成为一种有意味的形式，能给人带来视觉上的愉悦感与审美心理上的满足感。丰富而深刻的内容与有意味的形式完美结合，使摄影作品具有实态美、真切美、简约美和意象美等，也增强了摄影的艺术魅力和生命力。

摄影艺术家所创造的艺术形象，反映了客观的现实世界，包含着摄影艺术家丰富的思想和情感，也凝聚着时代的理想和历史的必然。摄影作为造型艺术中的后起之秀，以其独特的视角和表现力，成为记录时代变迁和社会风貌的重要工具。

第二节　造型艺术的鉴赏

造型艺术审美教育是在教育者的引导下，受教者直观地感受造型艺术的美，通过鉴赏、想象、体验、创造造型艺术作品后，感知美的存在，并从造型艺术与审美的角度认识人与人、人与社会、人与自然的关系；经过造型艺术审美精神的提升，提高艺术素养，从艺术的角度理解、认知是非问题，解决情感与美丑问题，达到内心的审美愉悦。

鉴赏造型艺术，需要具备一定的审美能力和艺术修养。首先，要学会观察作品的构图、色彩和线条等艺术元素，感受它们所营造出的氛围和情绪。其次，要了解作品的历史背景和文化内涵，以便更好地理解作品所表达的主题和意义。最后，还要结合自己的情感体验和生活阅历，对作品进行深入的解读和体悟。

一、美术鉴赏

（一）理解美术作品的立意和主题

美术家对客观事物的认识、情感都在作品中宣泄出来，中国画就有"意在笔先，画尽意在"的哲理和方法，所以鉴赏画作要注意作品的立意和主题，感受作品触发个人内心深处的情感记忆或体验，从而获得更为丰富的情感体验和心灵上的满足，提升鉴赏品质。

（二）感受美术作品的情趣和意境

美的首要特征，是具有吸引人、感染人、鼓舞人的魅力。美是和谐的，美从对立统一中求得和谐。美术作品均是运用线条、形状、色彩等造型元素，通过对称、重复、比例、多样统一等形式原理塑造的视觉艺术。因此，在鉴赏美术作品时，我们应该综合视觉、记忆、思维、理解等心理过程对作品的风格和技法产生认知，并感受作品的情趣和意境。

（三）了解作者以及作品创作的时代背景

美术作品可说是作者形象化的自传，是作者人生态度、审美价值的具体体现，即所谓的"画如其人"。如果不了解作者的生平，便很难对作品作出正确的理解。同时，一幅绘画作品既是一个时代生活的映射，也体现着一个时代的本质特征，通过探究作品背后的文化内涵、哲学意义或人生价值，促进精神世界的丰富和升华。

（四）多看是提高鉴赏能力的关键

多看经典作品是一个提高鉴赏能力的便捷途径。经典之所以为经典，在于它在思想、艺术、制作诸多方面臻精深、精妙、精湛之境，不仅承载着历史的记忆，更凝聚着文化的精髓，具有穿越时代的永恒生命力。对经典美术作品研习，可以传承其技艺、匠心，提高自身品位、品格。

二、建筑鉴赏

（一）建筑形态

1.基本形状

方形、圆形、三角形，这三个形状几乎能解构世界上所有的元素，所有简单的抑或是复杂的平面构成和立体构成都由这三种图形拼合而成。观察建筑是由简单几何形状（如方形、圆形、三角形）还是由复杂的组合构成的。例如，罗马万神殿巨大的圆形穹顶和规整的柱廊体现了简洁几何之美，而高迪设计的圣家堂，有着扭曲的线条、不规则的墙面，展现出奇幻的形态组合。

2.轮廓线条

建筑的外轮廓很关键。以直线为主的建筑往往给人简洁、硬朗、稳重的感觉，像纽约的克莱斯勒大厦，其高耸的直线轮廓展现出挺拔的美感。而以曲线为主的建筑则显得流畅、柔和，如扎哈·哈迪德设计的一些建筑，其流动的线条极具动感。

（二）比例与尺度

1.比例关系

建筑各部分之间的比例要和谐。比如在古典建筑中，柱子的直径与高度、门窗的大小与墙面面积等都有一定的比例规范。帕特农神庙的柱式比例，经过精心设计，让建筑从各个角度看都很匀称。

2.人体尺度

考虑建筑与人体尺度的关系。如果建筑尺度远超人体尺度，如大型教堂等，会给人庄严、宏大的感觉；而有些小型建筑贴近人体尺度，则让人感觉亲切，如传统的街边民居。

（三）空间造型

1.内部空间

建筑的内部空间通常由墙体、地面与屋顶围合而成，是人们在建筑中进行各种活动的主要场所。例如，朗香教堂内部空间不规则，光影通过侧窗和屋顶缝隙洒入，营造出神秘的宗教氛围；而一些现代化的大型商场，有着宽敞、通透的中庭空间，给人开阔感。

2.外部造型与空间

对建筑外观造型的塑造，也要考虑周围的空间。外部空间通常由墙面以及其他人为物和自然物围合而成，是建筑与周围环境相互作用的空间。例如，中国古代的亭子，其造型玲珑，放置在园林中，划分出小空间，同时也与周围的自然景观相互映衬。

（四）材质与质感

1.材料选择

不同材料会带来不同的视觉和触觉感受。建筑师依靠材料来塑造建筑环境。石材建筑如埃及金字塔，给人厚重、永恒的感觉；木质建筑如日本的传统木屋，有自然、温暖的质感；以玻璃和金属为主的建筑，像一些现代的摩天大楼，会呈现出轻盈、反光的效果。传统材料拥有难以复制的温度与包容，而现代创新材质带来工艺效率和可持续性。

2.材料组合

材料的组合方式也很关键。例如，石材与玻璃结合、厚重与通透对比，增添建筑的层次感和丰富性；新中式将水磨石、老樟木、宣纸与现代亚克力、金属框架杂糅，赋予空间多维层次感与历史纵深。

三、摄影鉴赏

（一）升华真实美

摄影艺术与传统艺术的不同之处在于摄影艺术反映生活的直接性。以生活自身的形象反映生活是摄影的优势，但是，这种反映必须经过摄影家思想和观念的过滤、比较和升华。所以，摄影家拍摄的虽然是人所共见之景、人所共历之事，但在摄影创作中，摄影家通过独特的视角，创造性地运用摄影技术手段，呈现给人的是经过提炼和升华的视觉形象。

（二）追求光影美

光与影是摄影艺术视觉形象的主要构成因素。大到摄影创作的全过程，小到一个极其微小的细节处理，都会受到光的影响，光是衡量一幅摄影作品优劣的重要尺度。从摄影审美心理考察，摄影之美包括内容美、形式美和整体美。其中，内容美主要是指拍摄对象的社会、政治、伦理、道德意义所涵盖的精神内涵。形式美是凭借光影、色彩、形状、线条、质感等形式因素渗透、表现出来的端庄与细腻、粗犷与典雅、艳丽与质朴、清新与浓郁等形式美感。内容美与形式美的相互依存才能形成整体美。根据这一审美原则，摄影家必须对光与影的特性、作用以及可能产生的美感具有明确的认识，这样才能自觉地、能动地追求光影美，摄影作品才会给人以强烈的视觉吸引力。

（三）选择色彩美

色彩是人们感知物质世界空间存在形式的基本视觉因素。绘画注重色彩品质，摄影强调质感，这也是色彩的一种表现形式。所谓色彩品质，是指光色的配合是否准确、真实及其达到的审美高度；所谓质感，是人们借助触觉来判断事物质地的厚薄、粗细和软硬，并以此鉴别一幅摄影作品的影调所达到的可触可感的逼真程度。如果画面光色虽然真实，但质地不美，就会降低其美学价值。所以，画家、摄影家总是千方百计以自己的不同技法创造出最佳的光色品质。色彩不仅是视觉艺术语言的一个重要组成部分，而且是衡量艺术家智力与审美能力高低的尺度。

色彩的美不在于单一色彩的本身，而是色彩的组合。因此，摄影家会通过调动空间角度，选择景物本身的色彩和光线条件，利用镜头特性和后期制作等手段来控制色彩。

第三节　表现艺术的主要样式及其审美特征

与造型艺术相比，表现艺术更注重情感和内心的表达。它主要包括音乐、舞蹈和书法三大领域，各自以其独特的艺术形式和表现力，传递着人类的情感与思想。

一、音乐

音乐，作为表现艺术中的灵魂，以其独特的旋律和节奏触动着人们的心灵。无论是古典音乐、民族音乐还是流行音乐，都在以它们各自的方式诉说着人类的情感。音乐的魅力在于它能够跨越语言和文化的障碍，让我们在音符的跳跃中感受到艺术的共鸣与和谐。音乐作为艺术的一大门类，具有一系列区别于其他艺术形式的基本特征，这些特征主要体现在以下几个方面。

（一）材料的特殊性

音乐中的声音并非生活中各种音响的随意堆砌，也不是单个的声音，而是具有一定特性的乐音，即按照一定关系构成的有机的乐音体系。这些以乐音体系构成的音乐作品既有着严密的组织和逻辑关系，又包含着丰富的内涵。音乐的基本元素包括旋律、节奏、和声、节拍、音高、音量、音色等，它们共同构成了音乐作品的骨架。

（二）流动性

音乐是在时间中进行，并在时间中发展的。随着时间的进程，音乐作品的各个组成部分逐渐被展示出来，并最终为听者所感受和理解。因此，音乐是一种在时间进程中运动着的时间艺术，具有流动性。这种流动性使得音乐能够随着时间的推移而不断变化和发展，给听者带来丰富的听觉体验。

（三）情感性

音乐作为一种听觉艺术，通过有组织的、在时间上流动的声音来塑造音乐形象，从而打动和感染听众。音乐所擅长的是通过情感的抒发和表达来传递信息，而不是像造型艺术那样直接逼真地塑造具体事物或生活图景，也不像语言艺术那样直接表述概念和思想。因此，音乐具有强大的情感表达能力，能够激发听众的共鸣和情感反应。

（四）表现性

音乐对现实生活的反映和表现带有一定的间接性。音乐家通过创作音乐作品来表达自己的情感和思想，但这些作品必须通过演唱、演奏等"再度创作"过程才能供人们欣赏。这种表现性使得音乐能够超越具体的形象和概念，以更加抽象和自由的方式来表达内心世界和现实生活中的情感和体验。

（五）不确定性

由于音乐不能直接提供视觉形象，也不能直接表述思想内容，人们通过听觉感受到的音乐信息是非语义性的。因此，音乐在一定程度上带有不确定性。不同的听众可能会根据自己的听觉经验和想象来理解和解释音乐作品，从而产生不同的感受和理解。这种不确定性使得音乐具有更加广泛的解释空间和审美价值。

二、舞蹈

舞蹈艺术是人类最早创造的艺术形态，是人类最美的艺术之一。舞蹈运用节奏、表情、造型和空间运动等要素来塑造直观的动态形象，在反映社会生活的同时，鲜明地传递给人们思想感情和审美理念。

舞蹈作为一种大众化的艺术形式，主要是通过肢体语言和音乐节奏的变化来完成美的绽放，舞蹈审美是完成一部作品的重要标准。具体而言，舞蹈艺术的审美特征主要有以下几点。

（一）动作性

舞蹈是人体动作的艺术，律动为舞之魂，也是舞蹈语言的核心元素，它能直接而显著地表现舞者的气质、情愫和韵致。舞者的身躯、四肢、眼神、动作和姿态等是舞蹈艺术的基本表现手段。舞蹈艺术通过人的形体和姿态来表现，以创造特定的审美意象和审美意蕴，并伴随音乐与节奏传达人的思想情感，塑造艺术形象。

（二）抒情性

舞蹈最善于表现人类的情感，舞蹈的美感不仅仅是因为动作外形所具有的造型美，还重在抒发内心的情感。没有抒情性，就没有诗情画意的舞剧作品，婀娜多姿的《孔雀舞》、秀美纯净的《水》、典雅高洁的《敦煌彩塑》、炽热深挚的《再会吧，妈妈》如一首首抒情诗，尽情抒发着人们的审美情感。

（三）节奏性

节奏是舞蹈的基本要素，没有一种舞蹈能离开节奏。最简单的舞蹈伴奏是打击乐，即使没有打击乐的伴奏，人们的呼喊也是一种节奏。"节奏"这个词是希腊人在几千年前就已经发明的，当时的含义是指"程度""程序""匀称"。其实，节奏本身就是自然界的各种现象和生物机体的各项功能的交替均匀性变化与表现。节奏使千变万化的人类舞蹈丰富多彩，与动作的无尽变化相关，相同的动作由于节奏的变化、速度的增减等，都可以表现出不同的情绪和情感，同时也体现出不同的风格特色。

（四）虚拟性

舞蹈是夸张的艺术，虚拟性是舞蹈的主要表现手法，其以生活为基础，依据舞蹈的特有长度来形象、概括地反映生活的本质。如骑马、划船、坐轿、扬鞭等动作都是虚拟性的。

（五）造型性

舞蹈的造型性就是让舞蹈动作在连续流动的过程中给人以明晰的美的感受，并且在片刻的停顿和静止时呈现出舞蹈内在的含义和韵味，通过头、眼、颈、手、腕、肘、臂、肩、腰、胯、膝、足等部位的协调活动，构成具有节奏感的舞蹈动作、姿态和造型，表达人的内心活动，反映社会生活。

三、书法

中国书法是世界上最独特的东方艺术，也是东方美学的杰出代表之一。世界各民族文字的起源都可追溯到"象形文字"，都有自己的文字和书写技巧。但各国文字逐渐从"表意"走向"表音"，只有中国汉字延续了原始象形的"表意"。书法凭借着点画的组合、线条的变化和笔墨的运用而成为一种独立的艺术门类，具有强烈的艺术表现力。

中国书法作为一门古老的艺术，凭借线条和形体结构来表现人的某种气质、品格、情操。它是中华民族审美经验的集中表现，不仅具有悠久的历史，形成了各种书体、流派，并涌现出许多独具风格的书法家，还在发展中吸收了姊妹艺术（如美术、建筑、音乐、舞蹈等）的经验，丰富了自身的表现力，因而具有无穷的韵味、独特的情趣以及重要的审美价值。

（一）书法的文化特征

作为一种传统艺术，书法是根据汉字的特点，运用毛笔这一特殊书写工具，以民族语言为书写内容，体现艺术家的个性风格，表达一种艺术境界和精神内涵的。书法艺术的特征主要有以下几个方面。

1.以汉字为书写对象

汉字作为一种语言符号，除了与其他文字一样具有思想交流、文化传播的普遍功能外，还有其特有的衍形特点和阐释方式。

汉字的构造，谓之"六书"，即象形、象事、象意、象声、转注和假借六种。其中，"四象"为造字法，转注、假借为用字法。"四象"中的后三象又从象形中派生而来，所以象形是整个汉字的本源，也是书法形体美的基础。

由于汉字为衍形文字，把自然界形形色色的客观实体浓缩、简化成块架结构的语义符号，因而具有"因形见义"的鲜明的感性特征。此外，汉字的方块结构主要是由点画组合构成的，不论是古文字的象形组合，还是现代文字的抽象组合，由点画到形象都浸透着鲜明的中华民族文化精神和强烈的生命意识。

2.以毛笔为书写工具

中国书法之所以成为艺术，除了因汉字的衍形特点外，还有赖于特殊的书写工具——毛笔。中国人用毛笔写字已有两千多年的悠久历史。毛笔因其柔软、富有弹性、伸缩幅度极大，最能表现线条的粗细、方圆、枯润和曲直等各种姿态。而字形的美，就是从变化着的线条中反映出来的。换言之，字的生命、精神和艺术性都有赖于毛笔的表现。以毛笔书写的文字，充分利用"奇怪生焉"的特性，塑造出千变万化的书法艺术形象，使字的体态风格和传统绘画作品一样，有的柔婉，有的俏丽，有的灵气，有的疏阔，有的雄厚，有的狂放，有的谨严。

3.以民族语汇为书写内容

书法艺术深深扎根于中华民族文化的沃土，是中华民族文化艺术之精华。

首先，无论哪一个书法家，也无论书写的是楷、行、草、隶、篆中的哪一种书体，抑或是不同的风格，在书法语义上都昭示着一种带有共性的社会情感，彰显了所处时代的精神。王羲之的《兰亭集序》，不仅妙在书法，且在"序"的内容；苏东坡的《黄州寒食诗帖》，精彩的不只是书写，还有精辟的"诗"意。

其次，中国书法艺术历来注重美与善的统一，特别强调法与意的结合、文与质的完满。在书法艺术史上，任何片面追求单纯形式之形式的"唯美"论者，都必然失去其艺术的真正价值；而唯有文质相兼、尽善尽美，方可人书流芳、千古不朽。

最后，中国书法作为人文精神的载体，具有书象符号与语义符号的双重内涵。书象符号是文化人格的物态体现，语义符号则是思想感情的直接流露。古人论书，皆文墨并举。两者的相互契合、交相为用，使中国书法的文化品位不断雅化和提升。

4.以个性风格为艺术特征

书法"附丽"于文字，文字因其实用性功能而要求书写趋于秩序化、规范化和法则化。书法因其审美功能而要求书写趋于主体化、个性化和艺术化。因此，书法史上，晋代羲、献父子虽属家法薪传，但并不妨碍两人形成各自的个性风格；唐代欧、颜堪称楷法森严，但两人照样各自成家。正是由于书法家所追求的意境和吸收传统的不同，形成了各自的个性和笔墨情趣，才使中国书法艺术具有无穷的魅力。

（二）书法的审美特征

书法艺术通过汉字的书写将丰富的历史、社会及人文气息传达给观众。书法不是诗，却有诗的韵味；不是画，却有画的意境；不是舞，却有舞的节奏。

1.笔墨之美

汉字的每种字体有丰富的书写特色和艺术风格，线条体现了书法作者的生命。不同书体线条的美感不同，如楷书要求线条规整敦实，行书则要求线条流畅飘逸等；粗细一致、毫无节奏感的线条也会丧失其美感，所以准确地表达出线条的节奏、情绪、质感，就需要书法家具有细腻的手上功夫，这也是学习书法最应具备的。书之韵味取决于笔墨，体现了书法家的生命气韵。古人云，"墨分五色"，即焦、浓、中、淡、清。墨的颜色虽然只有黑色，但书法家可以通过控制墨中的水分来表现丰富的墨色层次，从而使作品具有强烈的色彩层次之美。

2.结构之美

不同的汉字有着不同的笔画数量、笔画位置、笔画形态，因而造就了丰富多彩、千变万化的汉字结构。书法家用字的结构来表达物象的结构和生命力，不同书体对于间架结构的审美要求是不同的。如楷书要求结构严谨肃穆，行书、草书则要求结构灵活多变等。所以结构是否和谐是决定一个字成功与否的重要因素。王羲之和颜真卿写同样的字，由于各自结构的差异，会呈现出迥然不同的艺术效果。这些或平稳、或欹侧、或险峻、或迎让、或向背的汉字结构呈现出生动自然、虚实相生、轻重协调却又不失浪漫洒脱的精神面貌，给人以美的享受。

3. 章法之美

章法是指书法作品整体的构成和布局，需要书法家在对作品内容准确理解的基础上运用章法布局的要领将作品表现出来。"疏可走马，密不透风"体现了章法布局的核心美学原则，正所谓一点乃一字之规，一字乃终篇之准，即通篇需要做到首尾呼应、疏密得当、气息流畅、意蕴飞扬。这种合理的"排兵布阵"有利于巧妙地将书法家的情感和审美情趣表达出来。

4. 形式之美

书法既有艺术性，也同时具有实用性的特点，不同形式的书法作品适用于不同的场合。传统的书法作品形式有中堂、对联、条幅、扇面、册页、横幅、条屏等。书法家可以通过不同的装裱手段，对作品进行进一步加工完善，使其变得更有艺术性和装饰性。

在全球化语境中，书法独特的笔墨韵味和书卷气息，既是民族身份标识，亦成为跨文明对话的美学桥梁，凝结了中国传统艺术精神。中国书法产生、生长于中华民族文化的沃土，要固守它的民族本位性和文化根性，让其在世界艺术之林中成为独具个性的艺术样式。

第四节　表现艺术的鉴赏

表现艺术作为一种强烈的情感表达方式，通过夸张、变形等手法，将艺术家内心的情感与观念呈现于观众面前。在鉴赏表现艺术作品时，我们不仅需要理解其形式语言，更要深入体会其中蕴含的情感力量和哲学思考。

在鉴赏表现艺术时，应尝试与艺术家的情感产生共鸣，理解作品背后的情感和思想。例如，在音乐鉴赏中，听者不仅要感受旋律的美，还要试图理解作曲家通过音乐传达的情感和故事。

首先，鉴赏表现艺术作品时，需要关注其形式与风格的独特性。表现艺术家常常通过扭曲的形状、强烈的色彩对比以及非传统的构图方式来传达情感。在鉴赏时，应仔细分析作品的形式元素，理解艺术家如何通过这些元素来强化情感的表达。

其次，理解表现艺术作品背后的情感与思想是鉴赏的关键。表现艺术不仅仅关注外在世界的再现，更强调艺术家内心的体验与感受。鉴赏者需要通过作品的形式，感知艺术家所传达的情感状态，并尝试与之共鸣。

再次，鉴赏表现艺术还需要了解艺术家的创作背景与思想观念。表现艺术作品往往与特定的社会文化背景和艺术思潮相关联。例如，表现主义运动在 20 世纪初的德国兴起，是对当时社会动荡与精神危机的一种反映。了解这些背景信息，有助于鉴赏者更准确地理解作品所传达的思想与情感。

最后，鉴赏表现艺术作品时，还需要具备开放的心态和批判性思维。表现艺术常常挑战传统的审美观念和艺术形式，要求鉴赏者跳出惯常的思维模式，以更加开放和包容的态度去接受和理解作品。同时，批判性思维则有助于鉴赏者深入分析作品的形式与内容，评价其艺术价值与思想深度。

一、音乐鉴赏

音乐是人类创造的一种声音艺术，音乐艺术通过声音直接激发人的情感与联想，从而带给人们审美的愉悦。世界各民族的音乐，反映着各自的历史、文化、风俗、生活和情感。

（一）音乐的基本元素鉴赏

1. 旋律

旋律是音乐的灵魂，通过一系列音符的排列组合，传达特定的情感和意境。旋律是塑造音乐形象最主要的手段，可表达喜悦、悲伤、愤怒等多种情感。不同风格的音乐旋律不同，古典音乐的旋律较严谨、优美，流行音乐的旋律更通俗、好记。听者需要关注旋律的起伏、音高走向的情感暗示以及音符之间的关联，感受其带来的美感。

2. 和声

和声通过不同音符的同时发声，创造出丰富的层次感，它包含和弦。和弦是由三个或三个以上不同的音符组成的，这些音符可以是自然音、变化音或增减音。和声可使简单的旋律变得丰富、厚重，不同的和弦在调性音乐中扮演着主音、属音、下属音等功能。听者可以分析和声的构成、和弦的转换以及和声对旋律的衬托，体会和声在音乐中的独特作用。

3. 节奏

节奏包括乐音的长短和强弱等，通过不同音符的组合和排列，形成有规律的强弱、长短变化，使音乐具有韵律感和表现力。节奏赋予音乐以生命，决定了音乐的步伐和动感。听者应注意节奏的快慢、强弱变化以及与其他音乐元素的配合，感受节奏带来的律动感。

4.动态

动态指的是音乐中声音、力度、音色等要素在时间维度上的强弱变化，它体现了音乐的张力和表现力。利用不同声音元素的动态变化，可以构建丰富的音乐层次。听者可以通过对比不同乐段的强弱变化，感受音乐中的动态美。

5.音色

音色是音乐的质感，不同的乐器和声音处理方式会带来截然不同的听觉体验。听者可以辨别不同乐器的音色特点，以及声音处理方式对音乐的影响。

（二）音乐作品的背景与内涵鉴赏

1.了解作曲家与时代背景

每部音乐作品都是在特定的历史和文化背景下创作的。了解作曲家的生平、时代背景以及作品的创作动机，有助于听者更深入地理解音乐的内涵和风格。

2.分析音乐作品的情感表达

音乐作品中往往蕴含着丰富的情感。听者可以通过分析旋律、和声、节奏等元素，感受作品中表达的情感，如喜悦、悲伤、愤怒等。

3.解读音乐作品的象征与隐喻

有时音乐作品会运用象征和隐喻等手法来表达特定的主题或思想。听者需要运用自己的想象力和联想力，解读作品中的象征与隐喻，从而更深入地理解作品的意义。

（三）音乐表演艺术的鉴赏

1.演奏技巧和风格

音乐表演者的演奏技巧和风格对音乐作品的表现力有着重要影响。风格作为一种音乐文化趣味和形式要素、一种演奏中必不可少的认知概念和外显形态，是反映作品主题、精神内涵、情绪情感和审美趣味的重要因素。听者可以关注演奏者的技巧运用、风格特点以及个人表现力等方面，感受其对音乐作品的理解和演绎。

2.声音表现

声音是音乐作品的基础。音乐用旋律、节奏、调性、和声等手段来丰富色彩和情感。听者可以关注演奏者声音的清晰度、纯净度以及音色特点等方面，感受其声音表现力的强弱和美感，体悟演奏者的内心感受在乐音上的表现。

3.节奏和速度的把握

适当的节奏和速度可以让作品更加生动。在技巧熟练、理解深入、表现自如的基础上掌握好恰当的速度，就能使乐曲表现得更加动人。听者可以关注演奏者对节奏和速度的把握是否准确、恰当，以及其对作品整体氛围的营造。

（四）提升音乐鉴赏能力的方法

1.积累音乐知识

掌握基本的音乐理论知识和术语，包括旋律、节奏、和声、音色、动态等；了解不同音乐流派和风格的特点，如巴洛克、古典、浪漫、现代等，有助于听者更准确地理解和评价音乐作品。

2.多听音乐作品

经典艺术作品都是内容与形式、思维性与艺术性的完美统一，有着强大的艺术感染力和深刻的教育力量。通过聆听大量不同类型的中西方经典音乐作品，培养和提高音乐感，使听者对音乐作品的形式、内容以及音乐的旋律、节奏、和声等方面形成一些具体的认识和深入的了解，从而提高对音乐作品的敏感度和理解力。

3.参加音乐活动

音乐会、音乐节通常有来自不同国家和地区的音乐人和乐队参与，汇聚了各种不同风格的音乐。参加音乐会、音乐节等音乐活动，可以近距离感受音乐表演艺术的魅力，了解到不同音乐风格的特点、表现形式和文化背景，拓展自己的音乐视野，提升对音乐作品的鉴赏水平。

4.培养审美能力

审美能力是鉴赏音乐作品的重要基础。听者可以通过阅读艺术书籍、欣赏绘画作品等方式，培养自己的审美能力和艺术修养。

二、舞蹈鉴赏

舞蹈鉴赏是在动态艺术中感受人类情感的共通性。五音交替而成音乐，俯仰回旋乃为舞蹈。在舞蹈鉴赏中，观众应观察舞者的动作和表情，感受舞蹈所表达的情感深度和艺术境界。

（一）要善于把握作品的思想内涵和情感表达

舞蹈作品是对现实生活的形象展示，它渗透着舞者的生活体验、美学追求和价值取向。只有把握了作品的思想内涵，才能获得更多美的享受和启迪，才能引起心灵深处的共鸣。

（二）要了解舞蹈的表现形式

1.动作

舞蹈动作包括上身的舞姿和下身的舞步，它是舞蹈艺术创造的基本单元。舞蹈动作的形态美、韵律感和技巧性本身就具有很强的形式美和欣赏价值。从某种意义上说，欣赏舞蹈就是欣赏舞者的动作。通过感受舞蹈的基调和动作，捕捉其最直观的情感冲击。

2. 造型

在动与静的舞蹈动作组合中，舞蹈造型呈现出舞蹈艺术的形态美和神韵美。如在舞剧《丝路花雨》中，英娘反弹琵琶的舞蹈动作组合，展现出敦煌舞的特点和英娘天真、淳朴的性格。舞蹈造型是舞蹈艺术中凝固的"瞬间诗篇"，体现了动态的静态化、情感的具象化和意境的符号化。

3. 手势

舞蹈手势包括手指、手掌、手腕和手臂各部位的配合与运动。这些源自生活但经过了美化的舞蹈手势，如同语言一样，有着内在的意蕴，是舞蹈艺术中不可或缺的灵魂语言，对营造意境、塑造角色以及传达人物的情感有很大的作用。

4. 表情

舞者通过面部的表露、手臂的传情、躯体的摆扭、足部的移动来表达内在的情感。我国的舞蹈就特别强调眼神的应用，要求舞者通过眼睛表露出特定的心理状态。

5. 构图

舞蹈构图包括舞蹈画面和舞蹈队形，它是舞蹈表现内容和表达特定情绪的手段。如舞剧《丝路花雨》第四场神笔张"梦幻"一段中，众伎乐天神的队形变化营造了优美的仙境和典雅的气氛，表现了神笔张的内心思绪和对美好生活的憧憬。

三、书法鉴赏

书法鉴赏要求观众不仅要欣赏字形和笔墨的美感，更要体会书法家通过作品形式内容所表达的意境和情感。通过这样的鉴赏过程，观众能够更加深入地理解艺术作品，从而获得更加丰富和深刻的审美体验。表现艺术的鉴赏不仅是一种审美活动，更是一种情感和思想的交流，它能够促进观众的个人成长和精神发展。

（一）从欣赏笔法入手

笔法是指书写的笔画要合乎规矩法度。用笔有"四要素"：用笔须平，如锥画沙；用笔须圆，如折钗股，如金之柔；用笔须留，如屋漏痕；用笔须重，如高山坠石。笔画是汉字的构成元素，也是书法美的物质基础。用笔时应讲究提按、粗细、轻重、强弱、徐疾和起笔、收笔的方法技巧；行笔时应具有节奏和韵律，使所写每一个字的点、横、竖、撇、捺、挑、钩、折等笔画都笔笔入法。只有把一笔一画写好，整个字才会美观，才会圆润厚重、富有质感。因此，在欣赏书法用笔时，首先应注意笔画是否具有实在的形体感。成功的书法用笔，即使是细如游丝、轻若蝉翼，也能使人感到具有某种体积或某种厚度；而失败的书法用笔，则是平贴、飘浮在纸上的，没有实在的形体感。其次，应注意笔画的长短、粗细和浓淡是否多变而适宜。成功的作品，若干笔画皆有变化，或长或短，或粗或细，或曲或直，或浓或淡，或回锋收笔，或露锋收笔；失败的作品，则若干笔画一模一样。再次，应注意笔画的"骨肉"是否相称，"筋脉"是否相通。古人说："善笔力者多骨，不善笔力者多肉；多骨微肉者谓之筋书，多肉微骨者谓之墨猪。"即骨肉筋脉应以骨和筋为主，以肌肤血脉为辅。只有"丰骨多筋"，才能达到美的境界。

（二）重视欣赏结体

结体，又称"结字""结构""间架"等，是指一个字按照文字的构成原则和美的规律，进行笔画间的合理安排。王羲之在《题卫夫人〈笔阵图〉后》中就强调，必须"凝神静思，预想字形、大小、偃仰、平直、振动，令筋脉相连，意在笔先，然后作字"。这也就是说，书法要写出仪态活泼而富有生命力的形象，不能以点画的平庸搭配为满足，这种形象的创造，是与"意"紧密关联着的，即受作者艺术构思驾驭的。古代书法家们论述"字形在纸，笔法在手，笔意在心，笔笔生意"等，正道出了这一审美原则的内涵。他们要求"行行要有活字，字字须求生动"，对每个字的长短、大小、疏密和宽窄等，总是精思熟虑、意随心到、笔随势生，使之曲尽其美，富有生趣，让人从静止的字形中领略出活泼飞舞的动势，给人以凝神观赏及回味无穷的艺术享受。

（三）注意章法布局

章法是指一件作品中字与字之间、行与行之间，以及所留空白的整篇布局和总体效果。章法所蕴含的美感、反映的情景是作者的心迹流露，是人格的真实写照。好的章法布局，各字之间顾盼有姿、错落有致，各行之间气势不断。丰子恺在谈欣赏吴昌硕的作品的体会时说："各笔各字各行，对于全体都是有机的，即为全体的一员。字的或大或小，或偏或正，或肥或瘦，或浓或淡，或刚或柔，都是全体构成上的必要，绝不是偶然的。"书法的美在于整体的和谐，而局部的审美价值也须从整体去衡量。

（四）领悟内在精神

所谓内在精神，就是书法作品中体现出来的书法家的人格美。书法和其他艺术一样，都是富有生命力的。古代书法家一向就有"书者，心之迹也"的说法。好的作品必定倾注着书法家强烈的思想感情，这些内在的感情真实地蕴含在笔画之中，人们可以通过书法的外形，潜移默化地受到书法家人格的熏陶。因此，欣赏书法艺术，固然不可忽视对一笔一画、一字一行和整体作品的外形的观赏，但是还需要了解书法家所处的时代，以及他们的生活态度、人格与书写的内容、技巧之间的关系，只有这样，才能进入物我两忘的至高审美境界。

📑 本章小结

　　本章主要探讨了艺术美育的核心内容，包括造型艺术和表现艺术的特征与鉴赏。造型艺术的特征涵盖了美术、建筑和摄影等领域，它们通过视觉表达展现了艺术创作的魅力。表现艺术则涉及音乐、舞蹈和书法等领域，它们的特征体现在旋律与节奏、动作与情感以及笔墨与意境等方面。

💡 思考练习

1. 造型艺术和表现艺术在表达方式和感受上有什么不同？
2. 你认为在鉴赏艺术作品时，最重要的是什么？
3. 描述一段你最喜欢的音乐作品或舞蹈表演，并说明它为什么吸引你。
4. 列举至少三种造型艺术的具体表现形式，并简要描述它们的特点。

第六章

艺术美育（下）

学习目标

理解语言艺术和综合艺术的特征，并能够举例阐释；掌握语言艺术和综合艺术的鉴赏方法，并能够应用到艺术美育的学习之中。

内容概要

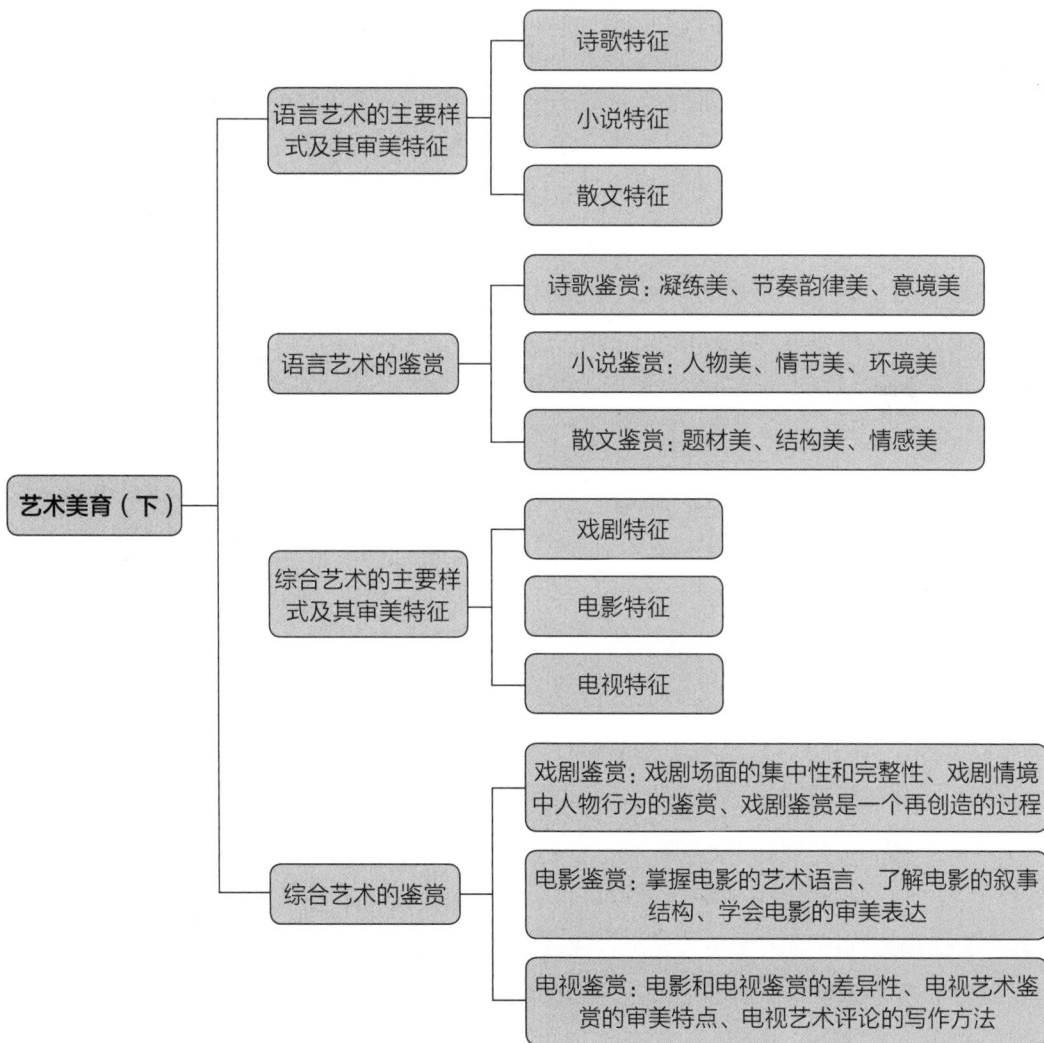

本章导读

艺术美主要体现在艺术作品的具体感性形式中。大学生需要掌握艺术类型和样式的基本知识，了解各类艺术的审美特征，并掌握相应的鉴赏方法，这些都是评估和欣赏艺术美的基础。艺术类型和样式是艺术内容的表现方式、内部结构和表现手段，体现了人类历代创造性艺术实践的积累。学术界对艺术类型的划分存在多种视角和标准，可能基于审美主体的感知方式、作品的存在形式或作品对现实生活的反映重点。

第一节　语言艺术的主要样式及其审美特征

一、语言艺术的主要样式

语言艺术作为一种艺术形式，以语言符号为媒介，创造出富有审美意蕴的生动形象。它利用符号表意系统传达审美体验，激发读者的联想和想象，从而塑造艺术形象，反映社会生活，并表达创作者的审美观念和理想。这种艺术形式通常被称为文学。根据文学作品的体裁，可以将其分为诗歌、小说和散文三种类型。在中国古代文学的发展中，诗歌和散文是最早形成的，而自宋元时期以来，小说则得到了迅速的发展。这种分类方法是基于文学发展的实际情况而制定的历史性划分。

（一）诗歌

诗歌是一种以高度凝练的语言、强烈的情感色彩和丰富的想象力，集中反映社会生活并具有一定节奏和韵律的文学体裁。作为最早出现的文学形式，诗歌最初与音乐和舞蹈结合，形成一种综合艺术样态。《毛诗序》中提道："诗者，志之所之也。在心为志，发言为诗，情动于中而形于言，言之不足，故嗟叹之；嗟叹之不足，故永歌之；永歌之不足，不知手之舞之，足之蹈之也。"这段话表明，诗歌是表达志向和情感的载体，情感在内心激荡，通过语言表达出来；如果语言无法充分表达，便会发出感叹，若感叹仍不足以表达，则会不由自主地手舞足蹈。这不仅指出了早期诗歌、音乐和舞蹈的结合，也强调了诗歌在抒情和表达志向方面的重要性。我国是一个诗歌的国度，第一部诗歌总集《诗经》收录了从西周初期到春秋中叶约五百年间的诗作，共305篇。屈原是中国文学史上第一位杰出诗人，他的长篇抒情诗《离骚》开创了"骚体"诗歌的先河。因此，《诗经》被视为我国现实主义的源头，而《离骚》则是浪漫主义的起点。在西方文学史上，流传最广、影响最大的作品是古希腊的荷马史诗《伊利亚特》和《奥德赛》。

在中外文学史上，诗歌历史悠久且广泛流行，名篇佳作不胜枚举。诗歌可以从多种角度进行分类，按照反映对象和表现方式的不同，可分为抒情诗和叙事诗。抒情诗专注于表达诗人的思想感情和内心世界，特点是直抒胸臆，常常借助景物来抒发情感。根据内容的不同，抒情诗又可细分为情歌、颂歌、牧歌和挽歌等。抒情诗并不追求故事情节的离奇曲折和人物形象的典型性特征，而是注重诗人思想感情的抒发，即使是描绘自然风光和人情世态，其落脚点终究是借景抒情、情景交融，为抒发情感这一根本目标服务。而叙事诗则偏重对客观事物的描述，尽管无须像小说中刻画典型环境中的典型人物那般，还是要求有完整的故事情节和鲜明的人物形象，并且在叙述中蕴含诗人的个人情感。叙事诗包括史诗和普通叙事诗两种，史诗进一步分为创世史诗和英雄史诗。创世史诗通常以韵文形式呈现，带有故事性质，常在宗教和民间仪式中被吟唱。创世史诗大都产生于原始氏族社会，反映了从开天辟地、万物起源、人类诞生、洪水泛滥到刀耕火种、畜牧渔猎等漫长而悠久的人类生活。创世史诗通常囊括了各民族最具影响力和广泛流传的神话故事，将众多神话人物和情节有机地融合，构建成一个和谐统一的整体结构。这些史诗展现了民族精神的核心。而英雄史诗则描绘了从原始社会向奴隶社会过渡时期的英雄人物，随着神性光环的逐渐褪去，人性光环逐渐聚拢，通过弘扬各民族英雄人物的英雄事迹，为人们提供崇拜的偶像。

按照形式来划分，诗歌可分为格律诗和自由诗。格律诗亦称近体诗，是唐代以后发展成熟的诗体，包括绝句和律诗两种形式。根据每句的字数，又可细分为五言和七言的绝句与律诗。这种诗体在篇章结构和句式上都有明确的规定，在音韵方面也遵循一定的规律。格律诗以其结构的严谨性、字数和行数的固定性、平仄和押韵的严格规则而著称，追求结构的完美和谐和音韵的协调，具有强烈的节奏感与韵律美。在西方，格律诗通常以单行或双行为标准，每节有固定的行数，每行有固定的字数，韵律和换韵都遵循特定的规则。十四行诗起源于意大利，是一种格律严谨的抒情诗体，以彼得拉克的作品为代表，以其整齐的形式和优美的韵律而闻名，主要歌颂爱情和表现人文主义思想。自由诗则打破了传统格律的束缚，押韵自由，语言自然流畅，由惠特曼首创，其《草叶集》是自由诗的代表作。五四运动后，自由诗在中国兴起，被称为白话诗或新诗，郭沫若的《女神》是其中的典型代表，充分体现了五四时期激昂的时代精神。

（二）小说

小说作为散文体叙事文学的一种形式，以塑造人物形象为核心，涵盖人物、行为和环境三大要素。它的起源可追溯至街头巷尾的闲谈和趣闻。相较于诗歌，小说起初并不被重视，但随着市民阶层的崛起，小说的地位逐渐提升。如今，小说成为最受欢迎的艺术形式之一，许多影视作品也基于小说改编。小说种类繁多，根据不同的划分标准，有各式各样的小说名称。

小说的分类通常基于其篇幅的长短，分为长篇小说、中篇小说和短篇小说三种类型。长篇小说的字数通常从几十万到上百万不等，涉及广阔的生活场景和深远的历史脉络。这类作品的环境描写精细且广泛，人物众多且关系错综复杂，能够从多个视角展现人物性格的多样性和成长轨迹，故事线索也往往错综复杂，多条故事线并行发展，相互影响。长篇小说不仅揭示了社会生活的本质和时代特色，而且在文学价值上具有不可替代的社会意义。中篇小说的字数介于三四万字到十万字之间，其环境和人物的复杂性依据篇幅而变化，特点是内容集中、故事紧凑，比长篇小说更集中，比短篇小说更丰富。短篇小说的字数通常在三四万字以下，它们选择具有典型性的主题，环境和人物的描写相对简略，人物关系和故事情节也更为简洁，通常聚焦于一个核心事件，快速展开并解决冲突。

按照题材内容，小说可以分为武侠小说、神魔小说、言情小说、志怪小说、侦探小说、科幻小说等。武侠小说多以侠客和义士为主人公，刻画他们武艺高超、急公好义和自由洒脱的人物形象，多以江湖恩怨、儿女情仇、行侠仗义为主题，通过刻画江湖中的英雄豪杰，展现了文化底蕴和民族精神。鲁迅在其著作《中国小说史略》中首次界定了神魔小说这一概念，指出儒、释、道三教的纷争难以调和，他提道："所谓义利邪正善恶是非真妄诸端，皆混而又析之，统于二元，虽无专名，谓之神魔，盖可赅括矣。"[1]神魔小说常涉及超自然现象，反映社会现实和人情世故。这类作品在明清时期特别流行，以《西游记》为代表。言情小说也被称作才子佳人小说，以讲述男女之间的悲欢离合为故事线，通过完整的故事情节和具体的环境描写反映爱情心理和事物状态。言情小说的源头可追溯至唐传奇中描写爱情的传奇。《莺莺传》《李娃传》《霍小玉传》被称为"三大爱情传奇"。

纵观小说观念的演变，小说总是致力于人物性格的刻画，故事情节描述完整生动，其演变反映了从追求对人物性格特征的真实刻画到深入探索人物内心世界的复杂性。根据一些小说评论家的观点，小说的发展历程大致经历了三个阶段：故事小说、性格小说和心理小说。故事小说以完整的情节展示为核心；性格小说以人物性格的刻画为中心，强调人物的独特性、复杂性和丰富性，不仅描述人物行为，还探讨行为背后的动机，揭示人物的精神世界和深层内心；心理小说则着重于描绘人物的内心世界，通过故事情节来阐释人物行为的内在心理根源，展现人物对环境的直觉感受和心理活动，以此描绘社会和人生。

---

① 鲁迅.中国小说史略[M].北京：中国书籍出版社，2020:104.

（三）散文

散文以其灵活性和自由性著称，不受过多限制，覆盖广泛的主题，并且强调表达作者的真实感受和体验。散文可以叙述事件，但不需要完整的情节或以塑造人物形象为主；它可以表达情感，却不受诗歌格律的限制。散文既具有实用价值，也拥有艺术价值。广义上的散文包括除韵文和骈文外的所有散体文章，而狭义上的散文则专指具有文学性质的散文。文学性散文主要分为抒情性散文、叙事性散文和议论性散文三种类型。抒情性散文着重于表达作者独特的情感和思想；叙事性散文关注人物或事件的叙述，并在其中融入作者的情感和价值观；议论性散文则以论述为主，生动地阐述观点和评价社会现象。

抒情性散文的典型形式是小品文，叙事性散文的代表包括报告文学和传记文学，议论性散文的代表是杂文。具体来讲，小品文作为抒情性散文的典范，以短小精悍和情感丰富而著称。这类散文内容广泛，涉及世间百态及自然景观，形式多样，包括古代文学中的序、跋、记传和书信等。小品文虽然篇幅不长，却能深刻表达内涵，引发深远的思考。它们或从日常小物中提炼哲理，或用诗意描绘自然与个人情感，或用真诚笔触描述亲情与爱情。小品文可能不直接关联重大社会历史事件，但有助于提升读者的情操和生活品位。报告文学以其迅速捕捉并艺术性地呈现社会重大事件和广泛关注问题的能力而闻名。它要求具备及时性、真实性和文学性：及时性指快速反映现实新现象，把握时代精神；真实性要求所描述的人物和事件基于事实，不得虚构；文学性则要求在保持真实的基础上，展现对象的典型特征，传达作者的观点和情感，提高作品的吸引力和说服力。与小说相比，报告文学不是由人物形象和故事情节贯穿全篇的，而是用鲜明的主题思想将描写片段串联起来。传记文学采用艺术手法来刻画真实人物的性格和关键事件。在我国，传记文学有着悠久的历史，《史记》的人物列传是中国传记文学的典范。这种文学形式结合了真实性和文学性，允许在保持历史真实性的基础上进行艺术加工，进行合理想象和补充细节，以塑造立体真实的人物形象。杂文则是议论性散文的代表，它是一种兼具文艺性和政论性质的文章，能够发挥批评和战斗的作用。鲁迅的杂文是这种文体的典型例子。杂文直面社会现实问题，批评时弊，揭露现实中的不公和虚伪。它们简短而有力，其影响力不仅来自逻辑和理论的阐述，还来自语言艺术的运用，特别是幽默和讽刺这两种写作技巧，能够有效吸引读者并增强文章的说服力。

二、语言艺术的审美特征

语言艺术即文学，文学是用语言表现生命的。语言作为抽象符号系统，不同于形状、色彩、质料等形式美，能够直接作用于人的感官，而是需要读者在脑海中通过想象构筑审美情境，将语言文字具象化为具体的图像，才能深刻理解其内在的生命力。由于语言符号的特性，语言艺术展现出了与其他艺术形式不同的美学特质。语言艺术的审美特征包括间接性、创造性、人文性和审美性。

首先，语言艺术的审美具有间接性特征。这意味着语言艺术中的形象不是直接作用于读者的感官，而是需要读者以语言符号为媒介，借助个人的联想和想象来间接感受和理解。换句话说，读者必须将语言文字转化为具有审美意义的心理图像。这一过程要求读者主动参与，通过创造性解读语言，构建起个人的审美体验。这一过程是文学文本与读者视域融合的过程。语言文字是抽象的符号系统，面对一部文学作品，若不识字、不能理解作品内容，便无法获得美感。读者要想体会语言文字的魅力，不仅需要理解语言文字的字面意义，还需要把语言文字转换成内心的审美意象，并基于个体的审美经验，真正体会语言文字之美。

其次，语言艺术的审美具有创造性特征。文学审美是一种读者再创造的活动，一方面是语言艺术形象转换中的创造性，另一方面是文学形象多元意蕴探寻中的创造性。每个读者的生活阅历、审美经验不同，通过联想和想象形成的文学形象各有不同，正如"一千个读者眼中有一千个哈姆雷特"。此外，文学形象的多义性、象征性、立体性也为文学审美提供了更多的创造可能性。

再次，语言艺术的审美具有人文性特征。语言艺术的人文性特征主要体现为阅读优秀文学作品可以陶冶性情、锤炼意志、形塑正确的价值观、健全人格。同时，文学审美的人文性特征体现在通过语言塑造的人物形象，可以引起读者的共鸣，会在阅读过程中将自己不自觉地嵌套在主人公的形象中，与之同喜同悲，彰显文学作品的情感性和思想性。文学审美通过语言来观照整个生命存在，从而引导读者重新思考生命的价值和意义。

最后，语言艺术具有审美性特征。语言艺术的审美性特征主要体现在情感性、陌生化和模糊性三个方面。文学语言服务于审美目的，即启迪内心感悟、唤起作者情感，因此，情感性是文学语言最基本的特征。语言艺术的情感性是唤起审美主体的情感和态度，而不是对客观事物进行事实陈述。语言艺术的陌生化是指通过打破日常语言规则，使语言产生变形，从而造成语言的疏离感和陌生化效应，以表达特殊的情感思绪，读者通过文学语言的解读，能够体验到新颖而独特的审美体验。语言艺术的模糊性体现在语言的能指与所指之间的差异上，这种差异带来了语言的多义性、歧义性和反义性，进而丰富了文学的表意和增加了其模糊性。在这里，"能指"指的是语言的表达形式，而"所指"则是语言所要传达的具体内容。文学语言追求的是语义的丰富性，它通过能指与所指之间的错位来创造语言的歧义和多义，从而形成了文学语言的模糊性特征。

以上内容从间接性、创造性、人文性和审美性四个方面对语言艺术的审美特征进行了总体性概述，下面将从文学体裁的角度对诗歌、小说、散文的审美特征进行具体分析。

（一）诗歌的审美特征

诗歌是语言凝练、结构跳跃、富有节奏感和韵律美，高度集中地反映生活和表达思想感情的文学体裁。诗歌的审美特征主要体现在以下三个方面。

首先，从直观形式来看，诗歌以其韵律美和语言的凝练性而著称。诗歌语言的音乐性是其显著特点，这与诗歌最初与音乐和舞蹈结合的传统有关。为了适应音乐和舞蹈，诗歌注重声韵和节奏。随着诗歌逐渐发展为独立的文学形式，其声韵和节奏特点变得更加突出，并得到了进一步的发展和完善，格律诗便是其成熟的体现。近体诗的出现是人们对诗歌声韵和节奏深入探索的结果。在近体诗中，等字数的分行和有规律的句式停顿产生节奏感，平仄的声调变化和韵脚的交替出现形成旋律感，从而构建了近体诗严谨而典雅的韵律美。古典格律诗通过轻重音的规律性交替变化来划分音步，通过押韵和变化句式或韵脚等方式来划分诗节，构成了其特有的韵律美。现代诗歌虽不严格遵循古典格律，却展现出更自由的韵律美。与韵律美相辅相成的是诗歌语言的高度凝练性。与其他文学形式相比，诗歌篇幅短小，且受韵脚和节奏的限制，这要求诗歌的语言必须极为凝练，内容高度集中，这种凝练性也成为诗歌的一种审美特征。读者在读诗歌时，常能感受到诗人在炼字上的巧妙，令人回味无穷。

其次，从诗歌塑造的艺术形象而言，诗歌的审美特征是情感充沛，富有抒情性和想象力。诗歌是"情动于中"的产物，长于抒情。诗人往往通过诗歌这种形式表现郁结于心的情愫，因此，诗歌洋溢着丰富的情感色彩。以《诗经》为例，虽包含少量叙事史诗，但其主体是表达情感和志向的作品，可以认为《诗经》是一部抒情诗集。从《诗经》起，中国抒情诗的繁荣发展就显现出独特的民族文学特色，此后，中国诗歌沿着《诗经》所开创的抒情言志之路不断发展，抒情诗成为中国诗歌的主要形式。人的情感复杂而微妙，诗歌要捕捉到这种微妙的情感，就需要将不可名状的情感转化为具体生动的形象，这就需要想象力的介入，因此，诗歌在充满情感和抒情性的同时也极富想象力。情景交融就是把个体情感和自然景象相互交融，形成一种水乳交融的状态。完成情景交融的黏合剂正是想象力，通过想象将抽象的情感具象化为具体可感的艺术形象，想象因为渗入了情感因素而具有了强大的感染力和审美价值。

最后，在诗歌的结构上，其审美特征之一就是跳跃性。由于诗歌语言的精练和想象力的丰富，加之情感的波动，诗歌往往不遵循常规逻辑的线性发展。相反，它遵循情感和想象的内在逻辑，经常省略了过渡和转折的词汇，以适应情感和想象的快速跳跃。这种强烈的情感表达促使诗歌采用反复和回环的艺术手法，增强了节奏感，这也是诗歌韵律美的一个重要方面。同时，诗歌中的这种大幅度跳跃在结构上创造了许多空白，为读者的想象提供了广阔的空间。

（二）小说的审美特征

小说是一种侧重刻画人物形象、叙述故事情节、描写生活环境的文学体裁。小说的构成三要素是：人物、情节和环境。小说的审美特征也包括三个方面。

第一，小说在塑造人物性格方面具有独特的优势，能够全面而细致地描绘人物。现实生活中的人物性格差异巨大，从言行举止到谈吐仪表各不相同，文学作品难以完全展现这些差别。诗歌在刻画人物时往往只能捕捉到一些基本特征，而叙事性散文则受限于真实事件和人物。相较之下，小说不受时空限制，提供了更广阔的表现空间。在传统的小说中，人物性格的刻画通过仪表、语言和行为等方面来体现。现代小说则更进一步，能够直接描绘人物的性格和心理活动，这不仅依赖于作者对日常生活的细致观察，还需要深刻的内心体验，使得小说人物形象更加丰富和主观。有些小说特别强调人物塑造，作者在这些作品中可能会淡化情节和环境的描写，转而关注人物的心理状态，现代小说中这种淡化情节、聚焦心理的倾向愈发明显。意识流小说将情节和环境完全融入主人公的主观心理和感觉体验中，打破了主客观之间的边界，将梦境、幻想和现实相互交织。

第二，小说有完整的故事情节。现实生活中的矛盾和冲突多种多样，只有将它们按照逻辑有序地组织起来，才能转化为小说中的情节。精妙的情节设计往往出乎读者意料，却又在情理之中，它们错综复杂、多线发展，却又井然有序，展现了作者的巧妙构思。叙事诗和叙事性散文虽也包含情节，但通常比小说简单且零散。诗歌的典雅和规整与复杂情节难以协调。小说的篇幅和容量最为灵活，表现手法的限制也最少，使得复杂的情节得以在广阔的时空中展开，多线并进，读者通过反复阅读和深入品味，能够发现作者的精妙构思，获得审美的愉悦。那些侧重情节的小说也被称作情节小说，它们通过设置悬念和制造矛盾来激发读者的紧张和期待，在悬念揭晓和矛盾解决的过程中使读者的内心得到释放，产生心理快感。

第三，小说可以描绘具体可感的环境。小说要刻画人物形象及故事情节，需要在特定的环境中进行，人物的典型性、多面性，情节的曲折性、丰富性，只有放到特定环境中才能确定。尽管叙事诗和叙事性散文也有环境描写，但不会像小说中那样具体详细，只有在小说中，客观具体的环境描写才有可能性。小说的环境描写可以非常细腻逼真，让读者有身临其境之感。环境的细节描写则是依据人们的经验常识和想象构筑而成的，从而形成真假难辨的艺术效果。

（三）散文的审美特征

散文作为一种文学体裁，以其宽广的题材范围、灵活的结构布局和对真实感受与现实生活的深刻表达而著称。其审美特质主要体现在以下几个方面。

第一，题材广泛多样。散文的题材几乎不受任何限制，允许任何拥有真实情感和创作冲动的人执笔创作。散文的内容可以覆盖从天文到地理、从趣闻到典故、从历史人物到现实事件的各个方面，自然景观和日常生活的点滴亦可成为其描绘的主题。尽管散文可以涉及任何题材，它仍需遵循"形散而神不散"的原则，即在形式上的自由和多样化之下，保持一个清晰和集中的中心思想和主题。这里的"形散"强调散文在取材和表现手法上的自由度，"神不散"则强调散文应传达的核心思想和主题的一致性和集中性，即散文中所蕴含的思想感情和主旨。这个主旨犹如风筝的线，不论风筝飞得多么高远，线始终攥在放风筝人的手中。这就要求作者具有深邃的思想和敏锐的眼光。

第二，结构自由灵活。散文的形式多变，不受体裁格式的限制，篇幅短小而精练，能够灵活地在叙事、抒情、议论之间转换，随意穿插，展现出极大的自由度。一篇优秀的散文虽结构松散，却需围绕中心主题组织材料，做到收放自如。与这种结构相适应，散文在形式上以短小精练为特点，大多数篇幅较短，与表层结构的松散自由相呼应。好的散文简洁有力，不拖泥带水，却在结束时留下深远的余味，给读者以灵活而利落的印象。在语言上，散文追求简洁和优美。不同于诗歌依赖音韵和节奏，也不同于小说依赖人物和情节，散文对语言的艺术性有更高的要求。一篇以论述事理为目的的杂文，如果缺乏语言的艺术表现力，就会失去其艺术的审美特质。由于散文内容多与日常生活紧密相关，其语言需要自然而简洁，避免晦涩难懂。但这种简洁并不等同于枯燥，而是要兼具优美、形象性和表现力。恰当地使用隽永的语句、巧妙的修辞、生动的形象和优美的意境，能为散文增添艺术魅力和阅读的趣味性。

第三，抒发真实感受。散文注重表现作者的生活感受和心情境遇，除了传记文学之外，散文往往不构建完整的人物形象和连贯的情节，而是通过描绘和评价作者亲历的人物与事件来传达其独到的感悟和思想上的启发。各类散文都需要有情感投入，要表现出爱憎分明的情感态度。与诗歌、小说不同，散文的情感态度是真挚、鲜明的，但不像诗歌那般炙热，也不似小说那般含蓄，仿佛是信手拈来，实则是有感而发，仔细品读，余味悠长。

第二节　语言艺术的鉴赏

语言艺术通过文学作品来实现其美育的功能，文学作品通常包含三个层次：语言组织、形象系统和审美意蕴。这些作品涵盖了诗歌、小说、散文等多种文学体裁，每一种体裁都以其独特的方式传达美学价值和思想深度。因此，实施语言艺术美育可以遵循这三条美育途径：语言文体的鉴赏、形象的再创造和审美意蕴的领悟。

第一，引导大学生对语言文体进行鉴赏。在文学阅读中，对语言文体的鉴赏是首要环节，大学生在接触文学作品时，首先感知的是作品的语言结构和体裁。语言文体是读者与作品之间的桥梁，它使读者能够体验作品的形象、内涵和深层意义。要真正领会作品，就需要对语言文体之美有所鉴赏。这包括欣赏文学作品的语音美、文法美和辞格美。语音美关乎作品中节奏和音律构成的语音系统之美，节奏是语音在一定时间内有规律的起伏状态。文法美涉及作品在词汇、语句和篇章上的构造之美，是文学创作的基本规则。辞格美则体现在文学语言中富有表现力且具有一定规律性的表现手法，如比喻、排比、对偶、夸张、拟人、象征等。同时，对不同文学体裁的审美特征也需有所把握，如诗歌的凝练性、跳跃性和音乐性等，这些特征共同塑造了诗歌的艺术魅力。语言艺术的鉴赏首先要对语言文体进行鉴赏，把握住语言和文体特征，才能够自由穿梭于语言文字构筑的想象艺术之中。

第二，培养大学生形象再创造的能力。语言艺术的突出特征便是形象间接性，大学生的形象再创造能力决定着文学形象的鲜明性和饱满度。在阅读文学作品时，展现在读者面前的不是直观的艺术形象，而是抽象的语言符号系统。文学通过描述性语言塑造艺术形象，这种语言具有显著的模糊性和多义性特点。大学生在感受文学形象体系并接受审美教育时，需要以语言文字为基础，借助联想和想象，在心中构建起审美场景和人物形象。文学作品的鉴赏实际上是对文学形象体系的再创造过程，这是一种主动的创造性活动。培养大学生对文学形象的再创造能力，可以发挥语言艺术在美育中的作用。将文学阅读转化为一种独特的生活体验，利用联想和想象使文学形象具体化，从而丰富学生的审美体验。

第三，加强大学生对审美意蕴的领悟。领悟文学形象中蕴含的审美意蕴是读者深入文学世界并接受语言艺术美育的关键步骤。文学作品通过语言和文字构建的艺术形象系统，不仅呈现了故事和情感，还指向了更深层的审美意蕴，包括作品所包含的思想感情和哲学思考等。大学生通过深入体验文学作品的美学价值，能够在审美教育中获得深刻的认识。文学作品通过象征、隐喻和变形等手法描绘生活场景，透过复杂的生活表象揭示内在的生活真谛。这些作品中刻画的艺术形象不仅具有审美感染力，而且为大学生提供了丰富的审美经验，帮助他们洞察世态人情、了解历史的变迁，从而实现美育的目标。大学生应在对艺术形象的感知与体验中，领悟其深层的审美意蕴。文学作品的含蓄特征使其审美意蕴丰富多样，大学生可以通过个人的审美体验，探索作品更深层次的意义。在整体上，文学作品的审美意蕴展现出多层次的结构，这要求大学生在欣赏时能够把握作品的多维度意义，包括哲理思辨、风俗人情、地域特色、人文关怀等。大学生在阅读不同的文学作品时，应努力领悟这些不同的层次，从而进入语言艺术构筑的审美境界。语言艺术实际上指的就是文学，文学与其他艺术形式如绘画、雕塑、音乐、舞蹈等的主要区别在于，它不是直接创造出一个可以被视觉和触觉感知的具体形象供人欣赏，而是通过语言这一独特的审美媒介来构建审美意象，传递审美体验。因此，在文学鉴赏中，想象力扮演着至关重要的角色，这也是文学被称为想象艺术的原因。本节将从文学体裁和审美特征的角度讨论诗歌、小说、散文的鉴赏方法。

一、诗歌鉴赏

诗歌运用高度凝练的、富有节奏感和韵律美的语言，以其鲜明的情感色彩和丰富的想象力，以高度集中的方式反映社会生活，同时抒发情感和表达志向。诗歌通过塑造具体而生动的艺术形象，能够深刻触动大学生的内心，为大学生提供审美的愉悦和精神的滋养。诗歌鉴赏需要把握以下几个方面。

（一）凝练美

诗歌的凝练之美在于其使用高度概括的艺术形象和精练的语言，集中展现社会生活和表达思想感情。与其他文学作品相比，诗歌的概括性更为显著，它不以广泛性取胜，而是通过集中性来表现。诗歌要求精心挑选生活素材，捕捉最具表现力的自然景物和生活现象，以极其概括的艺术形象反映现实中的审美形态。

例如，《古诗十九首》通过表现游子和思妇的复杂情感，抒发了游子的旅途情感和思妇的闺怨，以极其精练的语言刻画了游子和思妇的群体形象，在中国诗歌史上具有普遍性和典型性，千百年来一直能够激发读者的共鸣。《古诗十九首》的作者多为漂泊异乡的游子，他们身处异地，心怀故土，情系家园，通过诗歌表达他们的情感和思念。《涉江采芙蓉》中，诗人苦苦吟叹："涉江采芙蓉，兰泽多芳草。采之欲遗谁，所思在远道。还顾望旧乡，长路漫浩浩。同心而离居，忧伤以终老。"这首诗作深刻表达了游子对故乡和爱人的深切思念。诗人采摘香草，意欲赠予远方的心上人，然而爱人远在天边，这份心意难以传达。面对与爱人的分离和重重阻隔，诗人虽然感受到两地分隔的艰难，但坚信彼此间的情感坚定不移。诗中流露出的悲伤情感，凸显了楚辞中采芳寄情的传统，传达了一种因相聚无望而产生的深沉忧伤与哀愁，用极为精练的笔调刻画出了一位身在异乡，情系故乡心上人的痴情男子的形象。

《古诗十九首》中对思妇心态的描写也是复杂多样的。盼望游子早日归来是其共同的心愿，然而，盼归而未归，刻画了多种思妇的人物性格形象。《孟冬寒气至》中刻画的思妇非常珍视自己的婚姻，对游子的思念极深，游子捎回的书信，她会珍藏怀中："孟冬寒气至，北风何惨栗。愁多知夜长，仰观众星列。三五明月满，四五蟾兔缺。客从远方来，遗我一书札。上言长相思，下言久离别。置书怀袖中，三岁字不灭。一心抱区区，惧君不识察。"部分诗歌描绘了游子离家后，留守的思妇因感知到"浮云蔽白日，游子不顾反"的迹象而日渐消瘦，她们自我安慰道"弃捐勿复道，努力加餐饭"。这类诗歌着重展现了思妇内心的苦闷和忧虑，她们担心远方的爱人会变心，担心夫妻间的情感会受到外界因素的破坏。她们深藏的寂寞常常只能通过泪水来宣泄。

《古诗十九首》的语言艺术达到了极高的水平，钟嵘评价其"惊心动魄，几乎一字千金"。这些诗歌以简洁明了的语言传达了真挚的情感，简短的词句中蕴含着深沉的相思，其语言精练而富有力量，具备强烈的概括性和表现力。诗中包含了许多简洁而生动的名句，不仅哲理深刻，而且诗意绵长。

（二）节奏韵律美

在众多文学形式中，诗歌特别注重节奏和韵律的美感。诗歌的节奏主要体现在诗句中音节的长短、强弱音的有序变化上，当各句的停顿次数一致时，便能形成明显的节奏。中国古代诗歌对停顿有明确的规则，通常是四言诗分为两顿、五言诗分为三顿、七言诗分为五顿。语音的变化包括高低、升降、曲直、长短，从而形成不同的声调。古汉语有平、上、去、入四种声调，现代汉语则分为阴平、阳平、上声、去声四种。诗歌中平声与仄声的规律性排列，其中平声包括阴平和阳平，仄声包括上声、去声、入声，创造出节奏的起伏感。诗歌的韵律即押韵，指相同韵母的字在诗中相同位置的有序重复，韵律包括头韵、腹韵和尾韵。诗歌讲究韵律，一方面可以加强节奏感，达到和谐统一的审美效果，另一方面也有助于情感的表达和意境的营造。

《诗经》的句式以四言句为主，四句构成一个独立的章节，其中也夹杂着二言至八言的变体。这种四言句的二节拍结构，节奏感强烈，构成了《诗经》整齐韵律的基础。四字一句的节奏清晰而紧凑，通过重复章节和双声叠韵的手法，使得朗读时产生回环往复的效果，节奏感平和而有节制。《诗经》中的重章叠句结构，不仅便于围绕同一旋律反复吟唱，而且在意义传达和修辞上也取得了良好的效果。《诗经》中的重章往往是整篇中同一诗章的重复，仅改变少数词语，以展现动作的进展或情感的演变。

例如，在《秦风·蒹葭》中，可以看到这种结构的运用："蒹葭苍苍，白露为霜。所谓伊人，在水一方。溯洄从之，道阻且长。溯游从之，宛在水中央。蒹葭萋萋，白露未晞。所谓伊人，在水之湄。溯洄从之，道阻且跻。溯游从之，宛在水中坻。蒹葭采采，白露未已。所谓伊人，在水之涘。溯洄从之，道阻且右。溯游从之，宛在水中沚。"全诗三章，重章叠句，展现了结构上的复沓回环。诗歌在用词上灵活多变，后两章对第一章的文本稍作修改，既保持了各章内部的节奏鲜明和韵律和谐，又在各章间形成了韵律参差的效果，推动了语义上的往复发展。三章相互补充，共同构成了一个完整的意义体，形成了一种回环往复、一唱三叹的曼妙效果。

《诗经》的押韵技巧多样，其中一种常见方式是一章中仅使用一个韵部，隔句押韵，韵脚落在偶句上，这成为了我国古典诗歌中一种经典的押韵形式。"永明体"注重声律和对偶，其发展过程中发现了四声，并将其应用于诗歌创作，形成了一种人为规定的声韵体系。正如音乐中宫商角徵羽的组合变化演奏出优美的旋律，诗歌通过字词声调的组合变化，按照一定的规则排列，实现了铿锵和谐、富有音乐美的效果。"永明体"的出现是我国古典诗歌在艺术形式美完善过程中的重要进步，为后来律诗的发展奠定了基础。

（三）意境美

意境是指抒情性作品中呈现的那种情景交融、虚实相生的形象系统，诗歌中的意境以其独特的表现、结构和审美特征，创造出深远的审美想象空间。从表现特征来看，意境实现了情境的交融；从结构特征来看，意境体现了虚实的相生；从审美特征来看，意境带来了无尽的韵味。王国维提出文学包含两种基本元素：景与情，而意境正是情感与景物结合的艺术表现。情景交融有多样表现：景中藏情、情中见景。景中藏情是指诗人在构建意境时，通过景物描写来隐含情感，虽不直接言情，但深情厚意都潜藏在景物之中。例如，李白的《黄鹤楼送孟浩然之广陵》通过"故人西辞黄鹤楼，烟花三月下扬州"的描写，将对友人的美好祝愿隐含在黄鹤楼和烟花三月的美景之中，而"孤帆远影碧空尽，唯见长江天际流"则通过孤帆远去的景象，传达了诗人在离别时的孤寂与深情。情中见景则是在直接表达情感时，让景象自然浮现。如陈子昂的《登幽州台歌》中，虽然没有直接描写景物，但读者能够感受到诗人站在高台上的孤独形象，以及燕昭王设立黄金台招贤纳士的历史画面，体会到诗人怀才不遇的悲愤情感，这是诗人为读者营造的审美想象空间。

如苏轼的《念奴娇·赤壁怀古》："大江东去，浪淘尽，千古风流人物。故垒西边，人道是，三国周郎赤壁。乱石穿空，惊涛拍岸，卷起千堆雪。江山如画，一时多少豪杰。遥想公瑾当年，小乔初嫁了，雄姿英发。羽扇纶巾，谈笑间，樯橹灰飞烟灭。故国神游，多情应笑我，早生华发。人生如梦，一尊还酹江月。"在这首词中，上阕主要描绘了自然景观，展现了"乱石穿空，惊涛拍岸，卷起千堆雪"的壮阔景象；下阕则转为抒发个人情感，回顾历史上的英雄事迹，同时表达了诗人对自己"早生华发"而功业未成的感慨。整首词通过结合写景、抒情和咏史，展现了雄浑苍凉的风格，气势磅礴，意境深远，具有强烈的艺术感染力。

意境的结构特征体现在虚实相生上，其中虚境是由实境激发和拓展的审美想象空间，而实境则是对景物和情境的具体描绘。虚境是实境的提炼和提升，它体现了实境创造的目的和整个诗歌意境的审美效果。意境的审美特征在于其韵味无穷，这种韵味指的是意境中那种耐人寻味、美不胜收的因素和效果。

二、小说鉴赏

小说是一种以刻画人物形象为中心的叙事性的文学样式，通过典型人物、复杂情节和典型环境来再现社会生活。基于小说的审美特征，编者将以中国四大名著作为鉴赏对象，从以下三个方面对小说进行鉴赏。

（一）人物美

刻画人物形象是小说的显著特点。相比于诗歌、散文等文学形式，小说在塑造人物形象方面拥有更为丰富的表现技巧。小说能够全方位、细致地刻画性格复杂的人物。小说中既有人物的直接言语，也有叙述者的描述。小说不仅能够具体描绘人物的行为举止，还能展现人物的内心世界，通过对话、行动和氛围营造等多种手法来塑造人物形象。

《三国演义》在叙事和人物塑造方面均表现出色，共塑造了四百多个人物形象。其在塑造人物形象时的显著特点是强调甚至夸大人物的主要性格特征，忽略性格中的次要方面，从而创造出一系列具有鲜明性格特征的艺术典型。通过这种方式，《三国演义》创造了一大批具有特征化性格的艺术典型，如刘备的宽厚仁爱、关羽的勇武忠义、张飞的勇猛豪爽、诸葛亮的谋略超人、赵云的浑身是胆、曹操的奸诈雄豪、司马懿的老奸巨猾、周瑜的气量狭小、鲁肃的忠厚老实。他们的性格特征比较单一和稳定，有点像戏剧中的脸谱化形象，容易给读者留下鲜明的印象。

《水浒传》作为英雄传奇小说的杰出代表，成功地塑造了众多超凡脱俗且个性鲜明的英雄形象。金圣叹在《读第五才子书法》中表达了对《水浒传》的赞赏，认为这部作品之所以百看不厌，是因为它成功地描绘了一百零八位性格各异的人物。评论家叶昼也指出，《水浒传》之所以能成为千古流传的佳作，是因为它巧妙地处理了人物性格的相似性与差异性。例如，李逵的直率与鲁智深的豪放都被赋予了独特的个性，使得他们在相互对比中更加突出。此外，《水浒传》还展现了人物性格在不同环境影响下的发展和变化，使得这些人物形象更加立体和真实。例如，林冲身为八十万禁军教头，却处处忍让，直到最后忍无可忍，才手刃仇人，奔赴梁山，完成了性格由软弱到刚烈的转变。

《西游记》在塑造人物形象方面同样展现了鲜明的个性，实现了物性、神性与人性的和谐统一。物性体现在动植物精灵保留了它们原始的形态特征和天性；神性则表现在他们拥有超凡的法力；而人性则是指这些角色被赋予了人类的复杂情感和欲望，使得妖魔鬼怪形象人格化。以孙悟空为例，他具有猴子的外貌特征和活泼的本性，同时他神通广大，这些特点不仅体现了他的物性和神性，也展示了他的人性。他的机智、勇敢和忠诚等特质，使得他成为了一个深受读者喜爱的人物形象。《西游记》通过这样的人物塑造，展现了一个丰富多彩、充满奇幻色彩的神话世界。

《红楼梦》塑造了众多性格鲜明且富有个性特征的人物形象。小说中有名有姓的人物多达四百八十余人。曹雪芹根据自己对现实世界的体验塑造真实人物，所谓真实人物，就是反映人物的真实面貌。即便是在小说中占据核心地位的贾宝玉，也没有完全刻画成理想化的人物形象，他也没有脱尽富家公子的习气。在人物塑造方面，曹雪芹舍弃了以往小说人物类型化、性格简单化的写法，展示主要人物的多个侧面，形成圆形人物。最突出的圆形人物便是王熙凤，她对上刻意逢迎，向贾母邀宠，对王夫人非常孝敬，不失为能干孝顺的好儿媳；对下恩威并施，采取打压和笼络、虐待和怀柔并用的权谋之术，刻画出一个美丽聪慧，时善时恶，时而温柔体贴、时而狠毒泼辣的复杂女性形象。

（二）情节美

情节与人物密切相关，是人物性格的发展史。小说通过全面描绘社会生活，展现了多样的矛盾和冲突，并在情节发展中刻画人物性格。小说能够超越一定的时空限制，包含更为复杂丰富的故事线索。

《三国演义》中人物众多、矛盾错综复杂，但罗贯中却能将它们安排得井井有条、主次清晰，展现了其卓越的叙事技巧。在叙述中，作者将分散在不同空间的故事转化为以时间为序的线性叙述，全书以东汉末年的动荡为背景，以魏、蜀、吴三国的兴衰变迁作为核心线索，将历史事件和人物命运紧密相连，构建了一个宏大的历史叙事框架。通过这样的叙事框架，读者能够清晰地追踪历史的进程和人物的发展，体验到历史的波澜壮阔和人物的悲欢离合，最终三家归晋、天下一统。几条线此起彼伏、相互交错，构成了一个完整的艺术整体。全书结构严整，看似头绪纷繁而又脉络清晰，故事详略得当，摇曳多姿。

《水浒传》在情节结构的叙述上采用单线纵向进行，上半部以写人为主，下半部以叙事为主。叙事结构精巧，前七十一回以梁山好汉的集结为核心线索，将众多英雄人物逐步引入故事，形成一个个相对独立而又相互关联的故事链。七十一回之后，故事以时间为脉络，以效忠朝廷为主线，通过一系列重大事件如击败高俅、接受招安、征讨方腊等，将情节紧密串联，使得故事从分散逐渐汇聚成统一的叙事洪流。这样的结构使得前半部分如同多条溪流汇成大河，后半部分则如大河奔流入海，完成了从分散到整体的转变。

《西游记》讲述了孙悟空等人护送唐僧到西天取经，历经九九八十一难的故事。这些难关中许多情节虽有相似之处，看似循环往复，实则都是对心性的考验和修炼。这些循环的斗争不仅是外在的与妖魔的战斗，更是内心修为的升华，体现了从个体历练到心灵成长的转变。正所谓"一念成佛，一念成魔"，小说描写九九八十一难，隐喻着明心见性需要经历长期的渐悟过程。

《红楼梦》显示了作者极为高超的叙事艺术。曹雪芹将写实与诗化完美融合，既显现了生活的原生态，又充满了诗情画意；既是高度的写实，又散发着理想主义的光辉；既有含蓄蕴藉的青春悸动，又是慷慨悲凉的一曲挽歌。曹雪芹突破了中国传统小说中单线结构的叙事模式，采用多线并进、相互交织而又相互制约的网状叙事结构。青埂峰下的补天顽石被一僧一道带入人间，历经人世的悲欢离合后，再次被带回青埂峰下，构成了一个与天地循环相呼应的圆形叙事结构。在神话的背景下，以大观园为舞台，小说叙述了宝玉、黛玉、宝钗之间的爱情纠葛和悲剧收场。曹雪芹在创作中尝试将作者与叙述者分离，放弃了全知全能的说书人视角，转而采用角色化的叙述人来讲述故事，在我国小说史上，这是首次采用具有现代感的叙述方式的作品。这种叙事手法不仅有助于展现作者独特的创作风格，也有助于呈现人物的真实性格。

（三）环境美

环境描写是衬托人物性格、展现故事情节的重要手段。在小说创作中，人物的行为和事件的进展都与小说所设定的时代、社会和自然环境紧密相关。人物性格的发展同样受到这些特定环境的影响，只有在塑造出典型的环境后，才能真实地展现人物活动和矛盾冲突的实际基础。

以《三国演义》为例，其依托的时代背景是东汉末年，一个动荡不安、战乱连连的时期，小说对战争进行了全景式的描绘。在世界文学史上，它所描述的战争之频繁、规模之宏大、场面之丰富也是较为罕见的。全书中描述了四十多场战役和上百场战斗，每一场重大战役的描写都独具特色，很少有重复之处：或鸟瞰全局，或描写片段，或以少胜多，或寡不敌众，或围城打援，或以逸待劳，或智取，或强攻，或火攻，或水淹。通过这样的叙述，小说不仅展现了战争的残酷和复杂，也深刻揭示了人物在特定历史环境下的性格发展和命运变迁，在描写战争场面的同时，将错综复杂的外交策略、政治斗争穿插运用，并不以表现战争的惨烈性见长，而是注重展现统帅运筹于帷幄之中，决胜于千里之外。《三国演义》在昂扬奋进的格调中，洋溢着诗情画意的美感，把战争场景展示得张弛有度、富有节奏感，在大时代环境的描写中，歌颂了力量，赞美了智慧，传递了美感。

《水浒传》中的英雄好汉尚未脱离超人色彩，作者在将英雄人物理想化时，采用渲染、夸张的手法，使英雄人物带有传奇色彩。但与此同时，作者又把人物放置在现实生活的背景中，让他们与生活中的市井小民相互周旋，在用高度夸张、浓墨重彩描绘惊心动魄的故事时，也注意在细节和环境真实性上精雕细琢，带有浓厚的生活烟火气息。这就使得传奇性与现实性相互结合，刻画了典型环境中的典型人物，增强了作品的生活气息和真实性。《水浒传》精妙地运用了白话文来描绘场景、叙述故事和传达人物神态。例如，在"林教头风雪山神庙"这一章节中，作者通过简洁而富有力度的"那雪正下得紧"，不仅描绘了风雪的猛烈，也暗示了林冲内心的紧迫感，增强了场景的紧张气氛。

《西游记》在艺术表现上的独特之处在于其奇幻的想象、极度的夸张手法，以及对时空界限的打破，超越了生死和人神的界限，创造了一个充满奇异幻想和光怪陆离的世界。作者构建了一个包含仙境、人间、地府、龙宫和荒山恶水等多样环境的艺术世界，将奇特的人物、怪异的事件和非凡的境界融合在一起，形成了一个和谐统一的艺术整体，展现了一种奇幻而美丽的艺术境界，在这种奇幻的境界中演绎着极真的故事。《西游记》中的神魔形象之所以给读者一种真实感，是因为作者注重把奇幻人物放置在日常生活环境中，多色调地刻画人物复杂的性格特征。

《红楼梦》中大部分故事以"天上人间诸景备"的大观园为舞台，大观园是太虚幻境在人世间的投影，是一个理想世界，也是红楼儿女们展示青春生命的现实世界。贾宝玉处于一个以他为中心的"女儿国"，曹雪芹将贾宝玉和众多身份、地位各异的女性置于一个既富有诗意、又贴近现实的虚构世界，通过他们的故事展现了美之毁灭的悲剧。大观园布局精致，拥有众多景观，每个景观都富含深意，不仅为人物活动提供了舞台，也成为小说中情感和冲突的象征。通过这样的设置，曹雪芹深刻揭示了人物性格、社会关系以及悲剧命运，使得《红楼梦》成为了展示人性和社会矛盾的杰作。曹雪芹在第十七回中以极为细腻的笔触描绘了大观园内的景象，这为小说中情节的推动和人物性格的发展提供了展示的舞台。大观园园林艺术背后的底蕴就在于塑造个性鲜明的人物形象，《红楼梦》中主要人物的居所及其名称确实富含象征意义，反映了他们的性格特点和命运走向。贾宝玉的怡红院，林黛玉的潇湘馆，薛宝钗的蘅芜苑，李纨的稻香村，妙玉的栊翠庵，这些居所的名称和设计都与人物的性格和命运紧密相连，体现了作者深厚的艺术构思和细腻的情感刻画。通过这些精心设计的居住环境，读者可以更深入地理解每个人物的内心世界和他们在小说中的角色定位。

三、散文鉴赏

散文在文学领域中具有广义和狭义两种定义。从广义上讲，散文涵盖了除诗歌外的所有文学创作；而狭义上的散文则是与诗歌、小说并列的文学体裁之一。作为一种文学形式，散文以其题材的广泛性、结构的灵活性和对作者真实感受的强调而著称。

（一）题材美

散文的题材广泛和多样，它不仅能够描绘人物和叙述事件，还能够表达对自然景色的赞美和情感的抒发。散文可以捕捉并展现不同地域的风土人情，反映国际舞台上的重大事件，以及细致描摹自然界中的花鸟鱼虫等生物。这种文学形式因其灵活性和包容性，成为表达作者多样化思考和感受的重要载体。散文仅仅需要摄取生活中的一个片段、一个瞬间，即可表达作者的独特情感和特殊体验。先秦散文以记事议论为主；两汉、魏晋南北朝增加了写景抒情和名士的逸闻趣事；唐宋时期散文光彩夺目，五光十色，无所不包，无所不容；五四时期的散文，在继承传统的同时，吸纳国外随笔的优点，山水游记、人生感悟，应有尽有。

　　先秦叙事性散文以《尚书》《春秋》《左传》《国语》《战国策》为代表。《尚书》是商周时期记言史料的汇编；《春秋》最初是周王朝及各诸侯国历史的通称，后来专指孔子修订的鲁国编年史；《左传》在记载历史事件的同时，从儒家的视角总结历史的经验教训；《国语》作为一部国别史，主要记录言论，辅以事件记载；《战国策》记载了从春秋末期到秦国统一六国期间，谋士们的政治主张和游说策略。这些先秦时期的叙事性散文在中国散文史上占据着举足轻重的地位，成为后世散文创作的典范。先秦时期的说理散文以《孟子》和《庄子》为代表，前者展现了孟子的思想和个性，后者则通过寓言构建了一个充满想象力的世界。这些作品不仅在文体上较为成熟，而且在说理方式上形象生动，思想内容深邃，成为中国传统文化的重要源泉。西汉散文以贾谊的政论文为代表，一类是专题政论文，如《过秦论》用对比的手法总结秦朝灭亡的教训；一类是疏牍文，如《陈政事疏》逐一罗列了令人伤心的九件军国大事。东汉散文以王充的《论衡》为代表。王充选取当时理论界的热点问题进行阐述，包括人生遭遇、命运、才气、骨相等议题。魏晋南北朝散文以郦道元的《水经注》为代表，集六朝地志之大成。其中，关于北方山水和江南水道风景的描写，具有浓郁的文学意味，如《江水》以抒情化的笔调描写三峡两岸的自然风光。唐宋散文以"唐宋八大家"的散文佳作为代表。韩愈与柳宗元共创作了八百多篇散文，覆盖了广泛的体裁，包括政论、书信、赠序、杂说、传记、墓志铭、祭文和游记等。柳宗元的散文中，山水游记尤为出色，它们是他悲剧性人生和审美情趣的体现，如《永州八记》中对自然景观的生动描绘，展现其卓越的写景状物能力。苏轼在文学上同样重视文道，他尊崇韩愈和欧阳修，并认为韩愈的作品振兴了八代以来的文学。在史论和政论方面，苏轼展现了他卓越的才华，而他的杂说、书信和序跋等作品更是凸显了他的文学成就。苏轼的叙事游记散文更是将叙事、抒情、议论结合得恰到好处，如《石钟山记》是在情景交融的优美意境中逐步展开的。明代散文中期以"前七子"和"后七子"为代表，在时政题材中注入了危机感和批判意识。明代后期则以公安派和竟陵派为代表，公安派推崇独抒性灵、不拘格套；竟陵派以山泉为吟咏对象，追求幽深奇僻的艺术风格。桐城派是清代最有影响力的散文流派之一，姚鼐所编纂的《古文辞类纂》收录了自战国至清代的七百多篇古文，这些文章被分为十三种不同的体裁。这部作品集中体现了桐城派的文学理念和创作风格，对后世散文的发展产生了深远的影响。通过《古文辞类纂》，姚鼐不仅保存了丰富的古代散文作品，也为研究古代文学提供了宝贵的资料。桐城派的散文以其清新脱俗、严谨工整的风格而著称，强调文以载道，注重文章的道德教化功能。五四时期散文革故鼎新，实现了从古典形态向现代形态的转变。

（二）结构美

散文从结构上看显得灵活自由，与诗歌和小说等文学样式相比，表现得更加随意。散文之"散"是指形散神不散，散而有序，形散神聚。"形散"是指散文运笔自如，不拘章法，信手拈来，一切皆可作为素材；"神不散"是指主题鲜明、中心思想突出。尽管看似漫不经心，实则匠心独运，紧扣主题。

先秦时期的叙事性散文对我国古代小说的叙事结构产生了深远的影响。古代小说常常依照时间顺序来组织结构、串联情节，并且注重对故事起因、发展和结果的详尽叙述，同时运用插叙、倒叙、补叙等手法来追溯事件的起因，这些手法受到了《左传》的启发。在先秦说理散文中，《荀子》和《韩非子》的专题论文通常篇幅较长，全文围绕一个明确的主旨展开，论点清晰、论据充分，注重篇章结构的完整性。吕不韦主持编写的《吕氏春秋》在结构上严谨有序，篇章布局整齐，从结构上构建了一个模仿天地的完整体系，按十二个月的顺序排列，空间上则依据八方来组织内容。司马迁在《史记》中创造性地构建了连接天地、贯穿今古的叙事框架，这部作品代表了历史散文的高峰，鲁迅在《汉文学史纲要》中誉之为"史家之绝唱，无韵之离骚"。《史记》由十二本纪、十表、八书、三十世家、七十列传构成，这五种体裁既各自独立又相互配合，形成了一个有机统一的整体。其中，十二本纪作为全书的纲领，涵盖了从黄帝到汉武帝三千年的历史变迁。十表和八书则作为补充，构建了一个纵横交错的叙事网络。三十世家则围绕十二本纪展开，正如司马迁在《太史公自序》中所言："二十八宿环北拱，三十辐共一毂，运行无穷。"七十列传则是北斗、二十八宿之外的璀璨群星。司马迁在结构设计上颇具匠心，展示了丰富的历史画卷。韩愈在撰写碑志时不拘泥于传统格式，他的写作手法多样，既有正面描述，也有反面讽刺，尤其擅长通过细节刻画来巧妙展现人物性格，从而突破了传统碑志的刻板模式。柳宗元的寓言作品，如《黔之驴》和《临江之麋》，篇幅虽短，却蕴含深刻的哲理。苏轼主张文章应顺应自然，他的文风在《自评文》中得到体现，他将自己的文章比作源源不断的泉水，能够在任何地方自由流淌，随地形变化而变化，不可预测。桐城派的创始人方苞提出了"义法"理论，其中"义"指的是文章应有实质性内容，"法"则指文章应有合理的结构和布局。在五四时期，散文之所以特别繁荣，部分原因在于其结构的灵活性和篇幅的简短性，使得作者能够轻松地将点滴感悟转化为完整的篇章。

（三）情感美

散文写人记事、状物抒情，皆是有感而发，描写真实的生活境遇与真切的情绪感受是散文的特色之一。散文的写实并非是对生活的机械记录，也要运用比喻、拟人、夸张、象征、隐喻等艺术手法，对材料进行裁剪、取舍。

先秦叙事性散文在历史事件的叙述中表现出褒贬鲜明的情感色彩。《春秋》通过简洁的措辞传达了作者鲜明的情感态度，体现了褒贬之意。对有罪之人的处决称为"诛"，无罪之人的被杀称为"杀"，下级对上级的杀害称为"弑"。这种在史书中融入强烈情感色彩的写作方式，对后世史传文学产生了深远影响。《孟子》作为先秦说理散文的典范，在辩论中展现了孟子情感丰富、逻辑清晰和气势逼人的风格，有时言辞偏激却不失幽默，反映了孟子激昂的情感和坚定的个性。贾谊的政论文继承了战国策士的风格，善于运用夸张和渲染手法，以强大的气势吸引读者。这种气势源于贾谊深刻的忧患意识和积极参与现实的精神，使得他的散文充满了内在的张力。贾谊的政治热情和诗人的浪漫想象在他的《过秦论》和《陈政事疏》中得到了充分体现。司马迁的人生充满了悲剧色彩，《史记》中也塑造了许多悲剧人物，赋予全书浓厚的悲剧氛围。司马迁通过为这些悲剧人物立传，表达了他对这些人物的深切同情，尤其是对那些能够雪耻、弃小义、名垂青史的烈丈夫如伍子胥的赞扬，反映了他自己的人生感慨。在探讨人物悲剧的根源时，他流露出对天命的怀疑以及对命运不可捉摸的困惑。东汉时期，王充的《论衡》与王符的《潜夫论》均以其犀利的笔触抨击时弊，对当时流行的虚妄言论和社会上的不公现象进行了深刻的批判，展现了作者强烈的正义感和改革精神，这些作品因其深刻的见解和情感表达而具有极大的影响力。陶渊明的《五柳先生传》则以正史纪传的形式，展现了作者的生活情趣和自叙色彩，通过"闲静少言，不慕荣利。好读书，不求甚解；每有会意，便欣然忘食。性嗜酒，家贫不能常得"等描述，塑造了一个超然物外、安贫乐道的隐逸形象。韩愈和柳宗元则将深沉的情感融入散文创作中，使得他们的作品充满了抒情色彩和艺术魅力，读者在阅读时能够感受到作品中涌动的情感和蓬勃的生命力。这些作品不仅在当时产生了重要影响，也为后世文学创作提供了宝贵的启示和借鉴。韩文如长江大河，作者奔放四溢的气魄借助其滔滔雄辩表露无遗，韩文以感激奇怪之辞，发出穷苦不平之音，他的书信充斥着身世之悲，他的游记渗透着人与自然的和谐共生。韩、柳将浑厚的精神气脉和情感力量灌注于散文中，展现出鲜明的个性特征。韩愈的《祭十二郎文》通过叙述家庭琐事和个人的凄苦经历，表达了对逝去侄儿的深切哀悼，其文字充满了悲恸和哀伤，读来令人动容。文中的"一在天之涯，一在地之角，生而影不与吾形相依，死而魂不与吾梦相接"尤为感人，触动人心。柳宗元的山水游记则在描绘自然风光的同时，透露出深沉的孤独感，通过生动的自然描写传达了一种超越时空的悲悯之情。例如，在《至小丘西小石潭记》中，他描述了坐在潭边，四周被竹树环绕的情形，无人的寂静令人感到一种透骨的凄凉和深深的忧郁，这种对冷清孤寂环境的细致描绘，展现了作者内心的悲凉和苦涩。

第三节　综合艺术的主要样式及其审美特征

一、综合艺术的主要样式

综合艺术是指包含多种艺术元素并通过这些元素的有机结合，在特定时空背景下，通过表演者塑造角色来反映现实生活和表达情感的艺术形式。它融合了多种艺术门类的表现手法，将时间艺术与空间艺术、视觉艺术与听觉艺术、动态艺术与静态艺术、再现艺术与表现艺术的特点集于一身，形成了独特的审美特质，成为最具表现力和感染力的艺术形式之一。

首先，综合艺术是对文学、音乐、舞蹈、绘画、建筑等多种艺术门类中艺术符号的一种创新性整合。这些艺术符号在综合艺术中被赋予了新的意义，并构成了新的综合艺术符号体系。例如，音乐的旋律和节奏在电影中的运用，经过电影特有的规律改造后，成为电影音乐，与画面结合，为视觉艺术增添了流动的色彩，创造出视听结合的艺术效果。其次，综合艺术的符号体系旨在创造直接触动观众视听感官的综合性艺术形象，如戏剧中通过演员表演展现的舞台形象。再次，综合艺术因其融合了多种艺术门类的优势，能够创造出蕴含丰富艺术意蕴和表现力的艺术形象。这些形象通常在完整的故事情节中塑造，具有明确的思想内涵、价值取向和道德观念。然而，一些表现性较强的综合艺术作品，其艺术意蕴往往是多义的，需要观众深入挖掘。综合艺术的主要形式包括戏剧、电影和电视，它们各自以独特的方式展现了综合艺术的魅力和力量。

（一）戏剧

戏剧作为一种综合性艺术形式，通过演员扮演角色并公开表演情节和情景来展现艺术。在中国，戏剧涵盖了戏曲、话剧和歌剧等多种形式，它们起源于古代的傩被祭祀、宗教礼仪和歌舞伎艺，并逐渐发展成为一个包含文学、表演、音乐、美术等多种艺术成分的综合体。古希腊时期，戏剧被认为是继诗歌、音乐、绘画、雕塑、建筑和舞蹈之后出现的一种新艺术形式。由于戏剧在形成过程中吸收了前六种艺术的表现手法，因此被誉为"第七艺术"。河竹登志夫在《戏剧概论》中指出："戏剧兼备了从第一到第六的各种艺术样态的一切要素。它兼有诗和音乐的时间性和听觉性以及绘画、雕刻、建筑的空间性和视觉性,并且与舞蹈一样,具有以人的形体作媒介的本质特性。"①这种"兼备"并非简单地叠加,而是通过戏剧表演实现了全新的融合。

戏剧的艺术形象构成的综合性和融合性主要体现在以下几个方面。第一,舞蹈元素的融合。戏剧自原始时期起就与舞蹈紧密结合,舞蹈演员通过公开表演,将舞蹈与戏剧融为一体。戏剧中的肢体语言,包括模仿性、象征性和虚拟性,是其不可或缺的表现手段,涵盖了肢体动作、节奏和声音等艺术形式。第二,文学的深度融入。戏剧中的文学成分通过语言符号激发想象,文学成为人类表达和传承历史的重要工具。文学中的人物塑造、叙事、抒情、节奏、对话和环境等艺术手法,为戏剧的发展带来了质的飞跃,使其成为一种独立的艺术形式。第三,音乐的烘托作用。戏剧中的音乐成分通过声音、节奏、旋律与和声为戏剧表演营造氛围,同时音乐感也赋予戏剧以时间维度的本能把握。这些元素综合构成了戏剧艺术形象的独特性,使其成为一种融合了多种艺术手法和表现手段的综合性艺术形式。戏剧不仅继承了各种艺术门类的特点,而且在融合的过程中创造出了新的艺术效果和审美体验。戏剧中造型与空间艺术成分表现为布景、道具、灯光、化妆、服饰等构成成分,在戏剧表演中,必不可少的一个要素便是空间,即便是依托自然环境这个空间,也会被人为地戏剧化。

此外,戏剧作为一种综合性艺术形式,其基本构成要素不仅包括动态的造型和情节,还涉及从空间到时间、从视觉到听觉的多维度影响,激发演员与观众之间以及观众内部的互动交流,共同体验集体心理活动。戏剧可以根据演出时长划分为小品、独幕剧、多幕剧和连台本戏;依据题材可划分为历史剧和现代剧;按照艺术表现形式可划分为戏曲、话剧、歌剧、音乐剧和舞剧;根据题材和矛盾冲突的性质,则可分为悲剧、喜剧和正剧。这些分类体现了戏剧的多样性和丰富性,使其能够适应不同文化背景和观众的需求,展现戏剧艺术的广泛魅力。悲剧通常描写主人公在生活中遭遇的各种苦难、英雄为正义事业而牺牲、公平正义的价值导向遭遇毁灭,讴歌人的崇高精神与高尚品格。鲁迅认为,悲剧是将人生有价值的东西毁灭给人看,而观众正是看到了有价值的东西被无情毁灭而心生悲恸,从而心灵受到净化。喜剧以讽刺、幽默的方式针砭时弊,让观众在笑声中揶揄社会生活中的腐朽事物,通过诙谐幽默的方式将无价值的东西撕破给人看。正剧又称为严肃戏剧,兼有悲剧和喜剧两种要素,两者相互渗透,交相辉映,既有悲剧的严肃崇高性,也有喜剧的灰色幽默性。正剧是乐观的悲剧和严肃的喜剧相互交织的产物。

（二）电影

电影的制作是通过电影摄影机,以一定的速度捕捉连续的画面,并伴随声音记录在

---

① 河竹登志夫. 戏剧概论[M]. 王晓明,译. 北京:中国戏剧出版社,1983:3.

胶片上，形成一系列连贯的动作画面。这些画面经过特定的工艺处理，制成可供放映的影片拷贝。当这些拷贝以相同的速度通过放映机投射到银幕上时，由于人眼的视觉暂留效应，观众便能看到放大的活动影像。电影技术的发展起源于摄影术的诞生。1824 年，尼埃普斯经过长时间曝光，拍摄了名为"餐桌"的静物照片；1838 年，达盖尔发明了"银版照相法"，通过长时间曝光，将影像固定在铜片上的银纸上；1872 年，穆布里奇为了研究马奔跑时的姿态，沿跑道设置了 24 架照相机，用绳子触发快门，成功捕捉到了马四蹄腾空的瞬间，这一实验成为电影发展史上的重要事件，穆布里奇也因此获得了拍摄活动物体的专利；1882 年，马莱发明了连续摄影机，取代了穆布里奇的多相机拍摄法；1889 年，爱迪生发明了柔软透明的胶片，为电影的诞生奠定了物质基础；1894 年，爱迪生发明了"电影视镜"，通过透镜观看放映的画面。在前人技术的基础上，法国的卢米埃尔兄弟利用缝纫机的间歇运动原理，发明了既能拍摄又能放映的活动电影机，其工作原理和部分构造至今仍被使用。卢米埃尔兄弟用他们发明的电影机拍摄了一系列富有生活情趣的短片。在电影史上，1895 年 12 月 28 日的巴黎卡普辛路 14 号大咖啡馆地下室的放映活动具有里程碑意义。卢米埃尔兄弟在这一天首次公开售票放映了包括《工厂大门》《火车进站》《水浇园丁》《婴孩的午餐》在内的短片，使观众首次在银幕上见证了逼真且活动的人物形象，这一天也因此被定为电影的诞生日。

卢米埃尔兄弟拍摄的短片大多取材于日常生活，具有朴素的现实主义性质。《工厂大门》拍摄的是他们自己工厂工人下班的场景，画面显示的是腰系围裙的女工们和推着自行车的男工们相继走出大门，一辆马车载着工厂主驰入工厂，工厂大门缓缓关上。《火车进站》通过深焦镜头捕捉了一个空旷站台上的景象，展现了搬运工人和疾驰而来的火车，火车迅速填满整个画面，随后缓缓停下，旅客们纷纷走向车厢。影片中，上下车的旅客在画面右侧形成了清晰的近景、中景和远景，观众甚至可以看到近景中旅客脸上的表情和神态。卢米埃尔兄弟在这部影片中尝试了场景变化和场面调度，赋予了影片简单、完整且连续的时空转换。《水浇园丁》则以一个小故事开启了喜剧片的先河，展现了电影创造故事的能力，使卢米埃尔兄弟在成为纪录片先驱的同时，也为喜剧片的发展铺平了道路。

电影最初仅拍摄了一些活动影像的片段，后来逐渐发展成为一门独特的艺术形式。电影艺术运用蒙太奇等表现手段，创造了特有的时空结构，成为一门视听结合的综合艺术，并因其可以大量复制放映而具有广泛的群众性。早期电影是无声的，20 世纪 20 年代开始出现有声电影，随后又出现了彩色电影。20 世纪末期，数字电影采用数字处理技术、数字化介质和传播手段。电影有故事片、纪录片、动画片等不同功能和形式的片种。中国放映电影始于 1896 年，拍摄电影始于 1905 年。

大学**美**育 ● ●

（三）电视

电视是一种融合舞台剧和电影的表现形式，利用电子技术制作并在电视屏幕上播放，它以制作周期短和观看便捷为特点。与电影相似，电视也不宜展现过大的场景，因此较少使用远景镜头。1937年，英国播出了世界上第一部电视剧《口含鲜花的男人》，而中国则在1958年播出了第一部电视剧《一口菜饼子》。电影和电视作为人类科技进步的产物，它们之间存在着密切的联系，被视为姊妹艺术。没有摄影机、胶卷、洗印机和放映机的发明，电影无从谈起；同样，没有电子技术和信号传播技术的发展，电视也难以诞生。电影和电视在多个方面具有相似性：它们都是结合声音和画面的视听艺术，依赖画面和音响构建形象，并广泛吸收了文学、戏剧、绘画、雕塑、音乐、舞蹈等艺术形式和表现手段，形成了各自独特的综合艺术风格。此外，电影和电视在艺术创作规律、艺术语言和表现手法上基本一致，如人物塑造、情节叙述、环境氛围营造等。在艺术技巧上，如镜头剪辑、色彩运用、声音配置等方面，两者也可以相互借鉴。因此，人们常将电影和电视合称为影视艺术。

作为当代具有广泛影响力的大众传媒，电影和电视虽然有许多共同之处，但也存在根本性的差异。电影主要被视为一种艺术形式，而电视则具有多重功能和属性，包括传递新闻信息、提供文化娱乐、进行社会教育以及提供社会服务。电视首先是作为一种传媒工具，其次才是艺术形式，它兼具媒介和艺术的双重属性。收视率调查显示，新闻信息和文化娱乐是电视观众主要的观看内容。电视具有快速传播信息和记录事件的能力，能够通过图像和声音迅速传播社会生活的各个方面，这种传播功能是其他媒介所不具备的。鲍列夫指出："电视的一个显著审美特点是能够叙述'此时此刻的事件'，直接播放采访现场，将观众带入正在发生的历史事件中，这种事件通常要到第二天才能在电影中看到，后天才能成为文学、戏剧和绘画的主题。"[1]这种迅速而独特的媒介属性和传播功能，赋予了电视艺术独特的价值，使电视与电影在表现形式、传播途径、接受方式以及审美特征等诸多方面都存在着显著的差异。

电视艺术利用电视媒介创作出多样化的文艺作品，它涵盖了电视剧、综艺节目、纪录片、艺术片、电视音乐、电视舞蹈和电视戏曲等多种类型。在这些类型中，电视剧是电视艺术的核心形式。电视剧结合了传播技术手段和电视艺术的审美特性，融合了电影和戏剧的表现技巧，将视听艺术与现代科技相融合，并通过电视传播，以家庭观赏的形式成为一种新兴的综合艺术形式。根据艺术形式和播放形态，电视剧可以进一步细分为电视小品、电视单本剧、电视系列剧和电视连续剧等类别。这些不同的类别反映了电视剧在叙事结构、播放周期和观众互动等方面的多样性和丰富性。电视小品被称为电视剧

---

① 鲍列夫.美学[M].乔修业，常谢枫，译.北京：中国文联出版社，1986:451.

百花园中的轻骑兵，一般不超过 15 分钟，其特点是题材小、编写快、低成本、易制作。电视单本剧主要是指长度为 1~3 集的电视剧样式，其特点表现为情节结构简单明快、人物性格特征鲜明、注重反映现实生活。电视连续剧采用分集播出的方式，主要人物和主要情节贯穿全集，采用章回体小说的叙事技巧，通过设置悬念，如"欲知后事如何，且听下回分解"，来吸引观众继续追看。这种剧型虽然有主要人物串联全剧，但每个故事相对独立，每集都能构成一个完整的叙事单元，集与集之间并不强求情节上的紧密联系。电视连续剧则充分发挥了电视艺术的特长，它以众多的人物、宏大的规模、扣人心弦的情节和引人入胜的故事，吸引观众在固定时间持续收看。电视系列剧作为一种分集播出的长篇电视剧形式，能够持续吸引观众的注意力，并使观众形成一种期待感，期待下一集的播出。

二、综合艺术的审美特征

综合艺术是由多种艺术样式交融而成，能够发挥综合整体优势的艺术类型。视听艺术融合了多种艺术元素与科技手段，能够产生综合的、多维度的审美效果。在综合艺术领域中，戏剧是一种历史悠久的艺术形式，而电影和电视则是技术与艺术、科技与美学相结合的现代艺术形式。它们各自拥有独特的审美特性，但作为综合艺术，它们也有一些共同的审美特点，主要体现在高度的综合性、情节的丰富性和表演的多样性上。

第一，高度的综合性是指融合了造型艺术、表演艺术、语言艺术等多种艺术形式的优势，并将其整合进自身的艺术体系中，从而增强艺术的表现力和感染力。戏剧、电影和电视作为综合艺术的代表，分别从文学、音乐、绘画、舞蹈、雕塑、建筑等多种艺术中吸收养分。在整合了各种艺术元素后，综合艺术改变了各个艺术门类原有的形态和特点。例如，中国传统戏曲是多种艺术元素和表演手段的集合，每种表现形式都发挥着其在塑造舞台形象中的功能。文学为戏曲提供了丰富的剧情，同时也为戏曲的唱词增添了雅致；音乐通过优美的唱腔表达人物情感、推动剧情发展，器乐伴奏则用于营造氛围和调整节奏；造型艺术在舞台上的应用使得布景道具与剧情相得益彰；表演艺术在戏曲中的融入，形成了独特的角色体系和表演程式。电影和电视则从绘画和雕塑中借鉴造型艺术的特点，创造了独特的视听艺术符号，同时从音乐中吸收节奏和旋律，使影视歌曲成为表达情感、渲染气氛和提升主题的重要元素。

第二，情节的丰富性是指综合艺术通过人物和事件构建故事框架，并在此基础上展开矛盾和冲突的重要特点。对于观众而言，综合艺术作为一种观赏艺术，需要提供引人入胜的故事情节来吸引他们的注意力。从艺术表现的角度来看，故事情节是叙事艺术的核心要素，无论是戏剧、电影还是电视，这些综合艺术形式都以其情节的丰富性和剧情的跌宕起伏而著称。故事情节由一系列按因果逻辑关系组织的事件构成，在这些事件的发展中展现人物间的矛盾和冲突，这些矛盾和冲突推动了剧情的进展，并在人物性格的发展变化中塑造出具有鲜明个性特征的人物形象。故事情节的核心在于人物和事件之间的因果关系，这种关系是连接人物和事件、展现艺术风格多样性的关键。戏剧性情节通常围绕戏剧冲突构建，往往包含激烈的冲突，利用矛盾推动剧情发展和塑造人物形象。剧情结构通常包括开端、发展、高潮和结局等环节。与戏剧性情节相对的是那些根据生活逻辑构建的情节，它们更多地采用心理结构和情绪结构，挖掘人物内心深层的情感，追求情节的自然和生活化。

第三，体现在综合艺术中的不同表演形式——戏剧、电影和电视表演，它们各自展现出独特的审美特征和风格。尽管这些表演艺术在风格上有所区别，它们都遵循一个共同的审美原则：演员必须与角色达到和谐统一，深入把握角色的性格特点，并将自己的情感融入角色之中。在综合艺术的表演中，演员根据剧本的剧情、角色设定和台词，在导演的指导下进行创作，通过台词、肢体动作和表演技巧来塑造人物形象，实现了艺术元素的有机结合。戏剧表演尤其强调演员的中心地位，由此衍生出多种表演理论。斯坦尼斯拉夫斯基的体验派理论强调演员需要深入体验角色的内心世界，实现演员与角色的合一。这种表演方式要求演员不仅在外表上扮演角色，更要在情感和心理上与角色相融合，从而在舞台上呈现出一个完整、立体的人物形象。通过这样的表演，戏剧、电影和电视能够将各自的艺术特色和审美要求融合在一起，为观众带来丰富多彩的艺术体验。以布莱希特为代表的表现派强调表演中的理性因素，主张演员要用理智控制自己的表演，以便让观众冷静判断。梅兰芳将体验派与表现派相结合，既重体验，也重表现。当然，戏剧表演和电影、电视表演也具有很大的区别，戏剧表演的剧场性要求演员在语言和动作方面要有夸张的成分，而电影和电视的逼真性要求演员能够做到不露痕迹地生活化、自然化的表演。

（一）戏剧的审美特征

一是动作性。戏剧的表现手法赋予了剧本语言以显著的动作性特质。这种动作性不仅包括可见的肢体动作，也涵盖了角色间情感与思想的交流。叙事文学与戏剧的主要区别在于，叙事文学通过叙述将事件变为过去，而戏剧则通过动作让往事在观众面前重现。戏剧将事件的瞬间转化为人物动作，展现于观众视线及想象之中。戏剧与动作相辅相成，动作是戏剧的表现工具，戏剧则是动作的艺术。根据表现形式，动作可分为形体动作、言语动作和静止动作。形体动作指演员在舞台上通过身体和表情展现的动作，源自内心，揭示角色的内心动机和情感，是剧情发展的推动力。言语动作即戏剧中的对话、独白和旁白，是话剧艺术的核心表现手段。静止动作，或称停顿和沉默，是戏剧中的重要元素，缺乏停顿会使人物心理发展显得突兀。当语言难以传达复杂情感时，沉默往往能产生特别的效果。

二是情境性。戏剧情境是引发人物特定动作的客观背景，它是戏剧冲突产生和发展的起点，也是戏剧情节构建的基础。戏剧情境由三个主要部分组成：剧中人物所处的时空环境、影响人物的具体事件以及特定的人物关系网络。戏剧中的动作和冲突的展开，包括事件的起始、发展、高潮和结局，都是在特定的时空背景下进行的。每一处戏剧情节都伴随着事件的发生和发展，每个人物的戏剧动作都是由某个具体事件触发的。法国古典主义悲剧遵循"三一律"原则，即在一个地点、一天之内讲述一个故事。许多剧作家喜欢在作品中设置一个重大事件，通过这一事件将主要人物置于两难的境地，迫使他们在关键时刻作出选择。事件对人物动机和戏剧情境起到了推动作用。特定的人物关系是戏剧情境的核心，也是最具活力的组成部分。人物的心理和性格关系构成了戏剧性存在的基础。因此，丰富而具体的戏剧情境对于塑造人物形象至关重要。

三是场面性。戏剧的场面性指的是在特定情境下由人物活动构成的相对独立的戏剧段落，它们是戏剧情节的基本构成单位。在戏剧的每一幕中，随着人物的进出，时空环境相应变化。戏剧场面依据其表现形式，可分为主要场面与次要场面，以及明场与暗场。主要场面通常展现主要人物的性格、人物关系和情节发展；次要场面则用于介绍剧情、烘托背景和气氛，连接主要场面；明场指的是演员在舞台上直接呈现给观众的表演，观众可以通过视觉感官直接欣赏，旨在展示人物关系和揭示人物内心世界；暗场则由于时空条件限制，不在舞台上直接展现。在选择戏剧场面时，应在结构上做到详略得当，充分挖掘具有戏剧性冲突的场面，而对交代性场面则简略带过。当大幕拉开，人物进入情境并开始行动，形成连续的场面。深入挖掘场面并不意味着要将所有内容都显露无遗，而是要追求含蓄，留有想象空间。

（二）电影的审美特征

一是画面感。画面感是电影内容的结构形式，导演通过选择、剪辑镜头，使画面效果符合观影的审美需要和剧情的演变发展。电影是视听结合的艺术形式，电影以其画面感带给观众鲜明的视觉形象。电影中的画面感不同于其他视觉艺术中的画面，电影画面的动态特性要求对画面内容进行细致的处理和安排，这涉及景别、景深、变焦、色彩和光影等多个方面的构思。画面的基本形式主要分为纵深构图和平面交叉构图两种。纵深构图通过景深的调节和变焦技术实现，它扩展了电影的表现范围，更贴近现实生活的场景，通常在纵深方向上将画面分为近景、中景和远景。平面交叉构图则依据绘画原则，强调画面的平衡感。此外，画面形式还包括封闭型构图和开放型构图的混合使用。封闭型构图以画框为界限，将所有信息按照绘画的结构布局安排在画框内，追求画面的平衡、对称和稳定性；开放型构图则追求画面的不对称性和不完整性，引导观众感知画外空间的存在。

二是蒙太奇。在电影艺术中，蒙太奇是组织画面、镜头和声音的一种结构方式，它使得电影能够在空间和时间上实现综合性的表达。蒙太奇根据特定的创作意图和艺术规则，将镜头与镜头、画面与声音进行有机组合，从而创造出电影艺术在时间和空间上的完整性，完成对人物、事件、环境和情节的叙述，并营造出和谐有序的节奏与风格。因此，蒙太奇不仅是剪辑的规则，也是创作的方法。在电影艺术实践中，蒙太奇承担着叙述故事、表达情感、阐述思想和创造风格等多种功能。通过蒙太奇，电影制作者能够将不同的视觉和听觉元素融合，构建出富有层次和深度的电影语言。电影艺术的叙事是由若干镜头构成的完整画面和故事情节，镜头之间、场面之间的衔接都是通过蒙太奇剪辑完成的。蒙太奇作为一种电影艺术中的重要手法，不仅能够构建完整的故事情节，还能够通过镜头的巧妙组合来营造特定的情感氛围。这种技术使得电影能够在不直接陈述的情况下，传达角色的内心世界和故事的情感色彩，增强了电影的表现力和观众的观影体验，并通过画面传递隐喻和象征的思想观念。蒙太奇的节奏是电影艺术风格的组成部分，既是一种画面节奏，也是一种叙事节奏。

三是长镜头。长镜头通常指在电影中持续时间超过 30 秒的单一镜头，它代表了蒙太奇中一种特殊的表现形式，即镜头内部的蒙太奇。虽然长镜头可能不涉及多个镜头间的直接剪辑关系，但它在单个镜头内部展现了画面的组合艺术。长镜头的美学特点包括叙述的连贯性、意义的多样性和画面的开放性。由于其较长的持续时间，长镜头能够充分展现人物、事件和环境，为观众提供了一种完整的时空体验。在长镜头中，画面信息丰富且复杂，要求观众积极参与，发现和创造意义。长镜头的连续性减少了空间跳跃感，同时通过场面调度和摄影机运动赋予画面动感。尽管长镜头的概念是在与蒙太奇相对立的背景下提出的，但两者在实践中是相互联系和融合的。重要的不是选择哪种蒙太奇手法，而是如何巧妙地运用这些手法，无论是长镜头还是短镜头，目标都是创造出更佳的艺术效果。

（三）电视的审美特征

一是社会化与家庭化相结合。电视的社会化和家庭化相结合的审美方式已然成为一种事实。电视的观赏环境与戏剧和电影的剧场、影院体验有所不同，它通常发生在家庭居室中。与戏剧和电影相比，电视观看更为便捷、自在，具有随意性，观众的情感体验也因此更具个性化。戏剧的审美特色在于演员与观众之间的直接互动和共鸣，而电影则以群体化观众在暗环境中的私密性和梦幻感为特征。电视则常在家庭环境中，家人围坐观看，节目内容常包含新闻、广告等，在带来现实感的同时，也保持了一定的心理距离。电视观众面对屏幕，接收的是单向传递的画面和声音，这些内容对观众来说是相对固定和不变的。能够选择的是家人达成共识的频道和观看位置。尽管家庭式观看电视失去了剧场观众特有的情感体验以及与陌生人交流的机会，但互不接触的亿万观众可以通过相同频道观看同一个节目，获得相似的情感体验和价值认同。

二是逼真性。电视的逼真性是通过视听手段呈现故事，表现情感，试图在观众面前展现出一个接近现实生活的客观世界。电视能够将客观生活中的人和物生动形象地记录下来，并如实地搬上银幕。电视能够带观众云游四海、翱翔蓝天、目视花草树木、耳听流水叮咚，如同在现实生活中一样，领略大自然的无限风光，获得逼真的感受。电视作为一种艺术门类，是对现实生活场景的高度提炼和浓缩，能够再现现实世界的时空关系，通过连续性的叙述，使观众感受到故事发生时空的连贯性，并通过对日常生活细节的描绘，注重环境、服饰、个性化语言等细节方面的精确再现，形成一种视觉上和情感上的逼真效果。电视作为一种艺术形式，与其他艺术一样，具有其特有的假定性，包括时空、色彩、视觉和音响等方面的假定性。这些假定性需要与生活逻辑和审美逻辑相一致，以确保观众能够接受。电视随着科技的进步，正不断向更加逼真化的方向发展，提供更加真实的视听体验。这种逼真性不仅增强了观众的沉浸感，也推动了电视艺术表现形式的创新和多样化。

三是自由性。自由性特指电视在时空方面的自由性。电视作为一种时空艺术，兼具时间的连续性和空间的广延性，能够根据创作需求展现过去、现在和未来的不同时态。电视艺术不仅能够重现实际空间，还能创造出虚拟空间，这种对空间运用的灵活性极大地增强了电视艺术的表现力。在描绘人物内心世界和传递情感方面，电视艺术拥有其独特的功能和效果。通过灵活运用时间和空间元素，电视能够为观众提供丰富而深刻的视听体验。在时间方面，电视既可以压缩时间，也可以延伸时间。电视艺术没有必要像现实生活中那样原原本本地记述事物的始末，只需要表现那些富有艺术性的画面和具有戏剧性的片段。因此，电视一方面需要压缩时间，增加影片的容量，另一方面需要延伸时间，用较多的篇幅突出主题、渲染气氛，刻画主要人物的形象。电视在表现时空上的自由性，能够极大限度地表现纷繁复杂的大千世界，创造多种多样的戏剧效果。

第四节　综合艺术的鉴赏

鉴赏综合艺术，要准确把握艺术符号系统。在综合艺术的鉴赏过程中，首先要准确把握戏剧、电影、电视等各种艺术门类的艺术符号系统。艺术符号系统是实现艺术家和鉴赏者之间沟通交流的津梁。鉴赏戏剧，应该了解其人物形象的性格特征和表现矛盾冲突的戏剧性场景的设置。鉴赏影视艺术，需要在把握蒙太奇和长镜头的基础上，进一步了解拍摄中的推、拉、摇、移、升、降等拍摄方法，以及全景、远景、中景、近景、特写等不同景别的运用方法。可以说，艺术符号系统是解锁艺术符码的密钥。因此，在鉴赏综合艺术时，需要懂得它们各自的艺术语言。学习艺术课程的关键在于学习不同的艺术门类是如何通过特定的媒介组织起来的，用不同方式组织媒介的基本范型就是艺术语言，艺术语言是艺术符号系统的重要组成部分。一定时代的艺术作品有其特定的表情达意的语言范型，大学生掌握了艺术语言的范型，就能够理解相关艺术作品的内蕴，这就意味着对该艺术开始入门。大学生要经常参与综合艺术的鉴赏，在鉴赏过程中积累艺术语言，同时，也要掌握一些拍摄和剪辑视频的技能，从而真切地体会艺术语言的奥秘。美育教师也应该有一技之长，才能够由技入道，对自己教授的那一门艺术的语言范型了如指掌，并且以生动形象的方式讲解给学生，帮助他们掌握艺术语言，进入艺术的审美境界。

鉴赏综合艺术，要实现审美感性与审美理性的统一。综合艺术美育旨在引导大学生在审美实践中将审美的感性活动与理性活动结合起来，全面感知艺术的整体形象。在欣赏综合艺术作品时，大学生不仅要体验故事情节的起伏变化，还要欣赏创作者所塑造的具有独特个性的人物形象，并从中感受和理解故事情节与人物形象所蕴含的文化意义和人生哲理，如此才能获得审美愉悦感，通过综合艺术的鉴赏，使心灵获得净化，情感获得慰藉，思想获得启迪。综合艺术因其亲近大众的特性而广受欢迎，电视和互联网的普及更是让影视艺术的娱乐属性变得尤为突出。然而，泛滥的影像作品导致了"视觉文化转向"，向观众提供了大量可无限复制的视觉图像，这些图像深刻影响了人们的日常生活。这些图像由于与原始模仿对象的断裂，变成了无源之像。虽然它们能够映射出一些基本现实，但也可能隐藏和扭曲基本现实，不再与任何真实性相连。这让观众所看到的并非现实本身，而是与现实脱节的类像文化。因此，类像世界与观众之间的界限变得模糊，虚拟影像与现实世界的区分逐渐消失。因此，审美感性活动和审美理性活动的统一尤为重要，综合艺术美育能够培养大学生的审美感知能力和理性思考能力，提升大学生的审美理解力和审美判断力，使他们从优秀作品中受到鼓舞和激励，树立崇高的人生理想。

鉴赏综合艺术，要善于用综合艺术的眼光来鉴赏。综合艺术融合了多种艺术形式，电影和电视更是科学与美学、技术与艺术的结合体。鉴赏综合艺术与鉴赏单一艺术不同，它要求鉴赏者具备全面的审美能力，包括审美感知力、体验力、表现力和创造力，从而全面把握戏剧、电影和电视的审美特性，并运用综合艺术的视角进行鉴赏。美通常被分为单象美、个体美和综合美。单象美指的是个体中某一部分的美，具有相对独立性；个体美指事物本身具有完整且自成体系的审美特质；综合美则是由个体美构成的，但其本质在于融合各种个体美后产生的新特质的美。在鉴赏综合艺术时，我们既可以欣赏单象美，如戏剧中的台词、音乐、灯光和舞台布景，电影中的画面和人物形象，电视中的主题曲和蒙太奇等。也可以欣赏个体美，如戏剧、电影、电视中的表演。最重要的是鉴赏综合美，即从整体效应上进行鉴赏，包括剧本、导演、演员的有机结合，不同演员表演风格的融合，台前幕后的协作，以及内容与形式的统一。通过这种方式，可以从总体上把握综合艺术的审美特征，正确理解作品的主题思想和艺术特色，从而在多样化的艺术形式中得到熏陶，提升审美素养。

一、戏剧鉴赏

戏剧鉴赏是观众为了艺术审美的需要，通过观看戏剧作品而产生创造性感悟，从而获得审美感知、审美体验和审美愉悦的活动。鉴赏一种艺术形式，需要精准把握该艺术形式的质的规定性，即审美特征、表达媒介和艺术语言。戏剧鉴赏的核心要素是把握其剧场性特征。观众的鉴赏发生在剧场中，所有因素交汇于剧场，剧场成为一个神奇的空间，构成一种独特的集体性审美体验。戏剧与其他艺术形式相比较，在其他艺术中，观众看到的是已经创作完成了的作品，如绘画作品，鉴赏者看到的是由色彩、线条构成的艺术作品，而看不到画家绘画的整个过程；如音乐作品，鉴赏者看到的是曲谱和歌词，同样看不到作词、作曲者创作的过程。而戏剧则有所不同，观众亲眼见证了戏剧创作的全过程，这决定了戏剧创作与戏剧鉴赏是同步完成的，随着舞台大幕缓缓拉开，戏剧鉴赏也就随之开启。

（一）戏剧场面的集中性和完整性

场面是戏剧的重要组成部分，戏剧场面的集中性和完整性是由戏剧的时空特性所决定的，这种特性也构成了戏剧独有的魅力。不同于文学依赖语言、影视依赖镜头，戏剧通过场面来完成艺术创造。观众对戏剧场面的感受主要通过演员的外在动作来实现，而这些动作正是在场面中展开的。戏剧场面是人物在特定情境下活动所构成的相对独立的场域，其在戏剧中的作用类似于电影中的长镜头，通过场面调度来实现。尽管舞台是固定的，但场面中的画面却是流动的。戏剧中的时空条件决定了场面的集中性和完整性，这也是衡量戏剧成熟度的重要标志。古典主义的"三一律"即是戏剧集中性原则的一个极端表现。

以索福克勒斯的悲剧《俄狄浦斯王》为例，该剧取材于古希腊神话中俄狄浦斯弑父娶母的故事，展现了古希腊式的悲剧冲突：人与命运的抗争。俄狄浦斯虽然智慧超群、热爱邦国，但在命运面前，他奋起抗争，最终在不知情的情况下弑父娶母，为了消除瘟疫，追查杀害先王的凶手，等到真相大白，主动请求自我放逐。《俄狄浦斯王》的剧情在固定的时间（一天内）、固定的地点（王宫里）以倒叙的结构方式展开，以追查杀害先王的凶手为主线，通过两次回忆，引出两个重要发现，最后悬念得以解开。按照事件发展的自然进程，故事的发展顺序应该是：受到先知的预言的神示，俄狄浦斯被抛弃荒野，得到牧羊人的救助，被科任托斯国王收养，离开科任托斯，弑父娶母，发生瘟疫，追查真凶。但戏剧情节采用倒叙的方法，从忒拜城内瘟疫肆虐、天神震怒开始，将俄狄浦斯的一生浓缩在几个小时之内，戏剧场面高度集中，一系列因果事件聚焦于王宫内，剧情发展集中在追查凶手这一个焦点上。由于时间、地点、人物的集中，剧情结构完整统一。

（二）戏剧情境中人物行为的鉴赏

戏剧情境是促使人物产生特有动作的客观条件，是戏剧中矛盾冲突激化和情节推进的重要情境。它由剧中人物活动的时空环境、对人物产生影响的重要事件，以及人物之间的关系三部分构成。戏剧作为动作艺术，其时空的展开、事件的推进和人物关系的展现，为主人公的活动提供了舞台，从而引发行动和冲突，推动剧情发展。在戏剧创作中，为中心人物设置特定的情境，有助于充分展现其性格特征。而在戏剧鉴赏中，理解特定情境下的人物行为是关键。

以阿瑟·米勒的《推销员之死》为例，该剧通过戏剧情境中的时空、事件和人物关系，探讨了人物行为。剧中，推销员威利·洛曼因年老体衰被老板无情辞退，他曾希望在办公室内工作，却遭到拒绝，这使他极度沮丧。他责怪两个儿子不务正业，却遭到儿子们的嘲笑和讽刺，他的美国梦破灭，自尊心受损。最终，为了给家人留下保险金，他选择了制造车祸自尽。剧中有三个关键事件导致威利选择自杀：首先，威利期待通过与老霍华德的关系和对公司的贡献获得办公室工作，却被拒绝；其次，他对儿子比夫寄予厚望，却发现儿子偷窃，感到失望，却遭到儿子的斥责；最后，威利与比夫发生激烈冲突后，比夫试图阻止他自杀，但未能成功。这三个事件相互关联，推动了剧情的发展，促使威利与比夫的关系不断转变。戏剧中的人物关系基于性格和心理，以事件为契机，事件则以发展人物性格为中心，关键事件的发生导致人物关系的戏剧性转变，激发人物的心理活动，推动剧情深入发展。在鉴赏过程中，鉴赏者需要关注在关键事件的激发下，人物关系的转变导致人物的行动是否合理。

（三）戏剧鉴赏是一个再创造的过程

戏剧鉴赏是鉴赏者针对戏剧的感悟和体验，是实现戏剧社会价值和审美价值的一个重要环节。根据鉴赏者的不同，戏剧会在不同的审美主体上呈现出不同的审美潜能，因此戏剧鉴赏需要多角度、多层次进行，是一个再创造的过程。西方谚语中所讲的"一千个读者眼中有一千个哈姆雷特"，意指同一部戏剧，由于鉴赏者不同，会呈现出不同角度和层次的鉴赏效果。同一部作品，在鉴赏者人生的不同阶段，会呈现出截然不同的艺术效果；同一部作品，在不同的心境下阅读，效果也会截然不同。由此可见，戏剧鉴赏是一种积极的再创造过程。

姚斯和伊瑟尔对文学接受中的再创造有着精彩的论述。姚斯认为，文学作品并不是独立自主地为每个时代、每个读者提供相同的图景，而是像一本管弦乐谱，不断在它的读者中激起新的回响。尽管姚斯讨论的对象是文学接受，但这种现象同样适用于戏剧艺术。戏剧是一种综合艺术，能够塑造典型情境中的典型人物，鉴赏者能够根据自己的人生阅历、审美体验来填充这些艺术留白，从而完成对戏剧艺术形象的二次创作。伊瑟尔的观点强调了文学作品的生命力和意义并非固定不变，而是在阅读过程中、与读者的互动中得以实现和生成的。他认为，尽管文本中的词语和句子本身随时间变化不大，但其现实意义却因时代背景和读者的不同而不断演变。文学作品的意义是作品与读者相互作用的结果。这一理论不仅适用于文学作品的鉴赏，也同样适用于戏剧艺术。戏剧的意义正是在作品与观众的互动中被激发和创造出来的。只有当鉴赏者深入了解戏剧的构成要素和审美特征，并通过丰富的观剧实践，才能真正提升对戏剧的鉴赏能力。

二、电影鉴赏

电影鉴赏是对电影作品进行深入分析、理解和评价的过程。电影鉴赏能力是自觉并好奇选择电影的能力，批判性观影并能够分析电影内容、摄影和技术等方面的能力，以及在创意性的运动影像制作中使用电影语言、电影叙事和电影表达的能力。电影鉴赏能力中的感知力、理解力、想象力和表达力，在电影层面均表现出相应的电影审美特性。电影鉴赏能力中的表达力就是学会审美地表达自己独特的观影感受。电影艺术的价值在于其能够激发观众的审美活动，通过感知和理解电影内容，引发观众的情感共鸣、想象和联想。这种互动过程使得观众不仅仅是被动接受，而是积极参与到电影艺术的再创造中，从而充分体验和实现电影的艺术审美价值。电影作为一种视听媒介，其独特的叙事方式、视觉风格和情感表达，为观众提供了丰富的审美体验，使其在观赏过程中能够产生深层次的情感和思考，进而达到一种艺术的再创造境界。

（一）掌握电影的艺术语言

每一门艺术都有其独特的艺术语言，电影艺术语言是电影构成的基本要素，它们组合在一起构成了电影的审美特性。掌握电影艺术语言，一方面可以帮助我们在观影时能够以较为专业的视角鉴赏电影；另一方面，在自媒体时代，掌握电影艺术语言便于我们自己进行短视频创作。画面是由一个个镜头组成的，能够带给观众直接的视觉刺激，使其在观看影片时产生复杂的情绪反应。摄像机的机位决定了镜头构成的三要素：视点、构图和调性。视点是摄影机机位确定的拍摄角度，也是观众观看电影画面的角度，不同的拍摄视点蕴含着不同的情感态度和价值取向。构图是电影画面内容的结构形式，是导演在镜头中对现实素材进行选择、安排和布置后拍摄的艺术画面。电影中的构图不同于其他艺术样式中的构图，因为电影画面始终处于一种运动状态，运动镜头能够以动态形式表现紧张、焦虑、暴躁和不安的情绪。中国武侠电影中经常使用运动镜头，如《少林寺》《卧虎藏龙》等。调性是电影画面中色彩、明暗、对比以及层次等关系所形成的视觉效果，不同的调性会让观众对故事和角色产生不同的情感体验。电影被称为光影艺术，是因为在电影艺术中，光和影创造了电影镜头中的线条、色彩、画面，这就决定了镜头画面的审美风格。如雅克·贝汉拍摄的纪录片《迁徙的鸟》，将摄影机放置在飞行器上，跟拍鸟群的迁徙，摄影机拍下了许多鸟群飞行的镜头，独特的拍摄机位清晰地展现了鸟群飞行的各种姿态和队列变化的形式。

电影中的长镜头是将一个镜头持续较长时间，具有连续性，让观众能够完整地看到一段时间内事件发展的全过程。导演尹力执导的电影《我的九月》从一开始就是一个长镜头，这个长镜头捕捉了孩子们在胡同中的自然状态，为观众呈现了一个生动、连贯的场景。镜头的运用使得观众仿佛亲身体验了孩子们的活泼与胡同的生活气息，增强了观影的沉浸感和真实感。这样的拍摄手法不仅展现了导演对场景的深刻理解，也体现了对细节的精致捕捉，使得老北京胡同的烟火气得以真实而完整地呈现在观众面前。通过这个长镜头，观众能够感受到胡同中的生活氛围和孩子们的天真烂漫，体验到一种身临其境的观影效果。有叫卖雪糕冰棍的小贩，有打家具的年轻木匠，有提着鸟笼遛鸟的老年人，最后孩子们走进了一个拥挤嘈杂的大杂院。这个长镜头非常完整地展现了影片中故事发生的环境以及影片中的几个小主人公，唤起了观众似曾相识的童年记忆。

如果说长镜头是一镜到底，让观众有一种身临其境的现场感，那么，蒙太奇就是按照生活的逻辑，通过短镜头的剪辑，把最能表现事件发展的片段以各种技巧连缀起来，让观众发挥想象，自动填补镜头中的空白，完成对剧情的理解。张艺谋在电影《红高粱》中通过紧凑的蒙太奇剪辑手法，营造了一种热情而狂放的影片风格。相较之下，在《我的父亲母亲》里，他采用了更为柔和、连贯的蒙太奇节奏，展现出一种充满诗意和画意的影像风格。这两部作品体现了张艺谋对电影节奏感的精准把握，以及通过不同的剪辑技巧来表达电影的内在情感和艺术追求。《红高粱》的热烈奔放与《我的父亲母亲》的诗情画意，共同彰显了张艺谋电影艺术的多样性和丰富性。

除了画面系统，构成电影艺术语言体系的审美因素还有一整套声音系统。声音和画面相互配合，构成了完整的电影艺术世界。

（二）了解电影的叙事结构

剧本是决定电影叙事水平高下的重要因素，好剧本是电影拍摄成功的前提条件。电影剧本为导演、演员、制片人、摄影师等电影工作者提供了一个故事蓝本，为他们有序开展工作提供了行动指引。好剧本是在讲好吸引人的故事的同时，能够用文字表现出电影镜头。剧本呈现的基本单元是镜头，通过呈现一幅幅画面内容，完成剧本故事的叙述。剧本在呈现镜头的同时，要描述镜头的视听效果，主要表现在剧本的音乐、色彩、光线、人物表情、音响效果等细节方面。剧本作为一种叙事文本，同样要强调叙事的整体性和逻辑性，即画面剪辑之间形成的逻辑关系，以达到电影叙事的整体审美效果。如姜文执导的电影《阳光灿烂的日子》中，有一个镜头是父母和淘气孩子之间的撕扯，另一个镜头是部队干部敬礼。这暗示着宏大的时代背景和一地鸡毛的日常生活在电影中彼此交织，也是电影故事即将展开的背景，这让观众对电影整体风格的把握作出了一个基本的判断。

电影编剧需要在一部电影框架中完整讲述故事，在短时间内将电影的结构、故事、人物、背景等融合成一个完整的统一体。经典的电影结构一般由三幕构成：开头、中间和结尾。也就是说，一部电影，无论其叙事方式是正叙、倒叙或插叙，叙事线索是单线叙事或多线并进，故事复杂程度如何，其剧本最终都能够还原成三幕。菲尔德阐述了电影三幕式背后的功能和合理性。第一幕的功能是建制，就是用20~30分钟完成电影故事发生的背景、人物关系、基本情节结构和故事发展的动力来源。第二幕的功能是用50~60分钟形成对抗，即电影主人公要陷入各种矛盾纠葛和冲突之中，不断对抗，这样才能推动故事情节不断向前发展。对抗就是主人公有一个愿望或想法，为了实现这个愿望或想法，历经重重阻碍，他要通过自我努力来实现，在努力过程中跨越重重障碍构成了剧情发展的动力。周星驰认为"爱而不得继续爱"既是爱情戏中的对抗，也是推动爱情戏发展的主要动力。在刘镇伟导演、周星驰主演的《大话西游之月光宝盒》和《大话西游之大圣娶亲》中，紫霞仙子的经典台词深刻表达了对爱情的无限憧憬和最终的无奈。她期待的意中人是一位英雄，会驾着七色云彩来迎娶她，然而，她猜到了故事的开始，却没有猜到结局，展现了影片中爱情和命运的复杂交织，以及对观众情感的深远影响。这两部电影以其独特的叙事风格和深刻的情感表达，成为中国电影史上的经典之作。经典电影在第二幕中总会设置多重对抗情境，对抗越多，人物之间的关系就显得越复杂，剧情就越跌宕起伏、引人入胜，呈现的电影艺术魅力就越大。如李安执导的《卧虎藏龙》中的玉娇龙，在她如烟花一般短暂而又璀璨的一生中，几乎在与整个世界对抗。玉娇龙离家出走，是与包办婚姻对抗；揭发师傅碧眼狐狸的身份，则是与师门对抗；和李慕白凭借飘逸的轻功在竹林间追逐的场景，是和武林正统对抗；拒绝罗小虎，是和已逝爱情的对抗。一场场的对抗，既推动了故事情节的发展，也塑造了玉娇龙这一星光璀璨的经典人物形象。第三幕的时长是 20~30 分钟，功能是结局，结局的方式一般有两种，一种是按照自然顺序让故事尘埃落定，另一种就是关键性反转，需要给角色设置一个反转的情境，让其展开行动，结束对抗。

（三）学会电影审美表达

对电影的审美表达是构成电影鉴赏活动完整体系的重要组成部分，电影只有在审美实践活动中被感知、体验、表达和再创造，才能呈现出更大的艺术价值，电影艺术的鉴赏才能完成。电影创作可以说是电影的生产环节，电影鉴赏可以说是电影的消费环节，它们相互关照、相互依赖，形成一个完整的系统，即编剧、导演、演员—电影—观众、影评人。这三个环节构成了电影艺术价值不可分割的系统。电影艺术的价值和魅力只有在鉴赏过程中才能真正显现。电影通过其艺术语言，将信息传递给观众，但只有当观众将其作为审美对象时，电影的艺术魅力才得以在审美体验中完全展现。这是观众将电影转化为审美对象的再创造过程，从而使电影艺术得到鉴赏者的认同和欣赏。为了深入体验电影艺术，鉴赏者需要具备一定的素养，从而成为电影审美的主体而非仅仅是旁观者。

首先，鉴赏者应具备相应的电影知识结构。电影是一种融合了现代传媒技术和多种艺术表现手法的综合艺术形式，包括镜头、色彩、光影、造型等，同时也吸收了音乐、绘画、雕塑、建筑、文学、戏剧等传统艺术样式的元素。因此，对电影的审美鉴赏需要广泛的艺术相关知识。

其次，鉴赏者需要更新传统的审美观念。中国传统的鉴赏习惯往往注重故事情节和人物命运，偏好完整且有圆满结局的故事。在现代电影艺术的鉴赏中，鉴赏者应超越这种固定的审美模式，开放地接受电影艺术的多样性和创新性，从而更全面地理解和欣赏电影所传达的深层意义和艺术价值。相较于"大团圆"式的结局，有缺憾的悲剧式结尾或许更能激起观影者内心的震动，产生更为持久的艺术震撼力。电影作为一种综合性较强的艺术形式，单纯追求故事情节和艺术形象，显然不能较为全面地展现电影所表现的艺术魅力，培养一种与综合性艺术形式相匹配的综合性素养，或许能够更为全面地理解电影所传达的审美内涵。

最后，鉴赏者应能够运用电影艺术语言写出较为专业的电影评论。歌德曾说，鉴赏力不是靠观赏中等作品，而要靠观赏最好的作品才能培养成。要写出较为优秀的电影评论，需要揣摩和借鉴影评名家对电影的见解和审美判断，他们或是成就卓越的电影创作者，具有丰富的电影创作实践经验，或是资深的电影理论研究者，具有丰富的电影理论知识，他们对电影艺术具有透过现象看到本质的能力。

三、电视鉴赏

电视艺术是运用电视手段创造出各种文艺样式，电视剧、综艺节目、纪录片、艺术片、音乐、文学和舞蹈等构成了电视艺术的丰富类别，每种类别下又细分为多种风格和流派。电视剧作为电视艺术的核心形式，通过运用传播技术和电视艺术的审美特征，融合了电影和戏剧的表现手法，将艺术与科技结合，形成了一种适合家庭观看的综合艺术形式。在对电视艺术的鉴赏中，对电视剧的鉴赏占据了重要位置。

电视艺术的鉴赏活动是观众在观看电视作品时所进行的审美体验。对电视剧的鉴赏特别注重对画面的分析，即塑造个性鲜明的银幕人物形象，展现生动丰富的社会生活场景。观众通过视听结合的方式感知审美对象，从而引起爱憎、悲喜、同情或共鸣。观众在观影过程中受到潜移默化的影响和启发，同时，根据自己的审美经验和艺术修养，对电视作品作出相应的审美判断。我们将这种在观看电视作品过程中，观众形成的感知、体验、理解、欣赏、判断、表现、创造等过程称为电视鉴赏。电视鉴赏作为艺术鉴赏领域的一部分，既遵循一般艺术鉴赏的普遍原则，展现出与其他艺术形式共通的审美特征，同时，由于其特定的观赏对象、环境、过程和方式，也发展出了自己独特的个性特征。电视与电影作为紧密相关的艺术形式，常被合称为影视艺术，它们之间有许多相似之处，因此，电视鉴赏在借鉴电影鉴赏的基础上，形成了自己独特的鉴赏方法和审美体验，如在蒙太奇和长镜头的使用方面，在假定性和逼真性方面，尤其是在综合运用各种艺术门类的艺术技法和艺术手段方面。但两者在具体的鉴赏方面依然有各自不同的要求、审美特点和评论方法。

（一）电影鉴赏和电视鉴赏的差异性

首先，电影和电视在观赏环境和观赏方式方面不同。电影是在黑暗封闭的环境中放映的，观众集中观影，目标明确，注意力集中，观众之间很少交流，容易深入影片设定的场景和情节中，往往会处于一种忘我式和沉浸式的观影状态。电影观赏往往伴随着一种隐含的承诺，观众一旦选择某部电影，通常会坚持观看直至结束，以获得完整的艺术体验。这种观影体验通常在电影院这样的特定环境中进行，要求观众投入较高的注意力，并形成一个连贯的艺术印象。与此相比，电视的观赏环境更为私人和灵活。由于电视通常位于家庭环境中，在观赏过程中会与家人、朋友交流评论，甚至聊天内容与电视内容毫不相干。观看电视的方式也很自由，可坐可躺可卧，可以随时打开，也可以随时关闭。电视观众对观看内容具有很大的选择余地和选择权利，对电视节目的忍耐度很低，若在几分钟内不能吸引注意，便会更换频道。电视剧主要依靠跌宕起伏的故事情节和人物命运故事吸引观众。

其次，在艺术表现上，电影与电视确实存在差异。电影更注重艺术性、文学性和思想深度；而电视则更偏向于休闲、娱乐和观众参与。一些经典电影，如谢晋于1982年执导的《牧马人》，时隔多年后在网络上被频繁提起，显示出电影作品随着时间沉淀而愈发经典的特性。电视剧则更注重时效性，追求与时尚同步的效应。电影制作是一次性完成的，作品发布后无法根据观众反馈进行修改；相比之下，电视剧可能会根据观众的反馈边拍摄边播出，进行一定程度的调整。在剪辑手法上，电影常采用蒙太奇手法，实现时空的大幅度跳跃；而电视艺术则更多采用顺时空结构，按照故事发展的顺序来展开叙述。

最后，电影的拍摄规模大、时间长、经费多、流程复杂；而电视剧的拍摄则周期短、运作灵活、制作相对便捷。在电影与电视的拍摄制作中，两者采用的手法有所区别。电影拍摄往往采用分镜头方式，要求演员针对不同镜头进行表演，而电视拍摄则偏好多机位，通过多角度捕捉，使演员能够更自然地线性演绎。在放映效果上，电影因其大银幕、高清晰度和强烈的画面感，适合展现广阔的场景和航拍全景；电视则因屏幕较小、清晰度较低，更适合近景和特写，以适应家庭观看环境。这些差异使得电影和电视在叙事和视觉呈现上各有特色。然而，电影由于时长限制，不宜表现过多细节性镜头，而电视剧则以连续剧的方式，不断制造悬念，剧情跌宕起伏，故事情节引人入胜。因此，根据我国四大名著改编的电视连续剧均成为经典影视作品。如杨洁执导的86版《西游记》，成为许多人童年时代的美好回忆；王扶林执导的87版《红楼梦》，邀请了一批大师级红学专家为演员开班授课，并指导电视剧拍摄。由王扶林担任总导演的94版《三国演义》获得了极高的收视率，正如其主题曲中所吟唱的"滚滚长江东逝水，浪花淘尽英雄"，满篇的英武豪气唤醒了人们的英雄主义激情，激发出的阳刚之气，使观众的精神为之振奋。

（二）电视艺术鉴赏的审美特点

电视艺术鉴赏的对象是以影片为中心的放射性体系。作为综合艺术，电视剧是导演统领全局，编剧设计剧本结构、叙事方式、人物形象、意境营造，演员通过对人物形象的把握，通过精湛的演技和细腻的细节表现塑造经典形象，摄影师拍摄镜头、剪辑师剪辑画面，录音师调配音响设备和配乐，美工设计背景、道具和服饰。电视剧拍摄需要各个部门协同运作，是集体创作的结晶。因此，电视艺术鉴赏需要以影片鉴赏为核心，从影片出发，鉴赏导、编、演、录、美等各个部分，再从部分介入微观细节，如演员的台词、举手投足的动作和对角色主要个性特征的刻画等。电视鉴赏既要基于影视艺术的性质，也要有自身的欣赏特点。

首先，电视艺术鉴赏具有注重瞬间流动和时空整体性的特征。对电视作品的鉴赏往往是一次性完成的，在规定的时间内，根据导演的编排，观众可以完整地观看一集电视剧作品，它的画面转瞬即逝，很少有观影者将自己喜欢的部分放慢反复观看、反复咀嚼。因此，电视艺术鉴赏注重通过有限的细节达到整体性的感受，涵养观众在运动中感受美、在时间流动中鉴赏美的能力。

其次，电视艺术鉴赏以其直观感受、生活化和普遍性为特点。作为一种融合视觉与听觉的艺术形式，电视艺术能够让观众直接而无障碍地进行感知。阅读文学作品需要掌握语言文字，欣赏绘画艺术需要掌握绘画基本知识。而观看电视则不同，电视艺术是一种普及性最为广泛的大众艺术，它表现人们熟悉的生活场景，用语言和形体动作描述生活中的故事。尽管欣赏趣味有高雅与低俗之分，对电视的鉴赏有神豪之别，但电视作品是人人愿意看、能看懂的艺术形式，这也显示了电视艺术感受的直接性、生活性和普遍性的特点。

最后，从鉴赏对象来看，电视艺术鉴赏具有多角度、多层次、多侧面的特点。电视艺术作为最年轻的艺术形式，与现代都市快节奏、高速度的生活方式相适应，与开放的、多元化的、相互交融发展的全球化进程相适应，也与人们多样化、个性化的生活方式相适应。电视艺术既具有现代艺术的时尚性和普遍性，又具有个性化特征。同时，电视类型的多样化也能够满足不同观影者的审美需求，人们可以在海量的电视剧中寻找到自己喜欢的影片和符合自己审美趣味、审美品位的影视作品。即使是对同一部电视剧，每一位观众都可以从故事情节、人物形象、画面风格、演员演技等不同角度、不同侧面对电视作品进行鉴赏。

（三）电视艺术评论的写作方法

电视艺术评论的写作过程实际上是调动评论者各种艺术知识、审美经验、观影体验和艺术理论修养，对电视作品进行再创作的过程。由于每个人的知识结构、审美观念、审美经验和审美趣味各不相同，所创作的评论也是千差万别的。优秀的电视艺术评论应该有评论者自己独到的见解，能够运用较为专业的艺术语言表达出自己独特的观影体验。

首先，要选择角度，量体裁衣。电视评论的角度就是写作的切入点，角度确定了，写作的内容也就基本上确定了。电视剧作为一种综合艺术形式，其评论可以从多个维度进行，涉及的方面广泛，切入点也可大可小。对于不同的评论对象，评论者可以选择对单部电视剧作品进行深入分析，如思想主题、艺术特色、人物形象、情节构思等。如对陈家林、刘大印执导的《康熙王朝》进行评论，可以结合史料对康熙皇帝的文治武功进行评论，也可以对饰演康熙皇帝的陈道明和饰演孝庄太后的斯琴高娃的精湛演技进行评论。评论者也可以对某一类电视作品进行评论，如可以评论某一时期电视创作的倾向和对某类题材的偏好。近年来，清宫题材的电视剧大量涌现，例如《甄嬛传》《步步惊心》等作品，这些电视剧因其独特的历史背景、复杂的人物关系和引人入胜的剧情而受到观众的广泛关注和讨论。另外，评论者还可以对某些导演和演员的经典作品进行专题评论。电视艺术评论的角度多种多样，可以从任何一个角度切入构思，完成一篇电视艺术评论。

其次，要抓准特征，深入开掘。每一部电视作品都会有很多特点，需要抓住其有别于其他作品的创新之处、独特之处加以评论。在观看一定数量的同类作品后，评论者可能会发现某一部电视作品在某些方面的独特之处。有些评论家称之为"感觉点"或"动情处"，也就是鉴赏诗歌作品时的"诗眼"。把握准了这一点，深入开掘，自然能够写出独具个性特征的电视评论，而不是人云亦云。现代接受美学提出艺术鉴赏是一个分层次的过程，它涉及从表层的感受逐渐过渡到深层的理解，从直观的感性体验逐步深入到理性分析的阶段。这一过程不仅包含了对艺术作品直观感受的初步反应，还包括了对作品更深层次含义的思考和解读。鉴赏者通过对艺术作品的反复体验和思考，能够逐渐揭示作品的内在价值和意义，实现从感性认识到理性认识的转变。所谓感性，就是以视听结合的方式直观感受审美对象；所谓理性，就是基于对作品的直观感知，把握和领会艺术作品蕴含的真谛，通过理性思维实现对审美对象的建构。若能深入探究，通过分析艺术形象，把握作品的核心思想，理解电视作品中所蕴含的深刻哲理，那么这样的评论便能触及更深层次。

最后，要确定评论形式，精心构思，完成撰写。由于电视艺术评论的角度多种多样，电视作品精彩纷呈，个体感悟深浅不一，因而，电视艺术评论的形式就会呈现出千姿百态的面貌。电视艺术评论确实没有一成不变的模式，它包含了多种表达形式，包括论说体、书信体、随笔散文体和观赏札记体等。在这些形式中，论说体是最为普遍的一种。论说体评论可以进一步细分为短论式、观感式、批评式和阐释式。短论式评论集中于一个特定观点，充满情感色彩，以简洁有力的语言和生动活泼的文风表达观点，类似于杂文的形式。这种评论方式能够迅速抓住读者的注意力，并以精练的语言传达作者的深刻见解。观感式评论多评论对自己触动最大、印象最深的某个情节或画面，其特点是真挚坦率、观点明确、情感充沛。批评式评论以艺术理论知识作为支撑，通过事实资料和逻辑推理来论证自己的观点和态度。阐释式评论专注于深入探究影视作品的内在层面，旨在挖掘其深层的思想意蕴和艺术价值。撰写这类评论的作者通常需要具备较为丰富的知识背景和对作品有深刻的理解，以便能够提供全面而深入的分析。通过这种类型的评论，观众不仅能够获得对作品更深层次的认识，还能对作品的艺术成就和文化意义有更加全面的理解。尽管上述几种评论形式的侧重点和特色各有不同，但归结起来，离不开议论文的三要素：论点、论据和论证过程。影视评论形式之间并没有明确的分界，只要对电视作品有独特的感悟和发现，有创作的灵感和激情，就可以选择自己适宜的影评形式，精心构思，完成创作。

本章小结

　　艺术美主要体现在艺术作品具体的感性形式之中，大学生要进行艺术美育，就需要了解艺术类型和样式的基础知识，了解各门艺术的审美特征，掌握各门艺术审美的鉴赏方法，这是评鉴、领略艺术之美的前提。语言艺术作为一种艺术门类，它使用语言符号作为媒介，创造出具有审美内涵的生动形象。这种艺术形式通过符号的表意系统来传递审美经验，激发读者的联想和想象，进而塑造艺术形象，反映社会生活，并表达创作者的审美观念与理想。这种艺术形式通常被称为文学。按照文学作品的体裁，可以将其分为诗歌、小说、散文三种样式。实施语言艺术美育可以遵循三条美育途径：语言文体的鉴赏、形象的再创造和审美意蕴的领悟。综合艺术是指包含多种艺术元素并通过这些元素的有机结合，在一定时空中，以表演者创造角色形象来反映生活、表达情感的艺术。综合艺术汲取了各种艺术门类的艺术表现手段和方法，将时间艺术与空间艺术、视觉艺术与听觉艺术、动态艺术与静态艺术、再现艺术与表现艺术的不同特征融合在一起，形成了其独特的审美特性。这种融合使得综合艺术能够在多个层面上展现其艺术魅力，不仅在时间的流动中展现故事和情感的发展，也在空间的布局中呈现视觉和听觉的美感，同时在动态的表现中捕捉静态的瞬间，以及在再现现实的同时表达艺术家的主观情感和思想。这种多元化的艺术形式因此具有丰富的表现力和深刻的艺术内涵。综合艺术的主要样式包括戏剧、电影和电视。综合艺术由多种艺术样式交融而成，它们各自有着独特的审美特征，但作为综合艺术，它们又具有一些共同的审美特征，主要表现为高度的综合性、情节的丰富性和表演的多样性。对综合艺术的鉴赏，要准确把握艺术符号系统，要实现审美感性与审美理性的统一，要善于用综合艺术的眼光鉴赏。

思考练习

　　1.简述语言艺术的特征。

　　2.简述诗歌、小说、散文的审美特征。

　　3.简述综合艺术的特征。

　　4.简述戏剧、电影、电视的审美特征。

　　5.举例论述如何鉴赏语言艺术？以诗歌、小说、散文为例。

　　6.举例论述如何鉴赏综合艺术？以戏剧、电影、电视为例。

第七章

科技美育

学习目标

理解科技美的性质；了解科技美的不同形态及其特征；运用科技美的鉴赏方法鉴赏科技美。

内容概要

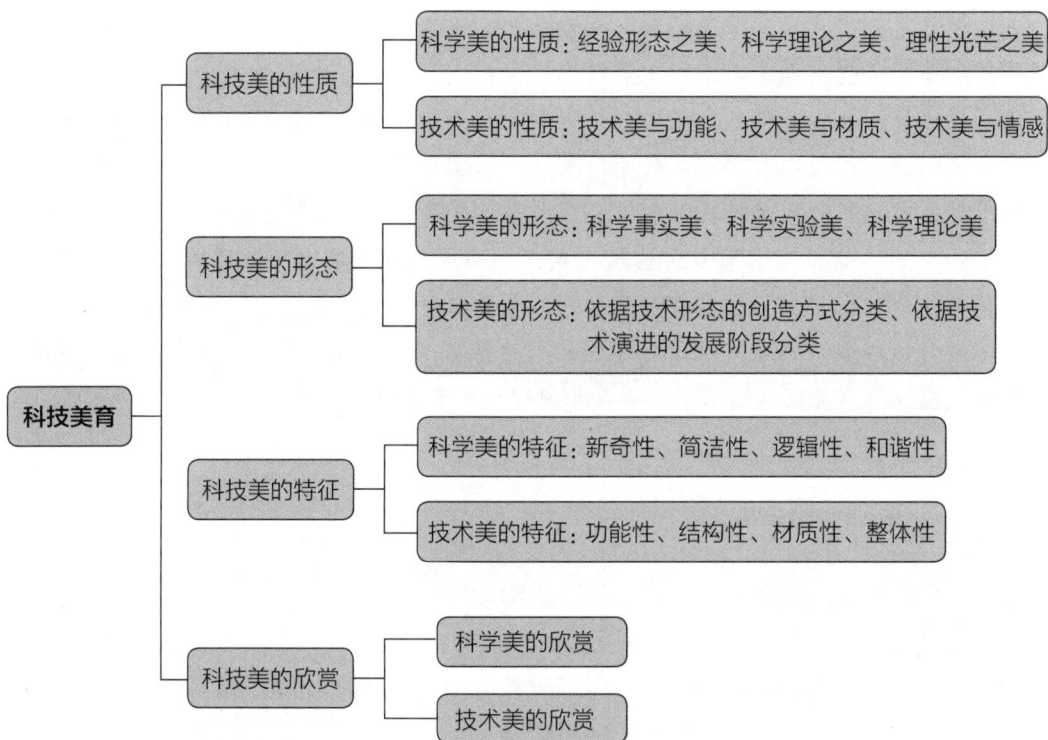

本章导读

科技是科学与技术的结合，其中科学通过范畴、定理、定律等思维形式揭示现实世界中各种现象的本质和规律，而技术则是基于生产实践和自然科学原理发展起来的操作方法和技能。科学与技术相互依存，科学为技术提供理论基础，技术则是科学的实际应用。这种一体化的发展构成了现代科学技术的完整概念。科技美涵盖了科学美和技术美，它以自然科学、技术科学和工程技术的融合体为审美对象。科学美体现在科学定律、公式和理论架构中，它们揭示了物理世界的客观规律和基本结构，是科学研究的成果。技术美则由功能、结构、肌理、材质等要素构成，强调在产品生产中将实用功能与审美需求相结合。

对科学家而言，科学之美如同艺术之美，是一片奇妙无比的自由天地。畅游于科学领域，科学家也能体验到难以言喻的审美愉悦。技术建立在生产的直接经验和直观感受的基础之上，在技术生产中需要用美的尺度去衡量产品，技术产品通常是效用功能与精神功能、实用价值与审美价值的综合体。由于科技美并不是人们从自然界中直接感受到的美，因此，科技美不属于自然美的范畴。尽管科学研究、科学实验、技术生产是社会实践活动的一部分，但科技美并不是社会生活的美，所以，科技美也不宜纳入社会美的范畴。我们把科技美与自然美、社会美、艺术美区分开来，作为一种特殊的审美领域进行讨论。

第一节 科技美的性质

科技美以科学研究领域和社会生产领域中的审美现象、审美活动为观照对象。从学科的角度来看，科学美融合了自然科学、哲学和美学的元素，而技术美则是自然科学、社会科学和艺术的结合。由于科学与技术的发展往往是不同步的，科学美和技术美在历史上经常被分开研究。在理论领域中，科学美受到了更多的关注，而在实践领域中，技术美则更受重视。这种差异反映了科学美和技术美在不同领域中的不同应用和研究重点。科学美与技术美在分流并进的过程中也出现了融合渗透的发展趋势，正是基于这种融合趋势，我们将科学美育与技术美育合称为科技美育，但在具体的论述过程中，我们将会分别讨论。

一、科学美的性质

科学美是科学领域中的一种特殊形态的美，它是"真"与"美"相互融合的结果。虽然科学本身并不等同于美学，但在科学探索的过程中蕴含着美的因素。美可以分为外在和内在两个层面：外在美通过事物的感性形式，如形状、色彩、声音、材质等呈现，直接影响人的感官，激发美感；内在美则体现在事物内在结构的和谐与秩序上，如科学美，它通过抽象的理性认识影响人的内心，引发深刻的共鸣。科学美展现了自然界运动规律的科学理论、科学成果在结构上的完整性、系统性和秩序性，反映了科学理论的完满性和科学探索的美学价值。科学美作为一种独特的审美范畴，本质上体现了真、善和理性的结合，以及规律性与目的性的融合。它反映了人类在探索活动中的自我肯定，以及在理解自然界的深层秘密后所获得的心理满足和精神上的愉悦。在科学研究中，科学美是对人类本质力量的一种确认和验证，其起点在于个体对自己探索活动的积极认可。

科学美是科学研究中的美，需要考虑科学研究的目的与价值问题，因而，科学研究中的"真"显得格外重要。"真"包含两个方面：一方面是客观世界的存在状态和内在规律；另一方面是这些规律在人脑中的反映。科学美是人自由创造劳动的结果，具有独特的审美价值，能够激发人的理性并唤起审美愉悦。在所有科学美的形态中，"真"是其核心。

（一）经验形态之美

就经验形态之美而言，科学美包括自然现象之美和实验现象之美。自然现象之美与自然美有明显区别。自然美重在形式美，其形式美会在人的生理与心理结构上产生效应。生理方面，形式美会引起人们悦耳悦目的快感；心理方面，形式美会引起人们悦心悦意的审美愉悦。自然现象之美即科学事实之美，科学事实之美的欣赏者主要是科学家，他们在面对自然现象时，能够体验到两种不同性质的美。一方面，科学家像普通人一样，可以从自然美的角度欣赏自然现象的外在形态和感性特征；另一方面，他们从科学的角度出发，在探究事物内部结构的过程中感受到科学之美。因此，欣赏自然美，重在欣赏自然物象的形式美；欣赏科学美，重在欣赏自然现象的"真"。

如彩虹是一种绚丽的自然美，七种颜色组成美丽的光环，文学家将其写入文学作品《大闹天宫》中，太白金星对孙悟空描述天宫景象时说，天上乃是神仙境界，星星铺成银河，彩虹架作飞桥。对于彩虹这一自然现象，科学家从审美的角度同样能够欣赏其美丽。当科学家将彩虹视为一种物理现象时，他们所欣赏到的美是另一种形式的美。彩虹的科学美并不在于其拱曲形和色彩绚丽的形式之美，而在于七色彩虹呈现了太阳的可视光谱，当太阳光遇到空气中的水滴时，会发生折射和反射，从而在天空中形成一道拱形的七彩光谱，即彩虹。从科学美的角度来看，彩虹的美丽不仅在于它那令人赏心悦目的色彩，更在于它展现了自然界中光的物理特性和规律性。彩虹作为自然现象的本质和规律的直观体现，不仅呈现了色彩的和谐与秩序，也揭示了光波在不同介质中的传播方式，体现了自然界的科学之美。

由此可见，自然现象美与科学现象美具有很大的差异性。就彩虹而言，前者体现在其形状和色彩上，这些特质给人以愉悦感，能够激发感官的舒适和精神上的愉悦；后者在于揭示了自然界中光的本质和规律。科学现象的美在于其典型性，这种典型性是真实的典范。在实验室中，通过人工控制的自然物质相互作用，产生的实验现象之美更具典型性，它们能更集中、全面地展现背后的科学规律。例如，1898年，居里夫妇从沥青铀矿矿渣中发现了镭。在纯镭被分离出来后，他们在夜晚进入存放镭的实验室，发现在一片漆黑中，镭展现出了奇妙的色彩。

（二）科学理论之美

科学理论是科学家根据自己对客观规律的认识，用符号体系表现出来的形式，尽管艺术作品与科学理论都是通过符号形式表征，但两者具有很大的差异性。造型艺术中的绘画是用线条、色彩作符号；文学作品中的语言也是符号，小说中的语言是用细腻的笔调讲述故事或刻画形象丰满的人物；而科学理论的符号只是用抽象的文字表述客观世界内在的规律。艺术符号所映射的生活是现实生活的全面体现，它涵盖了现象和本质两个维度，正如硬币的正反两面，不可分割，本质常常隐藏于纷繁驳杂的日常生活中。科学反映的是真，是透过现象提取出来的本质。艺术虽然也求真，但更关注善，艺术只要符合人们向善的主观愿望，即使使用虚构、夸张的艺术手法，也不会影响其经典性。

科学与艺术有所不同，科学理论之美也关注形式的简洁、对称、和谐，但其根本的追求是内容方面的真。很多科学家相信，对美的追求可以把他们引向对真理的发现。关于科学美与真的关系有两种不同的观念。以彭加勒为代表的科学家认为美的必定是真的。韦尔提出的引力规范理论在最初并不被视作真实的理论，但由于其内在的美感，它得以保留并继续发展。多年后，随着规范不变形式在量子电动力学中的应用，引力规范理论得到了证实。海森堡强调简洁性和美应作为判断科学理论真实性的美学标准，当自然界展现出简单性和完整性时，我们应认可这种美的理论的真实性。他进一步指出，当自然界引导我们发现前所未有的、异常美丽的数学形式时，我们应相信这些形式的真实性，因为它们揭示了自然的奥秘。许多科学家，如钱德拉塞卡，都表达了类似的观点，认为具有强烈美学敏感性的科学家提出的理论，即使最初不完全正确，最终也可能是正确的。济慈的观点强调了想象力在审美中的作用，认为美的事物在心灵中具有一种真实性，哪怕它们在现实中并不存在。而爱因斯坦等科学家则持有一种观点，即真实的事物具有美感，但并不是所有美的事物都必然对应着真实。这反映了科学与美学之间的复杂关系，以及在探索真理过程中对美的追求和重视。两种观点看似矛盾，实则具有相通性。

彭加勒等认为美就其本质而言，是客观世界规律的运行方式，是规律的典型存在方式。爱因斯坦所说的真的科学理论必定是美的，这强调了真与美具有内在的一致性。至于美的不一定是真的，这里的美有两种可能性：其一，这种美的科学理论只有形式上的美，缺乏真的内容作支撑；其二，这种科学理论或许是真的，但由于实验条件和认知水平的限制，并不能检验其真伪。如果说善是自然美、社会美和艺术美的核心，那么真则是科学美的核心。简而言之，科学美不仅是真实的表现形式，而且是真实性的典型体现。这意味着科学美不仅基于客观事实和科学规律的真实性，而且还展现了这些规律和事实的普遍性和典范性。科学美通过揭示自然界的秩序和规律，展现了科学理论的简洁、和谐与完整，从而成为"真"的一种独特而深刻的表现形式。

（三）理性光芒之美

彭加勒在《科学的价值》中从美感的角度对科学美进行描述，他说："比较深奥的美在于各个部分的和谐秩序，并且纯粹理智能够把握它。正是这种美使物体，也可以说使结构具有让我们感官满意的彩虹般的外表。没有这种支持，这些倏忽而逝的梦幻之美，其结果就是不完美的，因为它总是模糊的、总是短暂的。"[①]彭加勒认为科学美在自然美和艺术美中显得更为深奥，它更注重各部分之间的和谐与秩序。这种"和谐秩序"是内在形式和内在结构的和谐有序，内在形式指的是内容的结构状态，它需要通过非写实的符号系统来表现，超越了感官系统的直观感知，需要理智的参与才能被把握。直观感知仅能捕捉事物的外在形式，而理智则能深入认识事物的内在规律。

理解科学美的性质可以从两个方面进行：一方面，从审美对象的存在状态来看，科学美是一种抽象美；另一方面，从美的创造和欣赏的角度来看，科学美是一种理性美，处处显露出理性的光芒。科学美的理性本质贯穿于其各种形态之中，自然现象与实验现象之所以美，是因为它们典型地展现了事物内在的规律性。科学实验是在理性指导下，按照预设的研究假设和规范的实验操作程序，有条不紊地开展，体现了简洁、和谐、节奏。科学美的理性还表现在科学理论上，科学理论中美的形式有些不甚明显，有些却具有明显的美感效果。尽管有些科学理论从外在形式上看并不能称之为美，但它所揭示的客观世界的内在结构却很美，因为它体现了事物和谐有序的状态。但也有很多科学理论从外在形式上和内在结构上都具有令人愉悦的美感。众多科学家视爱因斯坦的相对论为极具美感的理论，认为它是艺术的杰作。德布罗意称赞广义相对论的优雅和美丽，认为它是 20 世纪数学、物理学中最优美的成就之一。波恩将广义相对论比作一件宏伟的艺术作品，供人远观欣赏。杨振宁区分了理论物理中美的两个层面：理论描述之美和理论结构之美。前者指的是物理学定律，如库仑力定律、热力学第一和第二定律等对自然界基本性质的美妙描述；后者则涉及理论公式化时所呈现的优雅结构，即物理定律通过数学结构的表达，其形式本身能激发人们的审美愉悦。

综上所述，科学美表现为经验形态之美、科学理论之美、理性光芒之美，具体体现为简洁、对称、和谐、统一。科学美是一种数学美和形式美，是诉诸理智的理智美，自然世界的美和自然世界的规律性、结构性具有统一性。科学美是真与美的统一，是合规律性与合目的性的统一。与自然美、社会美、艺术美关注善与形式不同，科学美更加

---

① 彭加勒.科学的价值[M].李醒民，译.北京：光明日报出版社，1988:357.

关注真与规律性，当客体的真与规律性为人所把握并构造出一种能够反映真与规律的理论体系时，客体中的真与规律性就主体化了，这种主体化的过程是人的本质力量实现的过程。

二、技术美的性质

技术基于生产实践和自然科学原理，是人们发展出的一系列工艺操作方法和技能。技术美作为技术领域中的美的形式，是技术与美学、规律性、目的性以及愉悦感官的物质形态的融合。技术美体现在精湛技术和精细工艺在产品制作中的应用上，赋予产品外在美和实用功能。它在形式上展现了工艺的完善，在功能上展现了使用的便捷和舒适。技术美不仅体现在技术与艺术、实用与审美结合的技术产品的功能美上，也体现在运用新材料创造的技术含量丰富的现代工艺美上，以及在技术操作、设计、革新和发明过程中，劳动者的操作技艺、姿势、动作带给人的情感享受上。在物质生产中，人们基于对劳动对象的内在理解，改造对象以符合使用目的，从而获得自由。这些实践活动和成果都能显现和确证人的本质力量，成为具体的审美对象，统称为技术美。

（一）技术美与功能

技术产品存在的根据是其具备一定的效用功能，效用功能是技术产品的灵魂。人类发展史表明，人类第一件工具是以后所有创造物的起点和最初形态。如美国科幻电影《2001太空漫游》中有一个场景，描绘了两个群体之间的斗争，其中一方利用地上的动物骨头作为武器击倒了另一方，随后，猿人将骨头抛向空中，象征着工具的演变，骨头在空中盘旋，转变成了现代的宇宙飞船。这一转变象征着人类工具的历史演变，从最初的简单工具发展到今天高科技的航天器。这个场景不仅展示了工具的发展，也隐喻了人类智慧和创造力的飞跃。工具的制造和使用在人类从动物界中分离出来的过程中起到了决定性的作用。人类早期的物质活动和精神活动是交织在一起的，在产品满足了生存需求的基础上，审美意识才萌芽。

普列汉诺夫认为："原始民族用来作装饰品的东西，最初被认为是有用的，或者是一种表明这些装饰品的所有者拥有一些对于部落有益的品质的标记，而只是后来才开始显得美丽。使用价值是先于审美价值的。"[①]这段描述揭示了人类审美意识的发展过程，它经历了致用、比德、畅神三个阶段。在致用阶段，审美观念还比较模糊，主要基于对象的实用价值来判断美。在这个阶段，人们倾向于欣赏和赞美那些具有明显使用价值的事物，而那些看似无用的事物则不会引起他们的注意。对于以狩猎为生的原始部落来说，他们最初的审美对象往往是动物，他们使用兽皮、兽骨、兽牙和兽角等作为装饰，

---

① 普列汉诺夫. 普列汉诺夫美学论文集[M]. 曹葆华，译. 北京：人民出版社，1983：427.

这些装饰品不仅具有实用功能，也逐渐成为审美对象。随着时间的推移，人们的审美观念逐渐发展和演变，开始超越实用性，转向对美的本质和象征意义的探索。

进入农耕文明后，植物才逐渐成为人们的审美对象，仰韶文化的彩陶上开始绘制植物的花朵和茎叶，这说明随着农业生产实践活动的开展，人类对植物关注、喜好和赞美，使其与动物一样，逐渐成为审美的对象，这主要是由人类的生产实践活动及其对象和方式所决定的。随着农业的发展，人们开始更加依赖植物，将其作为食物和材料的来源，植物的形态、色彩和生长过程自然而然地进入了人类的审美视野。人们不仅欣赏植物的实用价值，也开始欣赏它们的审美特质，如花朵的色彩、树木的形态和整体的自然景观。这种审美趋势反映了人类与自然环境互动的深化，以及对自然美的逐渐认识和欣赏。而那些对人类物质生活有实用价值的动物与植物就自然进入人们的审美关注范围。

人类在面对自己劳动创造的有用产品时，会体验到一种愉悦感，这种愉悦感源于产品制作成功所带来的成就感和产品在生活中的有效性。这种感受是对人的本质力量和生命创造力的双重肯定。从审美的角度来看，产品的功能成为了人与客观事物建立审美关系的桥梁。技术美的形成是人类实践活动发展的成果，它标志着美向物质生产领域的扩展。与艺术美相比，技术美与实用功能的关系更为紧密，而艺术美则追求"无利害关系"的审美体验。这表明，美与功能并非始终对立，而是在特定的历史条件下形成的关系。随着社会的进步和科技的发展，具有实用功能的技术产品也将展现出更丰富的审美价值，其审美价值往往通过其实用功能得以体现。

（二）技术美与材质

技术美以技术产品美为核心，存在于真实的物质形态之中。从原始社会的石器、彩陶到农耕文明的铁制农具，再到现代社会的核电站、强子对撞机，技术产品以不同的材质被制作出来，以具体的物质形态呈现在人们面前，服务于生产生活，构成了人造世界的多样性。与艺术美相比，技术美体现为物质形态的美。虽然艺术美也需要物质作为精神表达的外壳，但物质在艺术中主要是精神的载体。在技术美的创造过程中，物质本身就是美的内容，成为工匠加工改造的对象；而在艺术美的创造中，物质更多地作为美的形式，成为艺术家加工改造的对象。技术美的审美价值建立在对客观物质世界的认识和改造之上，它以现实的自由为精神和心灵的自由提供支撑。人类技术实践的不断提高是精神自由发展的前提，随着技术的发展，人类会从重复性、机械性的琐碎事务中解脱出来，摆脱物的束缚，追求精神的自由。

技术产品的物质形态是人们在现实世界中自由的象征。1923年，在河南新郑李家楼的郑公大墓中出土的莲鹤方壶以其独特的设计和精湛的工艺而著称，将清新活力与庄严神秘完美融合。郭沫若在《殷周青铜器铭文研究》中提到："壶盖上双层莲瓣环绕，采用植物图案，为秦汉前所仅见。莲瓣中央伫立一只白鹤，展翅欲飞，单足独立，轻启喙部，似将鸣叫。我认为这是时代精神的象征。此鹤象征着突破上古时代的混沌，满怀壮志，傲视一切，将传统踩在脚下，志在更高更远地飞翔。"[1] 莲鹤方壶之美在于以极为高超的技术创造出物质形态，开启了春秋时期百家争鸣、活跃升腾的精神气象。

技术美以其真实的物质形态存在，这表明在生产实践中必须遵循客观规律。任何新奇的构思都需要符合人类驾驭材料的水平，才可能将奇思妙想转化为可视化的物质形态。人们正是在把握客观规律的前提下，发挥自己的聪明才智和高超技艺去超越事物的物质规定性，在有限的舞台上演绎精彩绝伦的技术之美。技术美所体现的物质形态已不再是原始的自然物，而是经过人类智慧和技术加工改造后的人造物品，技术产品中的物质大多是人工合成的物质，如此，技术产品摆脱了冰冷状态，打上了人类智慧、意志、情感的烙印。技术产品的物质形态既是社会生产不同发展阶段的表征，也是揭示社会生产力、决定社会生产关系规律的依据，是判断社会发展形态的物证，正如精美绝伦的莲鹤方壶是青铜时代的典型代表一样。由此可见，技术美是以真实的物质形态为存在方式，以合规律性为基础的物质，是内在的真与外在的真相统合形成的真实存在物态。人们通过手脑并用的方式，把外在于人的自然物质转化为具有实用功能的物质产品，同时又闪耀着精神的光芒。

（三）技术美与情感

情感是人对客观事物所持态度的主观体验。情感的对象涉及人的心理活动和身体变化，虽然具有主观性，但实际上是人脑对客观现实的反映。物质生产作为人类主要的活动方式，蕴含着真挚的情感。产品作为物质生产的结果，不仅与人类有实用的关系，也是人类智慧的结晶。通过使用和欣赏产品，人们能够感受到自己的创造力，从而形成情感联系。人与产品的情感联系往往集中在工具上。工具作为制造新工具的必要手段，扩展了人的体力和智力，弥补了人的先天不足，对技术活动起着决定性作用，是社会发展的物质化表现，也是对人本质力量的确认。人与生产实践的关系还体现在对生产环境的态度上。生产环境不仅从物质上保障了技术活动的实现，也通过特殊氛围影响了劳动者的状态。特殊氛围能够激发劳动者的思维、情绪和动作，为提高生产效率提供可能。人在生产过程中对环境产生的情感体验，主要由自我实现的需求引起。

当然，技术生产与艺术生产在情感体验上存在差异。技术生产中，物质产品上凝结的是一种较为模糊和抽象的社会情感，是一种普遍的情感体验，这种体验体现在产品的使用功能和审美功能的统一上，但这种情感表现较为间接，不易被察觉。而艺术作品中饱含着艺术家的创作激情，镌刻着艺术家独特的艺术风格，浓郁的情感色彩是艺术作品的有机组成部分，会成为感染艺术鉴赏者产生真善美情感体验的来源。在技术美的创造

---

① 郭沫若.殷周青铜器铭文研究[M].北京：科学出版社，1961:238.

过程中，生产者的精神能量需要转化为现实的物化形态，生产者虽然拥有激情，但这种激情本身并不能直接融入产品中。产品的物质特性要求生产者将情感转化为符合理性原则的理智感受，这意味着在创造过程中，生产者需要将个人的情感以一种合理、有序的方式表达出来，确保产品既符合功能要求，又能体现生产者的审美和情感意图。通过这种方式，产品不仅成为实用工具，也成为情感和理智的结合体，反映出生产者的内在世界和对客观现实的理性理解。而在艺术美的创造过程中，艺术家常常处于一种迷狂状态，表现得异常兴奋，激情和灵感成为艺术创造的契机。由此可知，生产活动中的情感体验是劳动者丰盈精神世界和生命活力的反映，而高水平的情感体验与创造能力往往成正比，因此，提升劳动者的文化修养和技术水平，培育其高级情感，会给技术美增添绚丽的色彩。

技术美是用美的尺度衡量产品的实用功能与精神功能、情感价值与审美价值。技术产品的审美价值建立在其实用价值基础之上，它们以物质形态存在，并承载着社会和个人层面的象征意义。这种审美价值是在人类的生产劳动过程中被创造出来的，代表了人类最早的一种审美形态。技术产品通过其设计、功能和使用过程中体现的美学特征，不仅满足了实用需求，也反映了人类对于美的追求和创造美的能力。因此，技术美是实用价值与审美价值的结合，它们在形式和功能上都体现了人类对于和谐、秩序和美感的向往。

第二节　科技美的形态

形态指的是事物在特定条件下所展现的外观和结构，它包括了可以被观察到或触摸到的实体特征。"形"指的是物体的具体形状和外观，而"态"则涉及物体的姿态和动向，反映了物体内部运动的外在表现。形态可以分为两种类型：现实形态与理念形态。现实形态是在现实世界中占有空间的物质载体；理念形态是人们根据经验而感受到的样态。科技美的形态是科学美的形态与技术美的形态的合称。

科学美可以分为三种形态：科学事实美、科学实验美、科学理论美。科学家的研究对象是科学事实，包括事物的运动规律和内在结构，它们包含了深邃的理性之美。科学实验作为揭示和证实科学事实的关键途径，其过程和结果同样蕴含着丰富的审美情趣。科学之美主要体现在科学理论上，具体表现在科学理论阐述和科学理论结构中存在审美因素。

技术美的形态包括手工艺品、机器产品、艺术品和标志物。它既是技术美实用功能的承载者，也是技术美审美形式的载体。技术美的实用功能不仅为形态设计提供了指导方向和界定了设计范围，同时也作为审美形式的载体，要求在形态创造时考虑到其对人产生的审美心理影响。技术美的形态的创造旨在实现产品的实用功能与审美价值的和谐统一，确保技术产品在满足实用需求的同时，也能给用户带来审美上的愉悦和满足。

一、科学美的形态

（一）科学事实美

科学事实美是事物运动方式和内在结构等客观存在着的科学研究对象的美。科学事实美的涵盖范围非常宽广，上至天体宇宙运行，下至山川地貌形态。科学事实或许不能引起普通人的兴趣，但科学家却能感受到它令人陶醉的美的特质。彭加勒认为科学事实之美并非直接作用于感官的美，也非物质质地或表现形式之美，而是一种理性之美，只能通过纯粹的理性来理解。这种美不在于感官的直接感受，而在于各部分的和谐有序。尽管科学事实之美与自然之美共享相同的审美对象，但它们的审美点完全不同。科学家感受到的科学事实美并非普通人眼中自然物象的形状、色彩、材质、流动等形式美，而是需要凭借专业知识分析，探索自然物象的内部结构。普通人欣赏银河之美，可能更多地被其横跨夜空的壮观和繁星点点的梦幻景象所吸引；而科学家不仅看到这些，还看到了银河以光年计的巨大规模和有序的漩涡结构，以及不同星系间和谐统一的运动关系。

对科学家而言，他们既要发现自然之美，更要探究自然之真。科学家对科学事实的审美感知建立在科学知识和特别的审美心灵之上。这种审美心灵，与诗人的灵感、画家的慧眼一样，能够感知大自然的和谐、优雅和韵律。但科学事实之美是一种内在的理性美，需要透过表象深入事物的本质，不能仅凭感性直观来把握。因此，即使外观不同的自然对象，也可能拥有相似的内部结构。例如，昆虫学家观察蜻蜓的复眼、化学家观察晶体结构和分子结构时，都能在不同的研究对象中感受到对称之美。科学事实的理性美不仅体现在自然科学事实中，在社会科学事实中也同样存在，如经济学家在资金流动中也能发现结构上的对称和协调，以及流动形态上的周转和循环。科学事实美的发现也会激发科学家强烈的审美情感，假如某一科学事实是科学家通过长期艰苦卓绝的辛劳所发现的，其科学美感的强烈程度，普通人很难体会到。同时，科学事实美产生的审美趣味会成为很多科学家锲而不舍从事科学探索的强大动力，会推动他们不断发现新的科学事实，不断迸发出新的科学思维火花，不断提出新的科学理论，推动科学向前发展。

（二）科学实验美

科学实验美是在科学实验设计、科学实验过程以及科学实验结果中产生的科学美，包括实验构想的创造性、实验装置设计的新颖性、实验操作过程的流畅性以及实验结果呈现出的美感效应。科学实验美从设计构思到实际操作都会产生一种严谨、有序、简洁、流畅的韵律感。科学实验作为科学研究的核心环节，展现了一个动态发展的流程，而科学发现则是这一流程的成果。在科学探索中，人们往往更关注科学事实和成果的美，而较少关注科学过程本身的美。科学成果常被视为科学实验结果的静态积累，但实验过程本身也具有独特的审美价值。科学实验之美可以与音乐家的演奏类比，美妙的音乐是演奏的结果，而演奏过程本身同样充满了难以言喻的美。这种美不仅体现在最终的科学发现中，也体现在科学探索的每一步和实验的每一次尝试中。例如，钢琴演奏者优雅娴熟的弹奏指法，伴随如痴如醉的沉迷神情。对于演奏者来说，在演奏的过程中，他们往往能够进入一种澄明的审美状态，忘记了自我的存在，消融了物我之间的界限。当然，科学实验与音乐演奏相较，具有更多的理性色彩和思辨逻辑，但从审美本质而言，具有审美色彩的科学实验无异于一场令人沉醉的音乐会。

从美感效应而言，科学实验的成功带给实验者的审美愉悦感丝毫不亚于艺术家完成了一件杰出的艺术作品所带来的快乐。化学家戴维在成功通过实验制得金属钾并验证其导电性后，体验到了一种强烈的情感冲击。他因激动而面色苍白，在实验室中情不自禁地手舞足蹈，兴奋地冲出实验室，高呼"太妙了，太妙了"。在撰写实验报告时，他双手颤抖不已，甚至折断了数支笔尖。完成报告后，他仍旧沉浸在极度的兴奋之中，这种近乎狂热的状态是艺术家们常有的经历。从科学实验的设计、实施和结果看，按照美的规律来开展实验，可以增加实验成功的可能性。作为美的本质的合规律性与合目的性相统一是科学实验成功的保障。在实验过程中，实验者会体验到类似艺术创作中的韵律、节奏和愉悦感。杰出的实验科学家常被誉为实验艺术家，他们往往拥有丰富的想象力和较高的审美能力，其深厚的审美素养会在不知不觉中融入科学实验的设计和执行中，使科学实验散发出美学的光芒。科学实验中经常出现理想实验的说法，理想实验作为一种理想状态和令人心驰神往的构思而存在，理想实验中往往饱含着实验设计者天马行空的审美想象和异于常态的审美创造力。由于理想实验不受物质技术条件的限制，会让实验者具有广阔的想象空间，一些重大的科学发现常常是通过理想实验获得的，这种理想实验设计奇妙、想象丰富，极具创造性和创新性，堪称科学实验中的艺术品。

（三）科学理论美

科学理论美是运用严谨的逻辑推演出具有普遍性的结论，得出简单、对称的公式，作出富有预见性的科学推测。科学体系及其组成要素中体现的美主要体现在科学定律、科学公式、科学假说和理论体系等方面。科学定律是反映自然界事物、现象、过程的必然性关系的科学命题，它们构成了科学理论的基础。科学定律分为经验定律和理论定律两种类型：经验定律描述事物和现象之间的必然联系，具有描述性；理论定律揭示事物之间必然的因果联系，具有解释性。哈奇生认为，科学定律也可以是美的，这种美属于绝对美，因为科学定律的认识必然引起一种喜悦，这种喜悦是一种感觉，与对定律的单纯知识本身不同，之所以发生，是由于在杂多中见一致，定律虽然只有一条，但可以包括的事例却是无穷的。由此可见，科学定律采用归纳逻辑，从大量具体事实中归纳而成。

开普勒行星运动三定律被誉为"科学艺术品"，这些定律是开普勒在分析第谷·布拉赫多年的行星观察资料的基础上发现的。第一定律即椭圆轨道定律：行星轨道是椭圆，太阳位于椭圆的一个焦点上。第二定律即面积定律：在相等时间内，行星与太阳连线扫过的面积相等。第三定律即调和定律：行星和太阳之间的平均距离的立方与其公转周期的平方成正比。不仅开普勒定律像一幅画、一首诗、一支天体运行的音乐，而且开普勒本人也认为科学理论是一种具有原型样本的、关于和谐关系的正确认识。科学定律通常用科学公式来表示，这些公式以极其简洁的形式，体现出科学理论的简洁美。在开普勒之前，科学家对行星运动的观测是零乱的，从开普勒定律开始，人们对行星的运动规律有了科学的知识。开普勒的行星运动三大定律不仅统一了之前零散的行星运动观测数据，而且为牛顿后来提出万有引力定律打下了坚实的基础。

科学理论中，科学假说扮演着重要角色，它们通常是基于想象、联想和灵感等非逻辑的感性直观方式提出的，对未知事物的关系和事实进行有根据的推测，这些假说中蕴含着创新之美。一旦这些科学假说得到验证，它们就会转化为具有美感的科学理论。例如，1912年德国地球物理学家魏格纳提出的"大陆漂移说"，这是一个关于地壳运动和大陆大洋分离的革命性假说，它后来成为板块构造理论的基础。他根据大西洋两岸，特别是非洲和南美洲海岸轮廓非常相似的特征，认为地壳的硅铝层漂浮于硅镁层之上，并设想七大洲原本是一块庞大陆地，在天体引潮力和地球自转产生的离心力作用下分裂。20世纪60年代，随着板块构造理论的提出，"大陆漂移说"重新获得了科学界的关注。科学理论作为实验、定律、假说的综合，其科学美不仅仅依赖于各个要素的简单叠加，而是通过这些要素的有机结合，形成了科学理论体系的整体美。在美学的视角下，这种科学理论体系之美体现了美学多样性统一的原则，即在多样性中寻求统一，在统一中展现多样性。这种美不仅体现在科学理论的内在逻辑和结构上，也体现在科学理论对自然界的深刻解释和预测能力上。

二、技术美的形态

现实形态包括自然形态与人为形态，是三维的立体形态。

技术美的形态主要体现为人类创造的形态，这些形态是通过设计、加工和制造等人类活动形成的。随着社会的发展和科技的进步，技术产品已成为人类生活环境中不可或缺的一部分，它们不仅是人类文化的成果，也是影响人类生活各个方面的客观物质文化形态。根据不同的分类标准，技术美可以呈现多种形态。依据技术形态的创造方式，技术美大致可以分为以下三种类型：自然模拟、表现象征、构成造型；依据人类技术演进经历的不同性质的发展阶段，呈现出不同的表现形态，技术美可以分为手工艺品之美、机器产品之美、地标性建筑之美。

（一）依据技术形态的创造方式分类

1.自然模拟

自然模拟技术产品是基于自然界形态样本创造的产品，反映了人类对自然形态的模仿行为以及对自然之美的深厚喜爱和依恋。模仿自然的行为动机根植于人类对自然美的热爱，以及将这种美固化和定型的渴望。通过模仿自然，人们不仅能够再现自然界的美学特征，还能够在技术创作中融入对自然美的理解和追求，使技术产品能够体现出自然美的精髓。这种创作方式不仅满足了人们对自然美的审美需求，也展现了人类对自然界的尊重和向往。

2.表现象征

表现象征是对自然形态进行提炼和加工，通过提取自然之美的特质，降低其不美观的部分，强化其美观的部分，使得创造的技术品形态既脱离了自然形状，又保留了自然形态的核心特征。这是一种概括的自然形态和象征手法的应用。概括的自然形态也被视为一种写意的形态结构，它降低了视觉形象的具体性和精确性，捕捉并强调了观察对象的主要特征，通过变形创造出相似性，从而在主观感受上激发人们对造型的联想和暗示。这种方法不仅在视觉上给人以美感，也在情感和认知上与观者产生共鸣，体现了技术美与自然美的和谐统一。

3.构成造型

造型是物质产品、艺术形象的形体结构。造型美是造型艺术中表现力的关键标志，它已成为视觉艺术领域的共同追求，体现在形体、线条、色彩、姿态等方面，遵循形式美的规律。这种技术形态并非直接复制自然形态，而是捕捉和表达自然现象背后的规律和本质。造型的构成是基于人类对自然物象的观察和个体经验，创造出一种理想化的形态。技术产品中的形态大多属于抽象形态，它们通过抽象的方式提炼自然和现实生活中的美学元素，以一种更为简洁、概括的形式呈现出来。这样的抽象形态能够跨越具体的自然形态，捕捉到更深层次的美学和功能性需求，从而在技术和艺术之间架起桥梁。

（二）依据技术演进的发展阶段分类

1.手工艺品之美

手工艺品是人们基于生活与审美的双重需求，就地取材，以手工生产为主的一种工艺美术品。手工艺品与人们日常起居的生活形态关系密切，不仅包括摆放在博物馆中的展览品，也包括日常生活中使用的器物。在手工业时代，技术和审美并没有完全分离，技术活动在手工操作中展开，它基于生产者的个人经验和直观感知。对手工艺品的尺寸、比例和造型的精准把握是提升工艺技能和技术创新的核心。手工技艺不仅是一种生产活动，它本身就蕴含着对审美的追求。手工艺品的造物之美不仅蕴含着深厚的历史和文化传统，也能唤起我们的审美敏感性和愉悦性。我们对手工艺品的审美感知是在视觉和触觉的交互作用中形成的，在其他艺术中，除了雕塑以外，触觉通常是被边缘化的，手工艺品则以独特的审美方式维系着人的触觉体验。造型美往往是衡量一件手工艺品价值的重要尺度。手工艺品仅凭优美的形体、流畅的线条、绚丽的色彩就足以触动欣赏者。手工艺品的造型美与其他艺术品略有不同，其他艺术品中造型与内容构成艺术的主线，而手工艺品则要实现造型与实用功能的协调，精美的手工艺品往往是造型与功能的完美结合。

在日常生活中，陶器用品在造型上具有曲线柔和美，功能上契合人的手形，遵循墨子提出的"便于身"的原则，手工艺人在制作陶器物品时充分考虑到了身体使用的便捷性和舒适度。在视觉与触觉的交互过程中，手工艺品的造型美并非单纯地为美而美，而是从实用功能的角度出发，凝聚着一个族群为生存而奔波的历史。手工艺品除了造型之美外，技艺的精巧美也是不容忽视的一个方面。精巧一方面是造物的精致，蕴藏着一丝不苟的工匠精神，另一方面，还意味着工匠在制作时融入了新颖、独特的奇思妙想。

手工艺品因其能够构建一个充满诗意的世界而成为艺术品，这种诗意世界的营造是传统手工艺品在当代保持其价值本真的关键。诗意世界的形成源于手工艺人将生命、情感和技艺投入生产制作中，这是他们在长期专注修炼中达到的高超境界的体现。通过手、眼、心、脑的默契协作，他们创造出蕴含着专注、标准、精准、创新、完美和人本精神的手工艺品。这些手工艺品体现了工匠的精神，也是他们在技艺上的无言诗。

2.机器产品之美

随着机械化大工业时代的来临，大机器生产带来了更精细的分工和提升了劳动生产率。科学实验逐渐转化为技术，科学与技术相互渗透，大机器生产取代了手工作坊。机器的出现改变了物质生产过程和成果的本质，简化了对操作工人的技术要求。流水线上的工人仅执行规定的手工操作，工匠审美趣味逐渐消失，面对冷冰冰的机器，手工业时代的温情和情感逐渐淡去，产品各部分间的有机和谐关系也逐步消失。尽管大机器生产降低了设计标准，破坏了数千年的田园牧歌式审美，但带来了高效率、规模化、高强度的新美感。20世纪初，意大利未来主义者如马里内蒂等人热情赞美汽车疾驰带来的速度之美，认为世界因速度而获得新的美变得丰富多彩。他们赞美汽车、桥梁、轮船、火车和飞机等现代工业的产物，认为它们比传统的胜利女神塑像更美。

在未来主义运动中，汽车和飞机的发展极大地推动了机器美学的兴起。这种美学关注的并非汽车和飞机制造的技术细节或其理性精神的机械内核，而是它们所带来的速度和力量的浪漫主义想象。苏利约提出，机器是艺术的一种奇妙产物，我们往往未能正确评价其美。他认为，从机车、汽车到轮船，乃至飞行器，都是人类天才的发展。在被唯美主义者轻视的这些沉重的机械中，与大师的画作或雕塑相比，同样蕴含着思想、智慧和目的性，简而言之，是真正的艺术。意大利未来主义者和苏利约将机器产品与艺术大师的作品相提并论，这种观点在当时是相当创新的。苏利约用内容与形式的关系来解释实用与审美的矛盾，并提出通过功能将内容与形式统一，从而提出实用物品的"理性之美"。这是一种适应机器时代和批量生产时代的新视角。

3.地标性建筑之美

技术发展的古今之变突出表现在现代都市的地标性建筑上。地标性建筑作为城市中的建筑主角，不仅在视觉上提供美感，还承载着丰富的文化意义和城市的历史发展轨迹。黑川纪章强调，地标性建筑之所以重要，是因为它能够触动人们的内心，成为人们记忆中的一个标志性存在。地标性建筑应该是由世界公认的著名建筑师设计，与重大的历史事件或历史人物相关，成为一种具有纪念意义的建筑。地标性建筑肩负着时代意蕴，需要在其整体环境中显示出独特的气质，能够提升城市的品位和格调，使游览者产生惊叹，让居住者产生自豪感。地标性建筑还需要整合产业资源，聚集金融、电子、信息等社会资源，在周边衍生出一系列配套产业需求。同时，人、建筑与环境之间应该产生互动，形成良性循环，产生情感依赖。

埃菲尔铁塔是法国巴黎的标志性建筑，为纪念法国大革命一百周年及迎接1889年的世界博览会而建造。在巴黎的景观中，埃菲尔铁塔具有极为显赫的地位，是工程师埃菲尔将技术创新与浪漫之都的艺术品位相结合的产物。罗兰·巴特在其对埃菲尔铁塔的论述中提到了铁塔的技术美，他认为，尽管埃菲尔铁塔的结构形式看似简单，但它却赋予了铁塔无尽的联想职能。铁塔不仅是巴黎的象征、现代性的象征、科学的象征，还在人们的想象力和梦幻中，成为了一个不可忽视的符号象征。巴特强调，即使将铁塔简化为一条线，它仍然具有一种神话功能，连接着底部与顶部的线条，正是沟通天地的纽带。埃菲尔铁塔在功能上实现了"向外看"和"被看"的互动循环：当人们登上铁塔，俯瞰整个巴黎时，它提供了最佳的观景点；而当人们从巴黎的各个角落望向铁塔时，它则成为了观赏的焦点。这种观赏与被观赏的关系，正如卞之琳所说，让人联想到观赏者与被观赏者之间的相互关系和审美体验。埃菲尔铁塔的设计融合了纪念性、实用性和审美性，它不仅在建成后承担了电讯实验和电视广播等功能，更以其审美和象征功能而著称。埃菲尔铁塔的建造采用了当时建筑领域的新型工业材料——钢铁，成为科学技术胜利的物质象征。埃菲尔铁塔的设计将纯粹的技术能力应用于建筑艺术，突破了传统艺术形式和造型规则，体现了技术成果的科学预测性。在安装过程中，所有构件均为预先加工，误差极小，展现了精湛的工程技术。埃菲尔铁塔的造型依据科学规律，创造性地实现了高度的理念，其高耸入云的设计和在高度增加过程中逐渐收缩的宽度，以及钢梁上水平与垂直方向之间的微妙平衡，都体现了向上牵引的功能，使得铁塔成为了一个技术和艺术完美结合的典范。埃菲尔铁塔的技术成就之一在于以相对轻盈坚固的钢铁材料构筑起高大的形体结构，给人一种升腾之感。另一个技术成就在于通透性和透光性，它的透光性使得钢铁材料变得纤细而精巧。总之，功能美作为技术美构成的核心内容，是对地标性建筑合规律性与合目的性相结合的自由形式的观照。

第三节　科技美的特征

科学美主要表现在科学事实的真实、科学实验的巧妙、科学理论的创新、科学假设的新颖、科学公式的简洁、科学结论的正确等方面，具有与其他美的形态截然不同的一些特点，归纳起来，科学美的特征是新奇性、简洁性、逻辑性、和谐性。而技术美主要表现在手工艺品的精美、机器产品的批量生产、地标性建筑等方面，具有技术美的产品依托于科学技术，遵循美的规律来改造客观世界，创造出既实用又具有审美价值的生产生活用品。技术美与其他审美形态相比，具有独有的特征。如果说技术美的本质是内在和抽象的，那么其特征则是生动和具体的，主要表现为功能性、结构性、材质性和整体性。

一、科学美的特征

科学美的本质根植于内容的真实性和形式的和谐，它是一种主要通过理性来感知的抽象美，这种美的特征与它的内在性质紧密相联。

（一）新奇性

新奇性可以说是科学美的本质特征。一个美的科学理论一般都具有和谐的结构和新奇的内容。科学审美心理同科学家在科学活动中新奇感的满足密切相关。爱迪生说："凡是新的不平常的东西都能在想象中引起一种乐趣，因为这种东西使心灵感到一种愉快的惊奇，满足它的好奇心，使它得到它原来不曾有过的一种观念。"[1]新奇之物总是能够吸引人的注意力，让人产生审美感知。与这种新奇感的审美心理相适应，科学家在探究未知领域和未知事物时，总会被激发起好奇心。维纳试图从控制论的视角解释科学中

---

① 北京大学哲学系美学教研室. 西方美学家论美和美感[M]. 北京：商务印书馆，1980: 97.

新奇性的审美价值，他指出："一些信息要能够对社会的总信息有所贡献，就必须讲出某些与社会已储存的公共信息具有实质性差异的东西。"[1]他认为，在这个变动不居的时代，将信息储存起来而不发生贬值的想法是错误的，在科学研究中要善于标新立异，有新奇的构思和想法。

在科学研究领域，新颖独特的观点往往被认为具有较高的审美价值。例如，狄拉克对其真空理论进行了修改，提出了反物质假说，他认为真空中的反电子即为正电子，并引入了电荷共轭对称性的概念，这一理论后来被安德孙通过宇宙线中的正电子发现所证实，从而将数学形式的美转化为物理现实中的真。狄拉克的反物质理论为量子力学的概念、图像和实验提供了统一的视角，展现了科学的新奇性如何引领科学家开拓新的科学美领域。爱因斯坦曾说："我们思想的发展在某种意义上常常来源于好奇心。"[2]他的同行在评论他的科研探索工作时指出，他具有驾驭问题的本领，善于发现前人忽视的新奇方面。通过洛伦兹变换的数学形式，爱因斯坦发现了物理上空间与时间的关系，并从光电效应的实验中洞察到光的粒子性。他在复杂的科学迷宫中不断发现新奇，取得了举世瞩目的科研成果。这些例子表明，科学的新奇性不仅推动了科学的进步，也为科学家提供了探索未知领域的审美体验。而他自己却认为自己并没有什么特殊的才能，只不过是喜欢寻根究底地追究问题。而"寻根究底"的动力之源正是好奇心的驱使。他又说："思维世界的发展，在某种意义上说是对惊奇的不断摆脱。"[3]摆脱惊奇的一刹那正是创造性思维与科学审美想象迸发的时候。在常人身上，随着理性知识的增长，童年时期的好奇心会逐渐消失，但在创造力强的科学家那里，好奇心会持续伴随着他的科研事业，使他们的好奇心永远不能得到满足，即使这一个好奇心获得满足，另一个好奇心随即又会萦绕心间，新奇感永无止境。

（二）简洁性

科学美的审美价值在于从混乱无序的现象中寻找客观对象变化的特征，用简单明了的公式去概括说明纷繁复杂的表象，以科学理论、定律公式等简单形式表现深广内涵。狄德罗认为，算学中所谓美的问题，是指一个难以解决的问题；所谓美的解答，是指一个困难复杂问题的简易解答。爱因斯坦认为，评价一个理论是不是美，标准正是原理上的简单性，而不是技术上的困难性。罗森评价爱因斯坦时指出，爱因斯坦在构建理论的过程中，采用了与艺术家相似的方法，追求的是简单性和美感，认为美的本质在于简单性。科学家们明确指出，科学理论概括的内容越复杂、越丰富越好，在理论表述方面，简洁明了被视为理想状态。欧几里得通过为数不多的几条公理和定义，推导出一套逻辑

---

① 维纳. 维纳著作选 [M]. 洪帆，译. 上海：上海译文出版社，1978:107.
② 王极盛. 科学创造心理学 [M]. 北京：科学出版社，1986:70.
③ 王极盛. 科学创造心理学 [M]. 北京：科学出版社，1986:275.

自洽、连贯一致的知识体系，从而使几何学知识实现了系统化和条理化。这种方法不仅展示了理论的优雅，也体现了科学追求简洁美的哲学。

从公式的表现形式上看，开普勒行星运动第三定律 $K=R^3/T^2$（K 为常数，R 指轨道半长轴，T 指公转周期）与伽利略的简谐振动定律 $T = 2\pi\sqrt{l/g}$（T 指周长，l 指摆长，g 指重力加速度）两个定律公式以极为简洁的形式包含了深刻的内涵，前者揭示了天上行星运动的规律，后者揭示了地上物体运动的规律。开普勒行星运动第三定律描述了行星围绕太阳运行的轨道特性，即所有行星的椭圆轨道半长轴的立方与其公转周期的平方之比是一个恒定值，这个比值与行星的质量无关，体现了太阳对行星的引力作用。这个定律揭示了行星运动的周期性与轨道大小之间的关系，是天文学和物理学中的一个重要原理。伽利略的简谐振动定律则描述了物体在进行简谐运动时所受力的特性，即物体所受的回复力与从平衡位置的位移成正比，并且总是指向平衡位置。这一定律是描述振动系统的基础，如弹簧振子或单摆的运动，它表明了系统在没有阻尼的情况下，会以固定的频率进行周期性振动。这些定律不仅在物理学中占有重要地位，也在工程学和技术应用中有着广泛的应用。而牛顿的万有引力定律 $F = Gm_1m_2/r^2$（F 指力，m 指质量，r 指两物体质心间距，G 指引力常数）仅用三个参量就将开普勒描述的天上行星与伽利略描述的地上物体的运动全部囊括进去。万有引力定律是指任何物体之间都有相互吸引力，吸引力的大小与物体的质量成正比，而与它们之间的距离的平方成反比。爱因斯坦的质量与能量的关系是 $E = mc^2$（E 指能量，m 指质量，c 指光速），平面几何公式 $C = 2\pi r$ 以极为简练的方式概括了大大小小的圆的周长，都是用简单的公式表达了极为复杂的自然规律。

（三）逻辑性

艺术的审美直觉建立在艺术家的敏感性之上，而科学的审美直觉则建立在科学家的逻辑推理能力之上。科学逻辑美基于科学演绎美和归纳美的基本概念，这两种逻辑方法是逻辑学中既对立又统一的。科学家在研究中运用这两种方法，从而产生美感。培根强调了归纳法的重要性，归纳逻辑在将自然现象之美转化为科学理论之美的过程中展现出其独特魅力，如达尔文的进化论和居维叶的灾变论都是归纳逻辑美的典范。彭加勒认为，科学发现的方法主要是通过归纳法，即从观察到的事实中进行总结归纳。在科学美的实践中，自然科学家更倾向于演绎逻辑之美，因为演绎法与科学美的简洁性原则相吻合，演绎法从最简单的假设出发，推导出最多的结论。演绎逻辑起源于数学和几何学，数学美以其简洁性、唯一性和完备性而著称。

欧几里得的《几何原本》和牛顿的《自然哲学的数学原理》是自然科学理论中演绎逻辑美的典范之作。《几何原本》基于一系列公理和定义，建立了欧几里得几何体系，成为数学演绎逻辑体系的典范。牛顿在《自然哲学的数学原理》中提出了运动的三大定律和万有引力定律，通过演绎逻辑，以简洁的方式推导出广泛的结论，从宏观的宇宙运行到微观的尘埃运动，为世界体系提供了完美的数学解释。这些作品展示了归纳逻辑与演绎逻辑在科学美学中的对立统一关系，科学理论既包含归纳之美，也包含演绎之美。爱因斯坦认为："相对论吸引人的地方在于逻辑上的完整性。从它推出的许多结论中，只要有一个被证明是错误的，它就必须被抛弃；要对它进行修改而不摧毁其整个结构，那似乎是不可能的。"[①]这强调了科学审美的标准：逻辑上的统一性、简洁性和完备性。在科学领域中，能够用最少的基本概念和基本关系推导出其他一切概念和关系，是科学家追求的科学美境界。

（四）和谐性

和谐之美不仅体现在自然、社会、艺术中，而且鲜明地反映在科学研究工作中。科学的任务是从客观世界看似纷繁无序的运动变化中寻找其内在的规律性。规律就是一种内隐的秩序，发现规律，就能够透过现象认识事物的本质。在长期的科学探索中，科学家发现宇宙与世界是一个和谐有机运行的整体。无论是自然界的外在形态还是内在结构，都通过亿万年的矛盾统一运动，逐渐进化达到和谐有机的境界。沙利文在讨论科学与美学的关系时指出，科学理论的主要目的是发现自然界中的和谐，因此这些理论无疑具有美学价值。一个科学理论的成就，实际上就是其美学价值的体现。他还指出："科学在艺术上的不足，正是其作为科学不完善的表现。"[②]许多科学家都强调科学与艺术之间的相通性，和谐之美是科学家和艺术家共同追求的目标。

爱因斯坦认为，音乐和物理学领域中的研究工作在起源上是不同的，可是它们被共同的目标联系着，那就是对表达未知的东西的企求。一个合理的世界图像，既可以由音符组成，也可以由公式组成。这就是说，音乐的音符与数学的公式都能够体现世界的和谐。至于爱因斯坦的相对论，更是被科学家们广泛称誉为理论物理中具有非凡美的科研成果，是一件伟大的艺术品。德布罗意认为，广义相对论的雅致和美丽是无可争辩的，它应该作为20世纪数学、物理学的一个最优美的纪念碑而永垂不朽。波恩也认为广义相对论在他面前像一个被人远远观赏的伟大艺术品。爱因斯坦在科学研究中追求简单性与和谐性，因为他认为美在本质上具有简单性与和谐性。所谓和谐性，就是理论体系不存在内在不对称性。他渴望看到这种和谐，是无穷的毅力和耐心的源泉。彭加勒认为科学美是一种内在的（深奥的）美，它来自各部分的和谐秩序，并能为纯粹的理智所领会。由此可见，彭加勒所说科学美的本质特征便是"和谐秩序"，反映的是宇宙内部的和谐有序，是诉诸人的理智而非感性直观。海森堡也认为科学美的特征在于统一性与简

---

① 爱因斯坦. 爱因斯坦文集：第 2 卷 [M]. 范岱年，赵中立，许良英，译. 北京：商务印书馆，1977:113.

② 杨安仑. 美学研究与应用 [M]. 长沙：湖南人民出版社，1987:213.

单性：繁多的现象被简单的数学形式统一，这便是杂多的统一，也就是和谐之美。

二、技术美的特征

（一）功能性

技术产品是由实用功能、操作功能以及审美功能等三种要素构成的。其中，实用功能是指技术产品的实用价值，即产品本身所具有的某种特定的功效和性能。可以说，实用功能是产品的最终目的和归宿，操作功能是产品设计和生产的前提，而审美功能则是构成好产品的必要条件。任何技术产品都是以满足人的物质需求与精神需求为旨归，它作为人的器官的延伸和扩展，其存在的目的就是通过实用功能的发挥，替代人类进行各种劳动，使人们从繁重的体力和脑力负担中解放出来，这表明实用功能是技术产品的核心，也是其存在的基础。技术美的实用功能决定了产品的实用价值，这种功利性特征体现了技术美的目的性。美与实用功能之间存在本质联系，实际上也是美与善的联系。苏格拉底曾指出，美与善是同一的。"任何一件东西，如果它能很好地实现它的功用方面的目的，它就同时是善的又是美的。"[①]技术产品的合规律性与合目的性是通过技术产品的实用功能体现的，因此，技术美的核心功能是实用功能。产品实用功能的实现依赖于其操作功能，如果产品缺乏操作功能，即使具有完善的实用功能，也难以实现其实际价值。因此，完善的操作功能是实用功能得以发挥的前提。

操作功能涉及产品在使用过程中的效率、便捷性、舒适性和安全性等方面，它描述了信息传递装置在这些方面的效能。优秀的操作设计能够使人们以最小的能量消耗来提升工作效率。操作功能的设计实质上基于人与产品之间的生理协调，确保产品的实用功能在得到充分发挥的同时，用户的操作方法达到最大程度的舒适。产品的操作功能作为人机交互的一部分，从技术层面体现了人类对体力和精神解放的追求。而产品的审美功能作为人机交互的另一部分，从情感层面反映了人类对精神自由的向往。这种追求不仅关乎产品的实用性，也关乎产品如何满足用户的情感和审美需求。

审美功能反映了人们在使用产品时在视觉和触觉等方面获得的精神愉悦和情感满足，它建立在用户个人情感体验的基础之上。技术产品的审美功能是一种附加价值，依附于产品的实用功能。没有产品的实用功能，审美功能也就失去了依托。技术产品的审美功能由其内在和外在形式共同构成，特别是外在形式，它要求技术产品在外观上能够令人愉悦和喜爱。产品的外在形式只有形象地展现出其合目的性的实用功能的生命质感，产品才能显现出人类的本质力量。因此，审美功能的表象意义在于技术美的直观形态，体现了人类追求精神自由的愿望。审美功能的深层意义在于彰显技术美的本质追

---

① 北京大学哲学系美学教研室. 西方美学家论美和美感[M]. 北京：商务印书馆，1980: 19.

求，即人在自然面前实现物质和精神的双重自由。

（二）结构性

结构是组成事物各个因素之间的组合、联结的方式，它既存在于宏观世界，也存在于微观世界。从技术产品的角度来看，结构是指构成产品的各种要素如何组合，包括零件、元件和部件之间的相互关系。系统论认为，功能基于结构，而结构决定了产品的实际效用。不同的结构设计使得工具型产品和机器型产品具有不同的效用功能：工具型产品由特定形状的构件组合而成，而机器型产品通常包含动力、传动和执行三个主要部分。结构不仅决定了产品的效用功能，还影响操作功能，操作元件的设计如形状、大小、色彩和位置等，会直接影响操作的速度和灵敏度。结构形式的选择受到技术水平的限制，它是技术发展的产物。在技术领域，结构与材料和力学紧密相关。合理的结构设计需要材料和力学的支持，否则再巧妙的构思也无法实现。每种材料都有其最适合的结构形式。如石料在抗压方面的能力优于抗弯，古希腊建筑中柱子密集，以利用石料的这一特性。哥特式建筑通过十字拱屋顶解决了结构内的水平力平衡问题，创造出宽敞的内部空间。古希腊建筑和哥特式建筑充分利用材料特性，形成了独特的结构方式，取得了良好的视觉效果，成为古典建筑美的典范。结构的发展不仅依赖于材料特性，还依赖于力学科学的进步。结构力学理论的发展为结构设计提供了理论基础，如薄壳理论的出现使得大面积的马鞍形薄壳结构成为可能，创造出轻盈的建筑顶面和宽敞的空间。

在技术产品中，结构分为内部结构和外部结构，内部结构是产品内在零部件的结构形态，内部结构也会影响外部结构，使产品的外形具有特殊的审美意义。结构美本质上是简洁、轻巧、可靠与方便。在内部结构中，零部件之间的简洁意味着彼此之间的关系单纯。技术产品的结构美体现在其紧凑性、轻便性和可折叠性上。紧凑性通过最小化产品的空隙，实现更紧凑的整体形态，推动设计向小型化和袖珍化发展。轻便性不仅便于携带，还意味着技术精湛、结构合理、使用便捷，随着材料和工艺的进步，零部件的微型化成为现实，同时反映了人类对材料和结构的精确把握，展现出产品的精确性和严密性。可折叠性指产品结构能够根据需要进行组合与分解，在工作时组合使用，工作结束后分解，便于整理、搬运和储存，既合理利用空间，又能通过不同的组合方式创造出具有不同效用功能的形态结构。

（三）材质性

材质构成了技术产品的物质基础，它不仅是技术产品的一个关键构件，也是形成技术产品视觉形象的物质基础。材质自身的美学属性是技术美的一个显著特征，并且是技术产品与艺术品的一个重要区别。在艺术品中，物质材料通常仅作为形成艺术形象的媒介，而在技术产品中，材质则是构成形象的实体。人们对材质的感受涉及对其表面质地的感知，包括对明亮与暗淡、粗糙与光滑、坚硬与柔软、冰凉与温暖的体验。这种感知可以通过视觉观察或触觉抚摸来实现。由于视觉和触觉的通感效应，某些触觉感受有时也可以通过视觉来间接获得，例如，观察一个平整发光的表面时，即使没有实际触摸，也可能产生光滑的感觉。

材质的不同特性，如光滑度、透明度和纹理，是评估其视觉审美特性的关键方面。光滑度涉及视觉和触觉对平滑表面的敏感度，光滑表面能沿一定方向反射光线，展现丰富的光影效果，尤其是球体表面能产生明亮的高光点。光滑材料的视觉光刺激能产生流动和华丽的感觉，也能激发联想，如钻石的坚硬感和丝绸的柔滑感。然而，在技术产品设计中，光滑明亮的面积应适度，以免过度刺激视觉，导致眩晕和疲劳，使用过多会失去高贵典雅的感觉。透明材料使技术产品的实体空间与外部空间相连，部分空间转化为虚空间，产生轻盈的美感，使视线在审美过程中自由移动，增加愉悦感。技术产品常采用人工装饰性纹理，分为规则纹理、自由纹理和微粒纹理。规则纹理通过机械设备在表面形成规则的几何图案；自由纹理没有严格的尺寸限制，天然纹理即属此类；微粒纹理是材料表面微粒均匀分布的状态。肌理作为材质的外观形态，是材质审美的起点，它反映了材料表面的结构形态和纹样，具有材料质感，是材料和表面特征的客观存在。由于人的触觉对肌理的细微变化缺乏敏感性，相似材质在肌理上的质感差别并不大。人造材料通常模仿自然材料，要求在肌理和纹路设计上具有真实感。如果缺乏真实感，就会显得虚假，从而使人产生厌恶情绪。人们对人造革、人造大理石以及各类仿真工艺品持有的轻视态度，与这些材质在模仿过程中缺失的真实感有着直接的联系。

（四）整体性

从审美的角度看，技术产品的整体性是产品各要素、各部分相互协调、整合所形成的综合性的美。毕达哥拉斯学派强调整体美在于部分间的比例和对称的协调，而亚里士多德则看重整体美作为统一体的整一性，这种美超越了各部分之美。形式美中的整一性和多样性统一，以及中国传统美学中的"和而不同"和"文质彬彬"都强调了整体美的重要性。技术产品的整体性基于事物间的相互联系，其生命力的完整性是主体条件，涵盖了单一事物各要素的有机整合美和诸多事物相互协调构成的综合美。技术产品内容与形式的和谐美体现在内容间、形、声、色、线等形式美之间的相互协调上。技术产品的形象是设计和制造出的产品呈现给人们的总体印象，包括产品的品种、款式、质量、材质、形态和外观商标等。技术产品作为商品出现，是以整体的形象美来吸引消费者的青睐。现代技术产品的设计注重产品的综合性能，通过流水线加工制造，产出具有整体形象美的产品，满足现代化、大规模、高速度的工业生产特点。

同时，产品设计和制造还需满足标准化、通用化、系列化的要求。标准化是在科学和技术等社会实践活动中，通过制定标准来统一重复性事物和概念，以实现最佳秩序和社会效益，它是衡量技术管理水平的重要指标。通用化基于标准化，通过产品零部件的互换性，扩大同一对象的使用范围。互换性意味着零部件之间可以相互替换，无需额外的二次加工。系列化则是将同型式产品的规格按最佳数值排列，以实现产品的多样化和有序化。这些要求既确保了产品在功能、效率和美观上的统一，同时也提高了生产的效率和产品的适用性。标准化、通用化、系列化可以统称为"三化"，在"三化"中，标准化是最重要的指标，而通用化和系列化只是标准化的表现形式。标准化体现了产品的技术生产尺度，产品的技术生产尺度既是技术产品合规律性的体现，又是产品合目的性的体现。这种规律性是自然界本质的体现，它呈现出高度的有序性，而目的性表现为技术产品的各种功能指标。但凡具有整体形象美的产品，也符合形式美的法则，诸如均衡美、对称美、韵律美、节奏美等，构成类似自然界那种完美和协调，具有彼此之间相互依赖、相互衔接的有机整体。人们选购一件商品总是从关注其整体形象美开始，之后才会逐渐关注到产品的性能、各项参数指标、性价比等。整体性在审美实践中是人们对事物进行全局性考察、整合理解和创造的结果。审美活动要求通过各种感官的综合作用，从整体上把握技术产品，全面感受和体验其内涵的意蕴和形式之美，进而获得整体性的审美体验。

第四节　科技美的欣赏

科学美和技术美之间存在着紧密的联系，它们都基于理性的创造性活动，是智慧的体现和人类本质力量的感性展现。它们服务于人类认知世界和改造世界的目标，因此可以被统称为科技美。这两种美都源自科学技术活动的实践，是主体对客观存在的美的主观感知，是人对自身本质力量的审美体验。科学美和技术美在人类发展史上都起源于自然领域，它们相互依存、相互促进，形成辩证统一的关系。具体来说，科学是理论、知识，它提供对自然界事物的正确系统的解释和对未来变化的规律性预测；技术则是实践、方法，它基于人类的实践经验或科学理论制定生产程序和操作方法。科学美是科学家对科学理论、实验和方法的主观反映、感受和评价；技术美是技术产品设计者和消费者对技术产品的主观感受和评价。科学美表现为抽象、理论、个性化和稳定，而技术美则表现为具体、功能、形式和变异。因此，引导大学生认识和把握科学美与技术美的联系与区别，对不同的审美对象采取不同的审美态度和方法，是提高他们审美层次、欣赏科学美与技术美的关键。

一、科学美的欣赏

（一）掌握自然科学知识，提高大学生科学素养

科学美作为一种特殊的美学对象，具有理性、抽象和深奥的特性，缺乏基础自然科学知识的人难以欣赏科学美。科学家之所以能够感知、欣赏和创造科学领域中的美，是因为他们拥有深厚的专业科学素养。因此，大学生为了更好地体验、评价和创造科学美，需要学习并掌握更多的自然科学知识，提高个人科学素养，从而领悟科学美的魅力。自 1952 年科南特在《科学中的普通教育》中首次提出科学素养概念以来，科学素养的内涵已成为研究者关注的焦点，其认识经历了从单一到多维、静态到动态、平面到立体的发展。最初，科学素养的概念主要围绕基本科学知识和科学过程，以职业和学科为本位，旨在培养合格的科学家。随着科技与日常生活的联系日益紧密，科学素养的对象从科学家扩展到普通大众，更加强调科学态度、科学思维和科学探究能力的培养。

提升大学生的科学素养是一个多维度的过程，可以从以下四个方面进行。一要理解科学素养的内涵与结构。正确理解和把握科学素养的内涵与结构是有效培养的前提。尽管科学素养的概念早已提出，但由于其复杂性，研究者对其内涵与结构尚未达成统一。科学素养具有整体性、发展性、情境性、时代性等特征，包含理性思维、批判意识、科学探究三大要素。教师应以促进学生科学素养的终身发展为目标，将科学知识与科学过程有机结合，并在此基础上培养大学生的科学思维品格。二要培养批判质疑能力。批判质疑能力是科学素养培养的核心环节，是践行理性思维的保障，也是科学探究能力形成的基础，需要探索集中体现批判性思维特征的教学模式，并将其有机融合于各学科教学中，实现思维培养的具体化。学生批判性思维的发展目标应根据各学科内容进行多维度、多层次细化，在教学过程中注重讨论与探究相结合，实现批判性思维与融合性思维的结合。三要培养科学探究能力。科学探究能力是科学素养的综合性表现。在培养过程中，不应简单照搬指导资料的既定程序，而应引导大学生在社会情境中采用灵活多样的科学思维方法来提出想法，并鼓励学生进行发散性思考，从多个角度展开思维碰撞，促进科学探究能力的生成。四要提高教师的科学教育知识与技能。提高教师的科学教育知识与技能对于提升大学生的科学素养至关重要。教师应不断提升自身的科学教育水平，以更好地指导学生。在这些方面努力，可以有效地提升大学生的科学素养，使他们能够更好地感受、鉴赏、创造科学美。

（二）热爱科学事业，建立完备的情感结构

科学研究不仅是一种追求，它还体现了研究者对真理的执着、对知识的尊崇和对世界的好奇心，它承载着人类的价值观、情感、责任感和道德观。对真正的研究者来说，科学充满了神秘的魅力。投身科学研究，可以给人带来精神上的宁静、生活的乐趣和生

命的超越，让人感受到参与伟大真理探索的激动与自豪。情感是人的本质力量的体现，也是审美活动的重要动力。没有情感的参与，客观事物就难以成为审美对象。在科学美的感受、鉴赏和创造中，情感扮演着不可或缺的角色。只有对科学事业怀有深厚的热爱，人们才会积极挖掘科学的奥秘，并在遇到科研难题时展现出坚定的意志。在科学审美中，科研活动需要以实事求是的态度去探索事物的客观规律，这需要理性思维和冷静头脑。但在科研活动中，只有对自己从事的活动怀有热情，才能全心投入。这种热情是推动科学家不断前进、探索未知的精神支柱。科研活动中的审美情感是激励无数科学家为之奋斗终身的精神支撑。爱因斯坦这样认为在科学上有伟大成就的人："相信我们这个宇宙是完美的，并且是能够使追求知识的理性努力有所感受的。如果这种信念不是一种有强烈感情的信念，如果那些寻求知识的人未曾受过斯宾诺莎的对神的理智的爱的激励，那么他们就很难会有那种不屈不挠的献身精神，而且有这种精神才能使人达到他的最高的成就。"[1]伟大的科学家们坚信宇宙的完美无瑕，这种信念使他们能够在科学研究中用美的标尺来衡量自己的成果，并对科研事业抱有深切的情感和坚定的信念。正是在这种信念的驱动下，他们展现出了对科学的无私奉献精神。

培养大学生对科学事业的热情，能使他们深切地感知、鉴赏、领悟到科学美的真谛。对科学事业的热爱，尽管不能像在艺术活动中那样，将主体的审美情感倾注到艺术作品中，但也能够成为激励个体全身心地投入科学研究。在科学研究中，客观事物的规律性要求我们保持理性的态度，而狂热的冲动与科学美的追求是相悖的。在探索自然奥秘的过程中，科研人员需要将普通情感提升为更高级的情感，将对科研的热情转化为遵循理性原则的理智感，并将科学研究中的奉献精神提升为终身致力于科学事业的使命感和荣誉感，从而在这一过程中进一步增强科学美感。通过科学研究，我们的情感结构中的高级情感内容变得更加丰富，结构更加完善。加强大学生科学家精神的培养是引导他们献身科学事业的重要基石。这包括胸怀天下、心系苍生的爱国精神，引领学生立志报国与服务人民；勇攀高峰、敢为人先的创新精神，激励学生勇于担当与敢于创新；追求真理、严谨治学的求实精神，规训学生探索未知与正风守则；淡泊名利、潜心研究的奉献精神，鞭策学生修炼情操与勤奋拼搏；集智攻关、团结协作的协同精神，培养学生的融合思维与团队精神；甘为人梯、奖掖后学的育人精神，启迪学生感恩前辈与面向未来。

（三）在科学研究中培养大学生的审美直觉与审美想象

科学研究虽然以逻辑思维为核心，但许多科学家认为创造性成果的获得需要依赖审美直觉和想象。爱因斯坦强调了直觉、灵感和想象力在科学研究中的重要性，他相信直觉和灵感，认为想象力比知识更重要，因为知识是有限的，而想象力概括着世界上的

---

① 爱因斯坦. 爱因斯坦文集：第 3 卷[M]. 许良英，赵中立，张宣三，译. 北京：商务印书馆，1979: 256.

一切，推动着进步，并且是知识进化的源泉。严格地说，想象力是科学研究中的实在因素。他还提道："物理学家的最高使命是要得到那些最普遍的基本规律，由此世界体系就能用单纯的演绎法建立起来，要通向这些定律，并没有逻辑的道路，只有通过那种以对经验的共鸣的理解为依据的直觉，才能得到这些定律。"①审美直觉涉及对事物外在审美特质的感觉、知觉、表象及在预先积淀的理智、情感作用下的审美感受，包括感性直觉和理性直觉。感性直觉是事物外在的美丑特性以其感性形式直接刺激人的视听感官，被大脑接纳后形成的直观感受，尚未经过理智的分析、归纳和判断，只是对事物的形状、色彩、声音、材质等审美特性进行整体性感知，产生初级美感，这种感性直觉具有形象性、生动性、瞬间性。理性直觉则是在以往审美经验和理性实践积淀的基础上，对特定事物审美特性迅捷地作出整体性反应的直觉，是审美心理和认知活动的开端，伴随着丰富生动的形象，是审美进一步展开想象、情感、理智活动，实现由感性向理性飞跃的基础。即使在审美分析、判断和理解阶段，感性直觉的重要性不容忽视，它需要被提升以增强其生动性、丰富性和完整性，为感性直觉向理性直觉的转变打下心理基础。

审美想象是审美主体在特定对象的刺激下，对大脑中已有的众多相关表象进行重新组合和加工，创造新表象的心理过程。这一过程通常包括四个阶段：首先是积累记忆材料，集中注意力于特定对象，触发回忆；其次是对新旧信息、当前对象与记忆材料进行筛选；再次是对新旧信息进行组合、加工，并融入理智与情感元素；最后是通过艺术想象，将形成的审美意象转化为外在的艺术形象。审美想象是审美和创造美中形象思维的核心，是意象创造、美感深化和艺术形象创造的主要动力。基于审美想象的四个阶段，提升大学生的审美想象能力需要从积累记忆材料、融合新旧信息、组合加工信息、物化审美意象等环节入手。

（四）培养大学生对科学美的审美能力

大学生对科学美的审美能力涉及对自然界和科学理论中美的感知、体验、鉴赏、理解和创造。这些能力不仅包括对科学内容美的直接感受，还包括对科学理论的深刻理解。尽管先天因素对这些能力有一定影响，但后天的美学理论学习和科学审美实践经验的积累更为关键。如果忽视对这些能力的培养，即使是天生的才能，也可能逐渐消失。科学审美是人在社会实践中和与自然界及科学理论的美的互动中建立的一种对象化关系。在科学研究中，必要的审美能力使科学以审美的形态成为研究者关注的焦点。因此，对大学生科学审美能力的培养应贯穿于家庭美育、学校美育和社会美育的全过程，形成家庭、学校和社会共同参与的良好教育环境。通过这样的全方位培养，大学生能够更好地理解和欣赏科学美，进而在科学研究和探索中发挥其创造力和想象力，这对于他

① 叶朗.美学原理[M].北京：北京大学出版社，2009：285.

们未来在科学领域的深入发展至关重要。其中学校美育尤其重要，自然科学中各学科的教师可以根据授课内容，挖掘课程中蕴含的审美元素，向学生展示科学美的因素，并开展各种实践活动，如参观科技馆、参加科学博览会、邀请科学家开展学术讲座、基于学生不同的兴趣爱好组建各类自然科学兴趣小组等，使学生不仅能够学到科学知识，而且能在潜移默化中受到科学美的熏陶。

提升大学生对科学美的审美能力，需要从以下两个方面着手。一要提高三方主体对科学美审美能力中家校社共育的认知水平。对家庭而言，家长是落实家庭美育的关键，要营造温馨和谐的家庭氛围。对学校而言，改变校长的思维定势有助于促进学校美育的长期发展，任课教师也应该面向全体学生而不是某些专业的学生。对社会而言，要处理好大社会与小家庭之间的关系，了解家庭美育的需求，为家庭美育和学校美育提供更好的硬件设施服务。二是搭建家校社共育的多元化平台。人力资源是家庭、学校和社会共同培养中的关键因素，对于提升学生科学美的审美能力具有重要影响。学校和家庭可以通过建立家校合作委员会来加强合作，教师可以更好地了解学生的家庭背景，为家庭教育提供专业指导，而家长则可以更清晰地理解学校的教育目标，支持教师的工作，从而促进教师、家长和学生之间的有效沟通。对于家庭来说，建立新的父母学校是一种现代化的教育合作模式，它有助于培养创新型人才，父母在这一过程中承担着重要的责任。科学审美能力的培养需要家庭、学校和社会的共同努力，同时也需要政策的支持。在国家政策的扶持下，学校应发挥领导作用，不仅要履行其教育职责，还要将家庭和社会纳入科学审美能力培养的规划中，加强与家庭和社会的沟通与联系。家庭和社会也应明确自己的责任，积极与学校合作，确保在真正意义上实现家庭、学校和社会的共同培养。这种全方位的合作，可以为学生提供一个更加丰富、多元和有效的科学审美能力培养环境，从而促进学生全面发展。

二、技术美的欣赏

（一）了解与艺术设计相关的基本知识

技术美主要体现在与人们的生产生活密切相关的物质产品设计中，具有普遍性、形象性、直观性、具体性等特征。仅凭直观感受对物品进行美与丑的判断是一种较为表面的和浅层次的体验，它无法深入理解产品美的真正价值和品格。现代产品往往通过艺术设计和现代工业生产方式制造，设计者的创造性艺术设计直接影响产品的造型和结构。因此，要全面感知、鉴赏、理解、评价产品的技术美，大学生需要掌握一些艺术设计的基础知识。艺术设计是一种融合艺术与科学的人类活动，它充满智慧和人文关怀。艺术设计的科学性体现在将设计策略有效地指向明确的目标上，通过设计概念将设计者的复杂感性和瞬间思维提升为统一的理性思维，完成整个设计项目。设计的发展目标和理念被准确地转化为日常规划管理中可应用、可操作的设计准则，完成复杂而宏大的设计计划。通过学习艺术设计的内涵、性质、意义、特征和类型，以及艺术设计的审美要素、审美心理、审美表现和审美风格，了解形式美法则和视错觉在艺术设计中的具体应用，以及流行样式和时尚风格，可以将技术审美的感知、鉴赏、判断、评价、创造从浅表化转向深层次，从感性直观上升到理性思维，真正把握和领悟技术美的意蕴。

艺术设计应该与时俱进，通过寻找与时尚风潮的结合点，使艺术设计与社会风尚以及社会审美需求紧密联系，通过改革教学方法，加强实践活动，培养大学生的实践能力和创新思维。提升大学生运用现代设计语言的能力是艺术设计教育的重要方面。一方面，艺术设计需要在保持本土和地方特色的同时，融入国际通用的设计语言，这包括现代设计理论、观念、思维方式和表达形式。艺术设计教育者需要紧跟现代设计的最新动态和趋势，以确保教育内容的时效性和前瞻性。另一方面，拓宽视野和提高大学生借鉴及吸纳异域文化的能力同样重要。艺术设计应从异域文化中提取精华，形成独特的风格。在经济全球化的背景下，文化艺术不可避免地被纳入全球化进程中，艺术设计教育者应在与世界文化的交流融合中提升设计的品位和国际化水平。通过这样的教育改革，可以培养出既具有本土文化根基，又具备国际视野的艺术设计人才，为全球化时代的艺术设计领域贡献力量。

（二）感知与鉴赏技术产品的多重功能美

技术美与艺术美有所区别，它不仅仅是追求精神层面的享受，而是将实用性与审美性融合在一起。技术美学的起点是人的需求，包括物质需求和精神需求。马斯洛的需求层次理论指出，当人们的基本物质需求得到满足后，他们会追求更高层次的精神需求。技术产品不仅要满足使用价值、满足物质需求，还要满足文化价值和审美价值，满足精神需求。例如，购买手机时，消费者不仅关注手机的通话质量和性能，也会考虑手机的外观设计、品牌影响力以及是否符合时尚趋势。这表明技术产品不仅要有实用性，还要具备文化和审美价值。因此，产品功能的考量不仅包括其使用价值，还包括其文化价值和审美价值。对于技术美而言，功能美是核心，功能的合目的性是技术美成立的前提。与现代工业生产方式紧密相连的技术产品，其功能不仅包括实用功能、操作功能和审美功能，还包括认知功能和经济功能。这意味着技术产品的设计和制造需要综合考虑多方面因素，以满足人们在物质和精神层面的全面需求。这就表明，产品的功能和功能美是多重的，我们对技术美应该有更加多元化的认识，不能偏执于一端而忽视其他功能，这样才能对技术美的本质和核心有更深层次的把握。

产品的认知功能体现在其外观设计所传达的信息上，这些信息包括产品的文化内涵、时代特征、民族精神以及它所体现的审美观念和趣味。这一功能不仅是一种心理层面的功能，也是一种精神层面的功能。审美态度下对技术产品的观照会引发审美情感体验，并促使我们进行审美评价。经济功能则涉及产品开发过程中的时间、空间、物质、体力和脑力投入与其效用、操作和审美功能的产出比值。技术美的创造遵循经济原则，即在资源、材料和时间的消耗上尽可能节约，反映出人与自然和谐共生的美学理念。技术是人们有意识地运用客观规律来调整和控制与自然界的物质交换的过程。技术美要求在人与自然界之间的物质交换中保持平衡，避免材料和能源的过度消耗，以免破坏生态平衡，引发人类的生存危机。因此，技术美的价值背后是人与自然和谐共生的美学标准。经济功能成为技术美在理性和美学上的评判标准，对人类技术活动产生制约。技术产品中的实用功能、操作功能、审美功能、认知功能和经济功能，虽然各自具有不同的价值取向，并且在产品中所占比重可能不同，但它们是不可分割地共存于同一产品之中的。这些功能相互影响、相互依赖，共同实现了产品真、善、美三者的统一，形成了产品的综合功能美。

（三）实现大学生技术审美与艺术审美的协调发展

技术美是技术与艺术结合的产物。在现代工业产品的设计中，实用性与审美性的平衡至关重要。这些产品展示了技术与审美创新的成果，技术美的发展也促进了新技术的发明与艺术的繁荣。技术与艺术在内涵和形式上有许多共通之处，某些技术产品在特定情境下，如中国古代的青铜器，最初为实用而生，如今则被视为艺术品。这表明技术与艺术之间并无不可逾越的界限，它们相互关联、相互融合。艺术创作作为一种精神生产活动，需要通过物质媒介将艺术形象具体化。从生产形态上看，艺术创作与技术生产具有相似性，都是将理想化的形象转化为物质对象的有目的的实践活动。然而，艺术作品的物质构成仅作为精神产品的物质载体，其功能在于精神层面，而非实用层面。技术将自然物加工改造为人工产品，以扩展人的自身功能，作为生产力的第一要素，直接推动物质生产和文明的发展。艺术则影响人的精神世界，通过审美作用发挥美育、心理调适和娱乐功能，在塑造人生理想、培养健全人格、提升道德情操、丰富生活情趣等方面发挥着潜移默化的作用。

在中西美学思想史上都存在着"技艺相通"的观点，庄子在《庄子·天地》中说"能有所艺者技也"。技艺一词源自希腊语，不仅仅指工匠的活动与技巧，也指心灵的艺术和美的艺术的活动与技巧。在古代，技术与艺术有着内在的关联，两者密不可分，那些巧夺天工的国宝级艺术珍品，如莲鹤方壶、铜奔马、曾侯乙编钟等，既是精美绝伦的手工艺品，更是艺术品。在当代，技术与艺术在产品设计和制造中紧密结合，这要求设计者和制造者不仅要专注于专业技术，还需提升艺术修养。他们可以从艺术中获得灵感，丰富精神生活，培养情操、智慧和愉悦的情感，从而增强技术创新的活力。艺术审美有助于发展直觉、想象力和联想能力，拓宽视野、激发思维和灵感，推动技术研究实现突破。应重视艺术对技术的引导作用，保持技术与艺术之间的和谐互动，让人们在感官和情感等多个层面获得审美体验，进而促进审美主体精神世界的提升和完善。

本章小结

科技美是科学美与技术美的合称，以自然科学、技术科学和工程技术融合而成的整体为审美观照对象。科学美的表现形态是科学定律、公式、理论架构，它们反映物理世界的客观规律和基本结构，是科学研究的成果。技术美的构成要素是功能、结构、肌理、材质，技术美要求在产品生产中，把实用功能与审美要求相结合。科学美是科学领域中存在的一种特殊形态的美，它是真实性与审美性的结合，是"真"与"美"相互融合的结果。科学美表现为经验形态之美、科学理论之美、理想光芒之美，具体体现为简洁、对称、和谐、统一。科学美是一种数学美和形式美，是诉诸理智的理智美，自然世界的美和自然世界的规律性和结构性具有统一性。技术美是技术领域中的一种美的表现形式，它是技术与美学原则、规律性、目的性相结合，并与愉悦感官的物质形态相融合所形成的成果。技术美的形态包括手工艺品、机器产品、地标性建筑。科学美的特征是新奇性、简洁性、逻辑性、和谐性。技术美的特征则是生动的、具体的，主要表现为功能性、结构性、材质性和整体性。科学美的欣赏要掌握自然科学知识，提高大学生科学素养；热爱科学事业，建立完备的情感结构；在科学研究中培养大学生的审美直觉与审美想象；培养大学生对科学美的审美能力。技术美的欣赏需要了解与艺术设计相关的基本知识；感知与鉴赏技术产品的多重功能美；实现大学生技术审美与艺术审美的协调发展。

思考练习

1.简述科学美与技术美的概念。
2.简述科学美与技术美有何联系与区别。
3.简述科学美与技术美包括哪些形态。
4.简述科学美与技术美具有哪些特征。
5.结合实际情况论述大学生如何欣赏科技美。

第八章

大学生与美育

明确大学生的美育目标，了解大学生个性化的美育特征和多样化的美育途径，从而提升大学生的人生境界。

内容概要

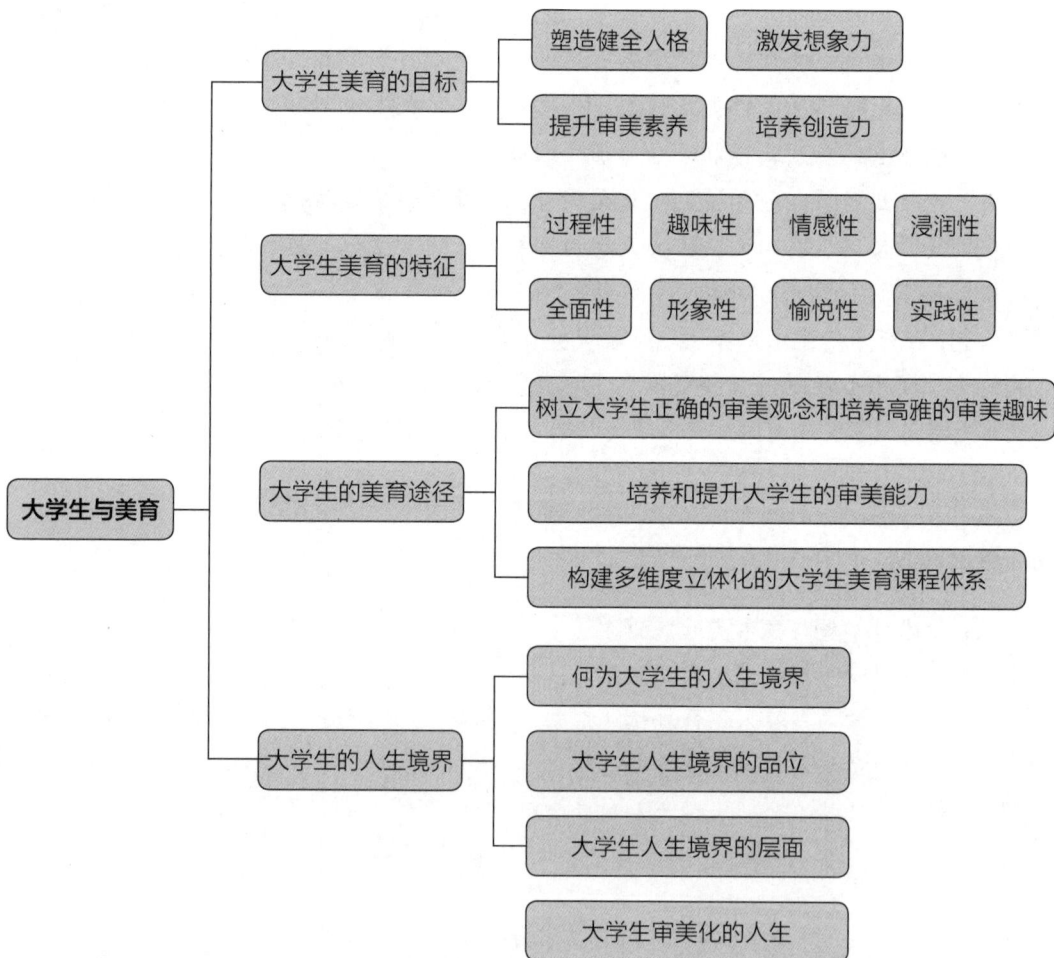

本章导读

美育是一个伴随个体一生的培养过程，它随着个人成长阶段的不同而呈现出不同的需求和层次。与中小学阶段的美育相比，大学美育尤为重要，因为大学时期是个体发展的关键时期，这一时期的人生观、价值观、知识体系和生活态度都在形成之中。大学生在这个阶段开始迈向成熟，对美的追求变得更加强烈。他们对美的追求不仅体现在对美的事物的喜爱和欣赏上，而且体现在创造美的热情上。大学是人生中充满活力和色彩的阶段，大学生对周围世界充满好奇，拥有探索和发现的愿望，因此他们拥有敏锐的审美感知能力。在审美活动中，大学生能够感受到美，并容易将这种感受转化为创造美的动力。这种爱美之心不仅体现在对美的感受上，也体现在创造美的积极性上。

第一节　大学生美育的目标

一、塑造健全人格

人格是个体在社会中的稳定品格，包括个体外在的行为方式和内隐的心理过程，关涉个体的理智、情感和意志等方面。蔡元培认为，完成人性的途径在于发展人格。"发展人格者，举智、情、意而统一之光明之谓也。盖吾既非木石，又非禽兽，则自有所以为人之品格，是谓人格。人格者，谓吾人在社会中之品格。"[①]他认为，美育的目标即"健全之人格"，人格的价值就是人之所以为人的价值。

健全人格是指个体心理特征和性格特征的全面而完善的发展状态，是个体内在心理结构与外在表现状态的有机结合。这种人格状态体现了高层次的心理健康，具体表现在体验幸福、人际和谐、积极快乐、情绪调控、目标追求和勇于挑战等方面。它具有整体性、协调性、创造性和情感性等特征，超越了单一发展人格的目标，是一种统一和谐、协调能力强、情感丰富、具有发展潜力的完整统一体。蔡元培强调大学美育在培养健全人格中的重要性，他认为美育不仅仅是西方现代教育的产物，中国自古就有美育传统，如周朝的礼乐和科举时代的辞章书画。蔡元培主张在普通教育中融入美感教育，通过实业教育与美感教育的相互调和，培养出人格完备的现代人才。他在北京大学的美育实践中推行自己的美育理念，认为美育能够陶养感情，培养高尚纯洁的习惯。蔡元培提出，大学美育的目标不仅是培养艺术专业人才，而是普及于社会，提升全体大学生的审美素养。他将美育的目标定位为"养成高尚纯洁之人格"，以艺术教育为载体，在课程教学

---

① 蔡元培.蔡元培全集：第 2 卷 [M].杭州：浙江教育出版社，1997：160–161.

中挖掘美育元素，并在校园环境中融合中西建筑美和自然环境美，以培养大学生的健全人格。

大学美育的目标与大学生健全人格的定型途径有关。人格心理学从不同角度对稳定行为方式和内部心理过程的产生根源进行研究，珀文提出了"大五人格"因素模型，研究显示，五个基本的人格维度构成了个体性格的核心和稳定特质，这一理论被广泛认可，即所谓的"大五人格模型"。该模型通过五个关键维度——外向性、宜人性、谨慎性、神经质和开放性来刻画一个人的性格特征，为理解个体性格结构提供了一个全面的框架。外向性即善于言谈，在社会交往中表现出自信；宜人性即谦虚坦率、与人相处随和；谨慎性即富有责任心、事业心、上进心，坚持不懈和成就导向；神经质则表现为焦虑易怒、冲动脆弱；开放性即对事物充满好奇心和智慧，富有想象力和创造性，与审美、情感等关系密切。开放性中的审美、情感与我们的论题直接相关，在大学阶段，个体的健全人格发展至关键的定型期，此时，大学美育扮演着至关重要的角色，它助力大学生在人格发展上逐渐成熟与稳定。

大学美育的目标从大学生人格定型来看，聚焦于培养他们拥有一个充满美德的美好心灵。这种美德强调的是个体内在的优秀品质和道德修养。首先，美好心灵应该是一颗纯真之心。正如李白所推崇的"清水出芙蓉，天然去雕饰"的自然之美，他反对过分地修饰和雕琢。元好问对当时诗坛过分雕琢和矫揉造作的诗风表示反感，他更欣赏陶渊明那种"一语天然万古新，豪华落尽见真淳"的诗歌风格，陶渊明的诗作洗尽铅华，不依赖修饰，展现了其率真和纯朴的情感，具有真诚而持久的魅力。其次，美好心灵应该是一颗良善之心，即善良、友爱。杜甫在《自京赴奉先县咏怀五百字》中发出"穷年忧黎元，叹息肠内热"的感慨，表达出忧国忧民的家国情怀。若非杜甫具有一颗为国为民的良善之心，亦不会发出如此感叹。最后，美好心灵应是一颗尚美之心，即崇尚美好，对自然之美、社会之美、艺术之美、科技之美具有敏锐的感知力。综上，美好心灵是纯真之心、良善之心、尚美之心相互交融而构成的健全人格，拥有真善美等多重特质。美好心灵既与天赋相关，更与后天教育紧密相连。在推进大学美育的过程中，继承中华美育的遗产和提升中华美育的精神至关重要，这为培养和塑造高尚心灵提供了坚实的基础。

二、提升审美素养

审美素养是指审美主体对于美的事物（自然美、社会美、艺术美、科技美）感知、理解、趣味、取向、体验、评价、表现、创造的基本过程、品质与能力。杜卫认为，审美素养主要由审美知识、审美能力和审美意识三要素构成。其中，审美知识是审美素养的基础，审美能力是审美素养的核心，审美意识是审美素养的灵魂。

审美知识包括审美实践活动所需要的美学知识和艺术知识。美学知识包括掌握美学的基本知识和中外美学史方面的知识；艺术知识不仅包括艺术常识，还包括具体艺术门类的知识和某一门类艺术史方面的知识。审美知识是个体从事审美活动的基础，没有必要的审美知识作为支撑，审美实践活动基本上就徘徊在低水平状态。审美活动以艺术教育为主要形式，大学生进行艺术鉴赏和艺术创作，需要必要的美学知识和艺术知识。欣赏音乐作品需要了解必要的乐理知识，如果对音乐史和创作背景有一定的了解，就能更加准确地把握作品的意蕴。同样，欣赏绘画作品除了要懂得绘画在造型、构图、色彩和线条等方面的知识，欣赏国画还需要对中国传统美学中的意境、虚实等理论知识有所了解，否则将很难深入理解作品。由此可知，审美知识有助于我们对艺术作品进行更为深入的理解和更为专业的鉴赏。如果不具备必要的审美知识和艺术知识，就不可能深入解读艺术作品的内蕴，也就不能在真正意义上受到艺术的感染与熏陶。作为审美知识中的美学知识，并不是简单地对美学概念进行背诵和记忆，而是基于个体的审美经验形成个性化的美学知识，这种审美知识不是抽象的理论概念，而是与具体的审美情感体验相联系，脱离了个体化的情感体验，就不能从真正意义上掌握审美知识。意境是中国古典美学中的重要概念，大学生不仅要从理论上了解"意境"是审美主体与审美客体情景交融的一种审美化形象，而且要能够从情感上体验到这种意味悠长的审美物象。因此，作为美育重要构成部分的审美知识讲授，不能仅仅从概念上进行理论化的分析，还需要创设审美化的情境，引导学生在理智上理解审美知识的同时，在情感上能够感知和体验。从个体审美素养的提升过程中看，大学生审美知识的涵养需要从具体的艺术门类入手，以直观可感的艺术形象为切入点丰富他们的审美经验，循序渐进地讲解审美知识。

审美能力作为一种独特的能力，可以被定义为对审美形式的感知。审美形式主要涉及审美对象的组织秩序和结构关系。从审美对象的角度来看，形式之所以具有审美价值，是因为它以直观的、内容丰富的方式构成秩序和有机结构。从审美主体的角度来看，心理活动之所以具有审美特性，是因为主体以一种独特的结构和活动方式来体验和评价审美形式。审美形式感是一种通过直觉体验，从感性层面上整体把握对象形式的能力，它不仅能够感知对象的外在表现，还能透过这些表现洞察对象的内在本质。

审美意识作为一种审美价值观念的形态，在审美过程中起到了规范意义和评价价值的作用。审美意识是指主体在审美活动中关涉审美选择、判断和评价的观念。审美意识与审美能力之间存在着紧密的联系。审美意识主要涉及个体的观念层面，而审美能力则关乎个体的心理活动。在审美实践中，两者通常是相互融合的。审美意识体现为审美能力的意识形态和功能，而审美能力是审美意识得以实现的基本条件。审美意识带有情感和评价的属性，它以感性形态出现，是一种具体化、个性化的观念意识，同时，它也是一种较为稳定、社会化的情感价值取向。审美意识包含审美趣味和审美观念两个维度。审美趣味更强调个性化和感性化，反映了个体在审美活动中的心理倾向，以喜好或不喜好的情感评价形式对事物进行选择和判断。它既显示了一定群体的共同审美倾向，也表现了个体的审美偏好。在具体的审美过程中，审美趣味通过直觉感知对事物的美丑进行选择和判断。由于个体间的个性差异、审美经验不同，以及审美对象的多样性，个体间的审美趣味存在明显差异。然而，在关注审美趣味的差异性时，也不能忽视审美共通感，它在一定程度上构成了不同审美趣味之间的共同基础。审美观念也被称为审美理想，它集中反映了审美对象的本质，是审美判断和评价的最高标准和主观依据。审美观念既是认识活动的结果，也是审美需求的自觉表现，具有超越现实审美对象的理想性质。审美意识和审美能力在审美活动中相辅相成，共同构成了个体对美的感知、理解和评价的能力。

三、激发想象力

想象是个体对于自身及周围世界的一种形象的了解和把握，是人类进行创造性活动的支撑点。想象的本质特征是自主和自由，想象丰富常常表现为自由自在、无拘无束、天马行空。想象力是一种心理活动，它涉及对已有的心理表象进行加工和改造，从而创造出全新的形象。在外界刺激的作用下，大脑会利用存储的多个表象进行重组和创新。简而言之，想象力允许个体通过思考来重组和改造这些表象，进而在心中形成新的画面。这种能力实际上是思维和情感灵活性的体现，它能够根据具体情况，调动视觉、听觉、触觉等多种感官和情绪，以及观察、推理等智能因素，在具身、发散等多种思维方式和具身情感、移情等多种情感方式之间灵活转换，以解决具体情境中的问题。

爱因斯坦将想象力视为世界发展的根本动力，强调其重要性超越了知识，因为知识有其边界，而想象力是无界的。想象力不仅是一种艺术，它能够丰富和美化我们的内心世界，也能让现实世界变得更加多彩。在审美活动中，想象力扮演着至关重要的角色。具备想象力的个体能够根据自己的意愿创造性地构建审美对象。作为审美能力的一个组成部分，审美想象力能够超越感知的限制，自主地把握和创造新的形象，将审美知觉提升到一个自由有序的层次。注重感性体验的美育将激发个体的想象力看作塑造理想人格的关键，因为审美想象力的创造性能够超越现实，创造出全新的、充满主体意识的审美意象，实现从物质到精神、从现实到理想的飞跃。想象力赋予了人类思想自由飞翔的能力，从而根本性地改变了个体的生命质量。

想象力的重要性主要体现在以下几个方面。首先，想象力被视为人类创新的根基。它基于现有的事物和现实表象，结合个人的经验、期望和憧憬，构建出全新的形象。现代技术产品的设计和制造过程与想象力密切相关。想象力不仅是推动世界变革的力量，也是人们超越现实、追求梦想的关键途径。其次，想象力在创造性工作中是一种宝贵的心理特质。亚里士多德将想象力视为发现和发明等所有创造性活动的源泉。黑格尔也认为，最卓越的艺术才能就是想象力。因此，想象力不仅是推动发明创造的动力，也是艺术作品成为经典的重要因素，它在艺术创作和科技创新中都发挥着不可或缺的作用，是实现从概念到现实转变的关键驱动力。最后，想象力是人类智慧的源泉。智慧对内表现为对内心世界的省察，对外表现在为人处世的通达上。想象力和抽象思维共同构成人类智慧的双翼。想象力既是认知智慧的构成要素，也是情感生活的组成部分。想象力在生活中如同调色板，能把我们的生活调配得色彩斑斓、五彩缤纷。

长期以来，人们更多地关注对客观世界的认知和改造，而往往忽略了对人类自身内心世界的培养和建设。这种偏重导致人们的感性能力减弱、情感反应变得迟钝、想象力逐渐枯竭，进而影响到创造力的发挥。随着对创新意识的重视增加，这种趋势已经引起了社会的广泛关注。有观点认为，通过艺术教育这一途径的美育可能有助于改善这种状况。艺术教育作为一种美育形式，能够促进个体感性和情感的发展，激发想象力，从而增强创造力。它通过提供丰富的审美体验和创造性表达的机会，帮助人们恢复和提升对美的感知能力，培养情感的敏感性和深度，以及激发创新思维。通过艺术教育，鼓励个体探索和表达个人情感，激发内在的创造力，这对于个人发展和社会进步都是至关重要的。

在教学过程中，教师要学会"留白"，需要学生自己领悟弦外之音和言外之意。这些"留白"可以被视为触发想象力的关键点。要关注大学生的想象力，根据想象力的形成规律和特点，教师可以创造条件和氛围来促进其发展。在审美活动中，无论是艺术欣赏还是艺术创作，都需要审美主体运用想象力，在一种自由放松的心态下对审美对象进行创造性调整和完善。这种过程有助于使人达到情景交融、物我两忘的审美境界，从而提升个体的生命质量。这种激活心灵、丰盈生命的方式对于大学生具有重要作用。开展丰富多样的审美活动，激发并保护想象力，理应成为大学美育的重要目标之一。

四、培养创造力

创造力是主体从事创造性活动并获得创造性成果的能力，包括对已有知识和经验进行科学加工和创造，产生新概念、新知识和新思想，以及发现和创造新事物的能力。审美和艺术活动中往往较为集中地体现了主体的创造力。艺术家风格的形成就在于他的独创性，在审美和艺术鉴赏过程中也要求鉴赏者基于已有审美经验进行个性化再创造。审美能力实际上是一种创造能力，培养大学生的审美能力也就意味着培养其创造力。审美创造力与逻辑思维的创造力略有不同，审美创造力偏重感性的、综合性的，在生动的直觉感知中把握审美对象的真谛。艺术家创作的许多经典作品尽管是虚构的，但凭借其在典型环境中刻画典型人物形象的艺术创造，深刻地揭示了人生哲理。在自然科学史上，科学家仅凭直觉和灵感获得重大科学发现的事例比比皆是。可见，作为人类高阶思维的创造力具有综合性特征，是感性与理性、直觉与思维高度融合的产物。因此，培养大学生的创造力既要靠感性方面的教育，也要依赖理性方面的教育。

培养大学生的创造力，首先要了解大学生创造力的特征。对于大学生创造力特征的研究，多采用实证方法，而不是单纯的思辨形式。有学者通过大规模调查研究了大学生创造力的特征，结果显示，大学生在创造力思维的新颖性维度上得分较高，这表明他们有潜力产生新颖和原创的想法。然而，他们在流畅性和灵活性方面的表现不尽如人意。流畅性指的是快速反应的能力，灵活性则体现在思路的开阔性和适应性上。缺乏这两种特质会限制创造性思维的发展。尽管如此，仅有流畅性和灵活性并不足以构成创造性思维，因为创造性思维的核心特征在于新颖性。因此，尽管大学生在创造性思维的流畅性和灵活性上不如新颖性表现得好，但他们仍然具备创造性思维的基本品质。此外，该研究还探讨了大学生的创造性人格特质，这是指那些对创造力发展和创造性任务完成起到关键作用的个性特征。不同创造者可能有不同的人格特质，尽管难以用一个统一的模式来描述所有创造者的人格特质，但他们之间仍存在共性。戴维斯在其著作中提出了创造性人格的一些特征：具有强烈的独立性、自信、愿意冒险、有好奇心、理想主义、不易受他人意见影响、对复杂和奇异事物感到吸引力，以及拥有艺术审美和幽默感，他们的兴趣既广泛又专注。

创造性活动的核心是创造性思维。大学生展现出较强的通感、未来规划和评估能力，这显示他们能够通过多种感官通道认知事物，并激发对事物多维度的认知能力。他们已经开始对未来进行思考，保持开放的心态和广泛的兴趣，为创造力的产生打下了坚实的知识基础。大学生还具备较强的评估能力，能够客观地评价自己和他人的行为及思想，能够明辨是非、判断优劣，不盲目跟从，更倾向于独立自主地行动。然而，大学生在综合整理能力和想象力方面的表现尚有提升空间。综合整理能力涉及将繁杂的信息按照一定规则秩序整理成体系，这是将创造力潜能转化为具体创造力产品的关键思维品质。想象力则是在已有观念、经验和情景之间建立有机联系，在脑海中产生新颖奇特的想法。因此，需要在综合整理能力和想象力等方面加强对大学生的培养，以使他们的创造性潜能得到充分发挥。

还有学者同样采用问卷调查的方式研究大学生创造力的特征，主要从创造性人格和创造性思维品质两个维度展开。创造性人格包括寻根究底、独具匠心、笃学不倦、特立独行、安于现状和孜孜以求六个方面。寻根究底是大学生喜欢探究事物发生的缘由；独具匠心是大学生有与众不同的想法或独特见解；笃学不倦是大学生勤于思考且能坚持到底；特立独行指的是他们倾向于采取非传统的方法行事，表现出独立和自主的决策能力；安于现状则作为一个相反的指标，反映了有些大学生可能缺乏进取心，持有较为保守的思想态度；孜孜以求指大学生能够攻坚克难，坚韧顽强，直至达成目标。创造性思维包括思维的敏锐性、思维的灵活性、直觉思维。思维的敏锐性是大学生善于发现问题并能抓住问题的关键；思维的灵活性是大学生善于从不同角度思考问题，并能找到多种方法解决问题；直觉思维使大学生具有良好的直觉思维能力。

从创造过程研究取向看，创造性活动是一个包含多种复杂认知活动的过程，其中创造性思维品质是其核心组成部分。在探讨创造性思维品质时，研究者更关注个体在创造力方面的差异性，而不是寻找创造活动的普遍规律。对创造性思维品质和创造性人格特征进行区分，主要是为了方便研究，实际上这两者都是构成创造力的重要因素。创造性思维品质的研究重点在于探讨个体间创造力的差异，而不是寻找具有普遍意义的创造活动规律。而对创造性人格特征的研究则关注个体在创造活动中的一贯行为、思考方式和态度倾向等方面。在实际的创造性活动中，两者相互作用，共同影响个体的创造性表现。创造性人格特征可能影响个体如何运用其创造性思维，而创造性思维品质则可能影响个体的创造性行为和态度。理解这一点有助于我们更全面地把握创造力的复杂性，并为培养和提升个体的创造力提供指导。

第二节　大学生美育的特征

美育作为美学与教育学相互交叉和相互渗透而形成的学科，是以寓教于乐的方式，通过美的事物（自然美、社会美、艺术美、科技美）对大学生进行健全人格的塑造、审美素养的提升、想象力的激发和创造力的培养，具有过程性、全面性、趣味性、形象性、情感性、愉悦性、浸润性和实践性等方面的特征。

一、过程性

大学美育的重要特征之一是其过程性。美育作为促进个体情感生命实践的教育活动，其目的、功能以及价值的实现均蕴含在美育过程之中。大学美育的过程性是由审美活动的感性特征及其审美价值实现的过程所决定的。个性情感的创造性表现本身就是情感生命延展的过程，这种过程受主体内部情感需要的驱动，其目的便隐含在过程中。审美过程与机械过程之间存在本质的区别。审美过程中，手段与目的紧密相连，而在机械过程中，手段与目的的关系较为疏远。在审美活动中，参与者是自由的、有生命的个体，而在机械活动中，参与者往往缺乏自由，受到外部控制。审美活动能够因为情感的实现而给个体带来内心的满足，而机械活动则不会因为达成外在目标而引发个体的愉悦感。生命的有限性与时间的无限性形成对比，在无限的时间内寻找到生命的意义，才能将有限的生命融入有价值的时间流中。这有助于我们超越生命的自然终结，开拓多维的生存空间，实现生命的深层价值。审美活动是一个追求内在完善的过程，它将外在的生活目标转化为内在的体验，将对结果的期待转变为对过程的享受。通过这种方式，审美活动帮助我们实现生命的价值，丰富我们的情感生活，并提升我们的精神境界。

在中国美学传统中，审美经常被视为一个游历的过程。《论语·泰伯》中提出"兴于诗，立于礼，成于乐"的主张，孔子认为，一个人的修养应该从学习《诗》开始，通过对《诗》的感性认识，激发美感，然后通过《礼》的学习，规范行为，健全人格，最后通过《乐》的学习，陶冶情操、温润心灵，实现人格的完善和生命的圆满。这三者是一个层层递进的过程，共同构成了孔子的美育思想。庄子则崇尚无所依凭、自由自在的"逍遥游"的审美境界。刘勰在《文心雕龙·神思》中提出了"神与物游"的重要命题。中国古典园林景观的游览中讲究"面面观，步步移"，均体现出审美过程的重要性。中国古典艺术重视线条，线条意味着流动婉转的旋律和气贯长虹的节奏。宗白华在解读"流美者人也"时认为："美是从'人'流出来的，又是万物形象里节奏旋律的体现。"[①]宗白华用"流"和"节奏旋律"揭示了中华美学中流动性和过程性的特征。

大学生审美能力的培养贯穿于审美活动的全过程。若是脱离了审美鉴赏和审美创造过程，空谈审美经验，就没有审美能力培养的可能性。对于大学生群体，美育的实践是他们感受生命节奏的旅程。在这个过程中，随着个体情感需求逐步得到满足，新的美学表达获得了内在的动力，而这些美学表达构成了个体情感生活不断突破自我的发展过程，这一过程本身就是美育的核心目标。换句话说，美育是一个通过审美体验来培养人的过程。美育的过程性特点在于大学生以积极的姿态投身于这一过程，通过提升审美素养来实现美育目标，这一过程需要审美主体发挥其主观能动性。美育的过程性还表现在培养个体充满活力的自主性上，正是由于审美主体的自主性推动，美育过程才显得生机勃勃和充满活力。

二、全面性

美育对大学生的人格发展具有全面性的影响，这种全面性体现在促进个体审美发展的同时，也全面开发个性中的心理功能和意识，使它们达到相互协调和平衡。审美活动是一种复杂而综合的活动，它位于感性直观与理性思维之间，实现了感性与理性的和谐统一。康德在《判断力批判》中提出审美判断是"心灵诸能力活动中的协调一致的情感"[②]。席勒在《美育书简》中进一步提出，美育的全面性可以通过弥合理性与感性之间的分裂来实现，从而达到审美状态。美育虽然以提升个体审美能力为核心，但这种提升

① 宗白华.艺境[M].北京：商务印书馆，2011：143.
② 康德.判断力批判：上卷[M].宗白华，译.北京：商务印书馆，1964:66-67.

本身也有助于大学生实现全面的身心发展。因此，大学美育体现了促进个体全面发展的教育目标。美育不仅以感性直观为起点，也涉及理性思维。审美心理结构是一个以情感为纽带，包含感觉、知觉、想象、联想等多种心理功能的综合性结构，它以感性为特征，同时具有理性品质。审美活动主要以感性形式呈现，同时包含理性内涵。理智力为审美表现提供了秩序和结构，为审美理解提供了理解力，从而构成了审美鉴赏力和创造力的重要组成部分。美育既发展了大学生的感性功能，也发展了大学生的理性功能。

在音乐、绘画、舞蹈、戏剧和诗歌等艺术教育实践中，大学生可以通过掌握各种艺术媒介，增强对身体各部位，包括手脚等的控制能力，使身体动作能够更好地响应心灵的指导和想象力的驱使。通过艺术实践，学生可以提升动作的精准度和表达力，进而使身体成为表达创意和情感的有力工具。这种对身体的控制和协调不仅有助于艺术创作，还能增强个体的自我意识和自我表达能力，促进身心的和谐发展。绘画能力实际上是对线条的把控能力，在造型方面表现得更加精致和细微，精微素描也可以训练大学生的手眼协调能力。音乐欣赏，尤其是对古典音乐的欣赏，不仅能促进个人心理健康的和谐发展，还有助于生理功能的协调平衡。这表明审美过程不仅包含心理层面，也包含生理层面，美育因此成为连接心理和生理两大领域的桥梁。

审美活动是个性化的，美育主要促进个性情感的丰富，但个性情感的丰富也需要社会性的发展。个性化的审美活动是个性与社会互动的过程。审美表现既是个性化的自我表达，也是社会性的交流对话。在这种双重性质的互动中，个体逐渐向社会延伸，这是一个丰富和发展自我意识以及完成社会意识确认的过程。美育的目的之一是促进个性与社会性的协调发展，大学美育在审美表现的个性化与社会化互动中实现了这两者的协调发展。大学美育的全面性不仅体现在意识层面，也体现在无意识层面，审美活动起源于意识和无意识领域，并创造性地连接了这两大领域。在审美的创造性过程中，无意识得到释放，并与意识相互作用。总的来说，美育连接了感性与理性、生理与情感、个性化与社会化、意识与无意识的广泛领域，展现了大学美育全面性的特征。美育既是一种相对独立的教育形式，又具有交叉性和渗透性的特点。大学美育的全面性使得美育功能具有多面性，也使美育范围具有广泛性。

三、趣味性

大学美育的趣味性强调美育活动应吸引大学生，激发并保持他们对审美欣赏和创作的热情。从审美主体的角度来看，大学美育的趣味性源于对个性差异的重视，旨在满足每个大学生个性情感发展的需求，并鼓励学生个性化成长。趣味性促使大学生自发地探索新奇事物，没有对新事物的探索和尝试，兴趣便无从谈起。在趣味性的推动下，美育过程将充满生机，个体也能享受其中，达到高度投入的状态。这种状态的实现依赖于在自由、安全的心理环境中对个性的探索和尝试。审美鉴赏和创作没有标准答案，正如"一千个读者眼中有一千个哈姆雷特"所揭示的，这些差异体现了审美活动的探索性和尝试性。大学美育鼓励这种差异化的探索和尝试，使其充满趣味。大学美育所蕴含的严肃人生价值正是通过这种趣味性得以体现。从审美对象的角度来看，大学美育的趣味性源自感性形象。美育过程始终伴随着生动丰富的形象和对生命形象的体验。审美对象是具体可感的感性形象，既非物质存在，也非逻辑概念。黑格尔认为美只能在形象中显现，车尔尼雪夫斯基则认为形象在美的领域中占据主导地位。美育的形象性不仅指感性形象，也涉及对形象情感意蕴的体验。

席勒在《美育书简》中将"美"界定为"活的形象"。所谓"活的形象"，就是"生命形象"，它是生活与形象相互作用、完美融合的产物。具体而言，生活是感性的、有限的、客观存在的外在物质，而形象则是无限的、理性的内在精神创作的形式，形象使生活显现，生活使形象丰富。席勒将美的概念从审美主体的观照对象扩展到了审美主体的行为状态。具体而言，一方面，"活的形象"作为观赏对象，不限于生物界，大理石经过雕塑家之手精雕细刻，能变成端庄秀丽的女神形象，形神皆备；另一方面，"活的形象"并不是泛指整个生物界，只有当感性与理性、生命与形象、情感与思维相交融时，才能成为"活的形象"。可以说，"活的形象"既指理性与感性和谐的人，也包括感性与理性和谐的主体通过感知与创造将自身的生命情感融入对象的形象。需要注意的是，强调美育的趣味性并不是否认美育过程中付出的艰辛努力，趣味只是引起对某种艺术门类兴趣的前提，要想有所成就，在掌握艺术技能时，需要经过反复的训练，这个过程甚至是极为枯燥乏味的。

四、形象性

美育的形象性强调美的事物通过其生动具体的感性形象被主体感官所感知，这种形象性体现了形式美与内容美的统一。美的物象是可感知的、具体的和形象化的。无论是自然美、社会美、艺术美还是科技美，它们都通过具体可感的形象来展现其美的特质，通过形状、色彩、声音、材质等感性形式来展现其内在的美感。美育过程始终伴随着生动可感的形象和对生命形象的情感体验。情感的唤起、持续和深化都依赖于感性形象的产生。美育的形象性使大学生在情感体验中实现道德层面的善。美育需要将具体可感的形象呈现给大学生，通过这些形象触动学生情感，以达到美育的目的。不同类型的美通过具体可感的形象表现出来，没有形象的承载，美就失去了依托。大学美育需要以美的事物、美的形象作为教育手段，没有形象，美育就无法实施。美育作为一种形象直观的教育手段，通过诗情画意激发大学生的审美想象，通过情景交融的意境触发创造灵感，帮助他们把握创造的契机，丰富自己的想象力。美育之所以具有形象性的特征，是因为美感对象本身具有形象性，美育过程就是通过这些生动客观的形象感染我们情感的过程。经典的艺术形象对人们的精神具有巨大的感染力和震撼力，通过艺术形象，我们能够感悟得更为深刻和全面，相比理论著作，艺术形象提供了更为直观的感受。无论是自然界的苍松翠柏，还是巍峨的山脉、奔腾的大河，都是丰富多彩的形象世界，它们为美育提供了丰富的素材和灵感。

人进入形象世界，要经历审美能力的三重境界：由悦耳悦目到悦心悦意再到悦神悦志。李泽厚提出了审美愉悦的三个层次，这些层次体现了从感官享受到精神层面的逐步升华。悦耳悦目是指人的耳目感受到的快乐，是一种直接的感官愉悦。这种愉悦不仅仅是生理上的快感，它还包含了想象、理解和情感等多种功能。在这里，耳目的作用不仅仅是认知，还包括了享受，这种享受能够愉悦身心。悦心悦意层次的审美愉悦超越了单纯的感官满足，走向了内在心灵的愉悦。悦心悦意是审美经验中非常普遍的形态，它在文学作品和艺术作品中广泛呈现。这种愉悦涉及理解、想象等心理功能的配合，培育人的情感和心意。悦神悦志是人类审美能力的最高层次，涉及在道德基础上达到的超越道德的人生感性境界。悦神悦志不仅仅是基于生理基础的感官愉悦，而是在审美过程中培育感知能力，在理解、想象等心理功能的配合下，进一步培育情感心意，最终达到一种超越道德的人生感性境界。这三个层次从感官的直接体验到心灵的深层触动，再到精神层面的超越，展现了审美活动丰富的内涵和价值。

五、情感性

大学美育作为一种情感教育，其核心在于通过美的事物触动大学生的情感，使其内心深处产生影响。这种教育方式旨在通过情感体验，培养大学生对美的向往和对丑的排斥，进而实现心灵的净化、情感的培养、精神的洗礼和人格的提升。大学美育的情感性特征体现为通过感性的形式激发学生的审美情感，让他们在亲身体验中获得心理上的满足和情感上的共鸣，从而展现出一种崭新的人格状态。这种教育不仅关注知识的传授，更重视情感的培养和个性的发展，使学生在审美的过程中得到全面的教育和个性的完善。

相较于中小学生，大学生的审美活动是由强烈、浪漫、复杂的情感所推动的。大学美育的情感性特征主要表现在三个方面。一是强烈性。大学阶段是个体情感最为强烈的阶段，各种新鲜的外部刺激不断引起他们的情绪反应，大学生由于青春期延续的敏感性和热情，对新鲜刺激的反应特别强烈，这种强烈的情感特质在审美活动中表现得尤为明显。他们在欣赏艺术作品时，倾向于将个人情感融入作品之中，并用个性化的方式进行审美评价。对于他们所喜爱的审美对象，他们可能会因为强烈的喜好而表现出超乎寻常的行为。同时，他们在对异性美的欣赏中展现出鲜明而深刻的情感特征。在青年时期，从最初的两性吸引逐渐发展为恋爱关系，这种美好的情感为青年时代增添了独特的色彩，使得恋爱中的大学生展现出最炽热的情感和强烈的审美倾向。正如黄增在《集杭州俗语诗》中所言，"色不迷人人自迷，情人眼里出西施"。恋爱中的男女因为爱慕对方，会觉得对方一切都是完美的。这种情感的美化作用，使得恋爱中的人对所爱之人的各个方面都充满了欣赏和赞美，呈现出一种自我陶醉的境界。二是浪漫性。大学生的浪漫情感源自从幼稚走向成熟期间而产生的丰富想象力和对未来的美好憧憬，其特有的心理发展阶段使得审美活动在他们之中展现出浪漫化和理想化的特点。他们将想象与对未来的理想生活紧密联系在一起，沉浸在自我构筑的理想王国中，获得审美愉悦，从而满足个体的内心需求。这种理想化的审美体验使他们能够超越现实的限制，探索和表达对美好生活的渴望和追求，形成更加丰富的情感生活和更加完善的个性发展。三是复杂性。大学生的审美情感之所以复杂且易变，是由于他们在这一成长阶段情绪发展的不稳定性所决定的。根据海德格尔的观点，情绪状态构成了个体在世界中的存在方式。

大学生常常将自己敏感多变的情绪投射到审美对象上，这造就了审美活动的复杂性和多样性。大学生对审美对象的情感会随着时间、地点、心境的变化而变化。有可能昨天欣赏的事物，今天就丧失了继续欣赏的兴趣；或许在这个地方会心情愉悦，到另一个地方便会心绪烦闷；甚至在面对同一审美对象时，心情愉悦时会觉得光彩照人，心情沮丧时会觉得黯淡无光。

六、愉悦性

大学生美育的愉悦性是指在审美活动中常常体验到一种愉悦的心理状态，这种状态伴随着强烈的情感体验和深刻的审美享受。这种愉悦性激发了大学生积极参与审美实践的热情。愉悦性的情感体验是大学生在对自然美、社会美、艺术美、科技美进行主观感受、体验和评价后获得的精神满足。美育的愉悦性不仅是审美主体对审美对象的情感体验，也是心灵净化的过程。美育愉悦蕴含于审美愉悦之中，既是心理愉悦，也是情感愉悦。愉悦作为一种情感，是客观刺激与主观情感相互作用的结果。达·芬奇认为，爱好者受到所爱好的对象吸引，正如感官受到所感觉的对象的吸引，两者结合，就变成一体。如果结合的双方和谐一致，结果就是喜悦、愉快和心满意足。这说明，审美主体在面对自然美、社会美、艺术美和科技美时，会在审美交融的过程中产生愉悦感。一旦审美主体感知到了具体可感的形象，就会从对象的形式中感受到美的存在，并在一瞬间产生审美愉悦感。黑格尔认为审美具有解放的性质，因为审美过程中的精神活动是自由活泼的，能够带来愉悦感。

大学生对美的事物的喜爱要依靠美的形象的吸引，去唤起他们的兴趣。在鉴赏艺术作品的过程中，大学生往往处于一种精神极度放松、自由愉悦的审美化情境中。美育正是在这种惬意的情感体验和精神享受中完成的，因此，审美往往是一个轻松愉悦的旅程，美育的愉悦性也体现在寓教于乐的过程中。不论是何种审美形态，都要让大学生产生美感享受，才能激发他们的情感力量，实现以美育人的目的。大学生美育的愉悦性特征渗透在生活的各个方面，大学生通过直观的感性形式领悟内涵的意蕴，从而修身养性，完善个性品质。很多大学生面对父母的殷切期盼、繁重的学业压力和就业压力，心理呈亚健康状态，美育就是要通过引导大学生对美的事物进行欣赏，在审美过程中敞开封闭的心扉，交流情感，唤起对真善美的渴望，实现精神的自由超脱，真正体验到心灵的愉悦，形成高雅大度的格调和健全的人格。

七、浸润性

美育的情感性和愉悦性让大学生在美育实践过程中感受到了自由和舒畅。美育浸润是一个逐渐渗透、积久发生的过程。浸润式美育需要通过大学生具身的、感性的审美体验来实现润物无声的教化，循序渐进地让学生获得内在的丰盈和成长。要将浸润式教学与美育相结合，因为浸润式教学与美育的结合具有探索实践的可行性。柯林·贝尔提出浸润式双语教学，以便让不同族裔的孩子更好地融入多元文化社会。姜宏德把浸润式双语教学引入国内，在考查学生学情和教师资源的基础上，提出循序渐进、由浅入深地培养学生的审美能力、创新能力，关注学生主体认知发展，在学习过程中创设情境，使学生获得整体的、协调的、沉浸式的审美体验。所谓"随风潜入夜，润物细无声"，"春风化雨"描述了美育的潜移默化作用，即让学生不易察觉地接受美的熏陶。美育通过情感来触动人心，将情感与理性结合，在欣赏美的同时也获得情感体验，这种体验中包含了理性认知的元素。尽管在审美过程中我们往往显得直观而不受思索影响，但这种直观感知实际上包含了我们基于以往审美经验对美的理解和认知。因此，审美活动常常是情感与理性相互融合的过程。

浸润式美育的效果是缓慢而持久的。梁启超在《论小说与群治之关系》中谈及小说支配人道的四种力量：一曰熏、二曰浸、三曰刺、四曰提。这四种方法同样适用于审美教育。"熏"即熏陶，主要是从空间而言，正如荀子《劝学》中所言："蓬生麻中，不扶而直；白沙在涅，与之俱黑。""浸"即浸润，主要是从时间而言，"熏"和"浸"都是在不知不觉之间，让大学生在潜移默化中受到审美熏陶和浸润。"刺"即刺激，主要是从速度而言，让人受到外界刺激而产生顿悟。"提"则是一种内在的驱动力，在审美鉴赏时能够产生移情，将自己的情感灌注到审美对象中。不仅小说如此，在进行其他艺术形式的审美教育时，也同样遵循熏陶、浸润、刺激和潜移默化的过程。大学美育的浸润性特点启示我们，美育并不能产生立竿见影的效果，而是一个长期、缓慢、渐变的过程。这就需要我们为浸润式美育营造一个较为宽松的环境，在空间上要提供"熏"的广度，在时间上要提供"浸"的长度，在情感上要把握"刺"的强度，如此方能提升大学生的审美素养。

八、实践性

大学美育的实践性指的是美育不是纯理论的学科，而是与实践紧密相联。美育理论认识源于实践，理论指导实践，从而提高实践的质量。大学美育一方面具有理论品格，另一方面突出实践特性，这两个方面是辩证统一的关系。对大学美育现实问题的发现和解答是美育理论研究的动力和核心，也是理论与实践相结合的要义所在。同时，对于具体美育实践问题的研究离不开深刻理论思维的统摄。坚持理论与实践相统一是确立从理论到实践的一系列中介环节，把"自上而下"的理论思辨与"自下而上"的经验分析相互融通。

但当前大学美育中存在理论与实践脱节的现象。一些美育研究未能深入到美育的特殊性质和规律中去，并不能回答美育实践中所面临的问题。同时，在美育实践层面缺乏应有的理论高度，局限于对个别事例的经验性描述和总结，忽视了对美的规律的深入探索。这种貌似与美育实践紧密结合的研究带有相当大的盲目性和随意性。在大学美育中，最具实践性特征的是美育方法论。美育方法论不同于美育方法，不是从细微处着手，提供一些具有实操性的具体方法，而是从体现美育观念、实现美育功能、彰显美育特色的普遍性规律的视角出发，提出实施美育的方法论原则，为美育实践提供理论指导。大学生在实践中鉴赏美、创造美，通过美育实践活动获得审美能力。要提高大学生的审美能力，培养其高尚的审美趣味、崇高的审美理想，离不开审美实践活动。大学美育的目的是培养和提高大学生的审美能力、审美理想，陶冶情感、温润心灵。要想实现这一目的，既要诉诸理智，让大学生从理智上认知和理解美，也要诉诸情感。情感体验是美育的本质性特征，让大学生通过对美的感知、体验、鉴赏，在情感上受到熏陶。

审美能力的获得离不开审美实践活动。所谓"实践性"，与杜威提出的"做中学"理念相呼应。杜威在《学校与社会·明日之学校》中指出："工作是使用中介工具以达到目的，它'涉及一切活动，它包括使用中介的材料、用具以及使用各种有意识地用以获得结果的各种技巧。它涉及各种用工具和材料去进行的表现和建造，包括一切形式的艺术活动和手工活动，只要它们包括为了达到目的的有意识或深思熟虑的努力。这就是说，它们包括油画、绘画、泥塑、唱歌'。"[①] 杜威"做中学"的具体内容就包含艺术实践活动，强调通过实践活动来获得知识和技能，这与大学美育的实践性是一致的。在美育中，学生通过亲身参与和体验艺术创作和欣赏的过程，从而获得深刻的情感体验和审美理解，

---

① 杜威. 学校与社会·明日之学校[M]. 赵祥麟，任钟印，吴志宏，译. 北京：人民教育出版社，1994：296-297.

这正是实践性在美育中的体现。大学生美育的实践过程是通过视听感官系统，从审美客体的具体形象上获得直观感受，引起审美愉悦，在潜移默化中陶冶情操、浸润心灵。因此，要重视美育的实践性，在审美实践活动中感知美、体验美、鉴赏美、创造美。

第三节　大学生的美育途径

对美的追求是大学生的一种理性的自觉追求，需要结合审美理论学习和审美实践活动。大学生开展美育的途径多种多样，我国各高校在美育实践中致力于高品位的校园文化建设，并注重树立大学生正确的审美观念和培养高雅的审美趣味，提升大学生的审美能力，在实践中探索出了不少富有成效的做法，为大学生美育实践活动的开展积累了丰富的经验。

一、树立大学生正确的审美观念和培养高雅的审美趣味

审美观念，亦称审美理想，集中体现了对审美对象本质的理解，是关于审美价值的自觉意识和规范性观念。它揭示了美的规律，即人的自由创造本质在感性中的显现，源自人的有目的性与合规律性的社会实践活动。从审美对象的角度看，它表现为真善美的统一；从审美主体的角度看，它体现为一种自由而有序的情感状态；从主客体关系看，它体现为审美主体与审美对象之间的自由和谐及相互交融。审美观念是基于这些美的规律的自觉意识，同时也是审美判断与评价的最高标准和主观依据。审美观念具有理想性，即超越现实生活，达到审美境界。它不仅是对现实的反映，而且是对丰富审美经验的概括。根据马克思关于艺术发展与社会发展不平衡关系的观点，艺术以理想性和超越性解决现实冲突。艺术之所以具有超越性，是因为艺术家和欣赏者追求人类生存发展的自由价值。审美观念既包含理性内容的审美意识形态，也具有感性形式。康德在《判断力批判》中将审美观念定义为具有充分理性内容的个别感性形象。审美观念具有理性内容的概括性和普遍性，同时这种理性内容也带有直观形态和情感因素。因此，审美观念是感性与理性、个别与一般、模糊与规范的统一体。

大学生的审美观念受到各种社会关系和其他意识形态的制约，是大学生人生观、价值观和世界观等在审美判断和审美评价上的集中体现，故而，审美观念具有正确与错误、高尚与庸俗、先进与落后之分。审美观念作为一种独特的人生价值观念，在具体的社会生活中体现为一种独特的人生态度，即追求人生的内在价值，注重人生境界的提升。首先，通过审美经验的积累，提高大学生的审美趣味，享受审美的自由愉悦，使大

学生确认审美价值，养成审美态度，追求更高的审美境界。其次，审美观念的教育也是世界观、人生观、价值观教育的有机组成部分，在大学生成长的过程中，现实的压抑和各种观念意识的偏颇，会使这种自发的审美倾向逐渐泯灭。培养正确的审美价值观念，可以帮助大学生在关心物质利益的同时，也追求精神价值，在关注功利性目的的同时，也注重内心世界的丰盈与充实。最后，审美观念的培养需要较长的时间过程，需要经历长期广泛的感知、判断、评价与创造才能完成。在一定程度上，审美观念是审美趣味发展和提高的必然结果，因此，审美观念的培养应该从发展大学生的审美趣味入手，并与审美趣味相适应。由于大学生审美趣味的形成受到时代和民族文化的影响，大学生审美趣味的培养宜从当代和本民族的优秀艺术作品入手，可以培养大学生成为民族审美文化的继承者和创造者。审美观念的教学不等同于审美知识的教学，脱离具体生动的审美经验的审美观念教学和脱离个体审美趣味的审美观念的灌输，是不可能获得较好的美育效果的，应该通过感受、领悟、欣赏优秀艺术作品，培养大学生高雅的审美品位。

审美观念与审美趣味之间存在密切的联系，在具体的审美活动中，它们相互交织，难以明确区分。可以认为，审美观念是审美趣味的基础，是进行审美选择和审美判断的主观依据和最高标准。在审美活动中，审美观念通过审美趣味发挥作用，一定的审美趣味在一定程度上反映了相应的审美观念。从形成过程来看，审美观念是审美趣味长期积累和沉淀的结果。审美观念与审美趣味既有联系也有区别，主要表现为审美观念更倾向于稳定、理性和社会性，而审美趣味则更易变、感性和个性化。审美趣味是个体在审美活动中表现出的心理倾向，以喜好或不喜好的情感评价来决定对事物的取舍。尽管审美趣味表现为群体的共同审美倾向，但它总是具体地体现为个体的审美偏好。"趣味"一词起源于味觉意义，在西方，作为美学概念的"趣味"具有审美鉴赏力的含义，是一种辨别、选择、判断的能力。趣味既是一种审美偏爱，也是审美主体对审美对象的敏感性。审美偏爱表现为追求事物的审美价值，关注对象的审美特征和审美态度。审美趣味既有个体差异性又有群体共通性。审美趣味的差异性对个体的审美活动和社会审美意识的发展是必要的。正是因为审美趣味的丰富性和差异性，我们生活的世界才呈现出绚丽多彩的景象。然而，审美的差异性是相对的，具有一定的范围，这种范围构成了审美趣味的共通性。当我们谈论高雅的审美趣味时，意味着对审美价值的肯定和追求。

从以美育人的角度看，视野开阔的审美价值取向总比范围狭小的审美价值取向更好。审美趣味的形成受到社会历史条件和民族差异性的影响，不同社会阶层的人的生活方式不同，各民族之间的趣味差异在同一民族成员之间的审美价值取向上又具有趋同性。这致使审美趣味具有了阶层性和民族性特色。首先，培养审美趣味的基础是审美经验的积累，尽管审美趣味的形成受到个体思想情操、气质、性格、生活方式与人生阅历等多重因素的制约，但这些因素只有在个体的审美经验过程中，才会被整合到个性的审美趣味中。其次，审美趣味的形成和发展需要以个体内在的审美需求为根基，是一种自发与自觉相结合的过程。若没有个体的审美兴趣和主观能动性的参与，不可能形成真正的审美趣味。再次，个体审美趣味的形成和发展是其人格、人生观和社会审美意识相互作用的过程。在这个过程中，既有个性的社会化，又有社会因素被整合到个体人格之中的个性化。审美趣味的教育，要充分尊重和爱护大学生独特的个性倾向，在适合个性心理特征与水平的前提下，由个性到共性、由今及古、由中及外，循序渐进地培养，是符合大学生审美趣味的特征和发展规律的。树立大学生正确的审美观念和培养高雅的审美趣味是一致的。正确的审美观念可以使大学生掌握分辨美丑的正确标准，在审美活动中作出客观的审美判断，并由此培养高雅的审美趣味。审美教育应该把帮助大学生树立正确的审美观念和培养高雅的审美趣味作为首要任务。

二、培养和提升大学生的审美能力

审美能力，亦称审美鉴赏力，是人认识美、评价美和创造美的能力。它由审美感觉力、审美知觉力、审美注意力、审美想象力、审美情感力等要素构成。审美能力是人的智能结构的组成部分，是在人的学习、训练和实践经验、思维能力、艺术素养的基础上形成与发展的，是抽象思维与形象思维、认知能力与创造能力的统一。它既具有鲜明的个性特征，又具有社会性、时代性、民族性。审美能力的提高，有助于人们按照美的规律和美的理想去发现美、创造美和改造世界，发展文明、健康、科学的生活方式。审美能力具有高级心理能力的普遍综合性和复杂性，它由感觉、知觉、注意、记忆、想象、情感、理解等诸多心理要素构成，是一个各部分相互关联、渗透和融合的整体。因此，对审美能力的结构分析，不应该完全孤立地进行，而应该充分考虑审美能力的整体性，大学生审美能力的培养和提升是综合性的。

一是大学生审美感觉力的培养。审美感觉力是个体与对象建立审美关系的首要条件，缺乏审美感觉力的人无法接受外界刺激，也就无法进行审美活动。审美感觉力以对事物感性特征的兴趣为基础，这构成了审美能力的核心。审美感觉的敏锐性尽管受到先天因素的影响，但更多的是从后天审美实践活动中逐渐培养起来的。培养大学生的审美感觉力，首先要引导学生关注事物的感觉外观，以形、色、声、光、质料等形式美作为关注的焦点。从细微处分辨事物的细小差异，培养审美感觉力的敏锐性，这是培养审美能力的初始阶段，也是基础环节。审美感觉力的培养不仅要充分关注视听能力的发展，也要注意运动感觉力的发展，这对综合性审美能力的发展大有裨益。

二是大学生审美知觉力的培养。感觉力是将环境刺激的信息传入大脑的手段，知觉力是将感觉到的信息加工组合为整体性经验的能力。审美知觉力的功能是在信息加工中，建构与内心审美图式契合一致的知觉形式。审美知觉力具有创造性和表现性的特征。审美知觉力的创造性特征表现为所建构的整体形式超越了个别事物原初的形态，具有某种概括性的意义。审美知觉力超越了日常的形状识别和普遍的认知水平，其形式结构的创造由于摆脱了事物原初的实在样式而更具有主体特征。审美知觉力的另一个特征是表现性，主要体现在表层与深层、一般与特殊两个层面。在表层的、一般的层面，表现性存在于知觉样式的"力的结构"中；在深层的、特殊的层面，即在内在审美图式规范知觉式样的过程中，形成了知觉式样的表现性。培养大学生建构知觉形式的能力很重要，很多人在欣赏自然景观时不是将心理活动指向景观的外部特征，而是持一种比拟象形的观念，放弃了对景观形状、色彩、线条、质料等形式美的观赏。而从自然景观上体味意义，就需要大学生建构审美知觉力。

三是大学生审美注意力的培养。所谓注意力，是指心理活动以特定方式指向某一事物的能力。它的作用在于将对象从其他事物中分离出来，集中注意力于关注的对象本身。审美注意力作为审美能力的重要组成部分，对审美心理过程的产生具有重要作用。审美注意力是建立主客体审美意识关系的能动心理功能，其特征表现为无利害性和以事物的外观为直接兴趣对象。康德在《判断力批判》中将"无利害关系"作为审美鉴赏的第一个契机，并以此将审美活动与生理、道德区分开来。只有当主体以无利害关系的审美注意力指向审美对象时，主体才会把兴趣聚焦于事物的外观形态，才会以自由的心理活动去审美，对象也才会以有情感意味的审美意象呈现给主体。在美育过程中，大学生审美注意力的培养需要适当指导与反复训练。这种指导应将注意力引向作品本身，促成审美体验过程的发生。作为美育的艺术课程，其主要任务在于教会学生体验和创造作品。

四是大学生审美想象力的培养。想象力是大脑对记忆中的表象进行加工，创造新形象的能力。这一过程更为内心化，涉及对内心存储表象的加工。在审美过程中，想象力表现为一种意识超越能力，它创造了主体与世界的自由观照关系。人们需要想象，因为现实无法完全满足他们的需求。审美想象力的创造性在于实现从物质世界到精神世界、从现实世界到理想世界的转化和飞跃。它将知觉形式提升为充满精神活力的审美意象，使其成为一种纯粹的意识现象，进入一种自由而有序的心境。在审美活动过程中，想象力的产生依赖于审美经验的积累。丰富的审美经验是丰富的审美想象力的基础。然而，审美想象力的激发还需要知觉的唤起和情感的激励。在美育过程中，有意识地保障和引发审美想象是培养大学生审美想象力的关键。无论是鉴赏活动还是创作活动，都应充分保障大学生的想象自由。创造性的想象是高度个性化的，艺术教育要特别注意发现、鼓励和积极评价学生的新奇想象力。通过这样的方式，可以有效地培养和提升大学生的审美想象力，使他们在审美和艺术创作中展现出更高的创造力和个性化表达。

五是大学生审美情感力的培养。情感力是心理动力和体验能力的重要组成部分，与个体内在的需求、愿望和期待紧密相联。在审美能力结构中，情感力占据核心地位，对审美创造、表现和理解起到决定性作用。情感力与感觉力、知觉力、注意力、想象力等相结合，主导整个审美过程，各种心理功能通过情感力相互联系，构成审美能力。因此，情感力的水平直接决定了审美能力的水平。审美情感力是个体审美需求和期待的能动形式，作为一种感性与理性交融的情绪冲动，是审美经验的内在驱动力。美育作为一种以情感为核心的感性教育，能够促进大学生审美情感力的发展。在教学过程中，教师往往只关注学生情感动力的释放，而相对忽视了审美体验能力的培养。因此，在审美实践过程中，要认识到审美体验实质上是自我情感状态的体验。大学生情感丰富，有强烈的情感释放需求，但情感释放并不等同于审美体验。教师应引导大学生对艺术作品进行深入的思考和体味，培养他们深入体验审美对象的习惯。通过这样的引导和培养，大学生的审美情感力可以得到有效发展，从而提升他们的审美能力。

三、构建多维度立体化的大学生美育课程体系

美育课程是美育实施的重要载体。从课程形态而言，高校美育课程主要包括三种类型：以公共艺术课程为主体的学科课程，以各类审美实践活动为形式的活动课程，以校园审美文化环境为载体的隐性课程。学科课程包括公共通识美育课程和各类艺术选修课程。学科课程是美育的核心课程，该类课程以系统培养大学生基本审美素养为目标，囊括了美育基础知识、美学知识、各种门类的艺术知识，以美的规律为视点引导审美活动，以实现多学科之间的相互融合。该类课程通过强化大学生的审美和人文素养，促使大学生形成健全人格。该类课程面向全体学生开设必修或限定性选修的综合美育课程，例如"大学美育""艺术导论""音乐鉴赏""美术鉴赏""影视鉴赏""戏剧鉴赏""舞蹈鉴赏""书法鉴赏""戏曲鉴赏"等各种艺术门类鉴赏课程，旨在促进大学生艺术素养的提升。活动课程包括面向各类学生在社会开展的美育类活动和校园文化活动，该类课程旨在繁荣校园文化生活，发展学生的兴趣爱好，为展示其才艺搭建交流平台。例如中华经典诵读、"三笔字"大赛、各类主题演讲比赛、校园艺术文化节、合唱比赛、歌手大赛、舞蹈大赛，为大学生提供多层次、全方位的艺术视听盛宴。隐性课程包括校园环境、建筑设施、校史校训、规章制度、校风学风等。该类课程旨在形成一种审美育人的环境，营造一种对大学生身心产生浸润式影响的场域氛围。应该充分发挥环境的铸魂育人作用，建设格调高雅、富有美感、充满朝气的校园文化环境，并通过讲座、宣传栏、新媒体、走廊、教室等营造美育校园文化氛围。

（一）突破艺术学科知识观，围绕大美育观念重构美育学科课程体系

当前我国高校美育课程主要由教务处或美育中心组织音乐、美术、教育、文学等院系的教师根据自己的专长开设以艺术为主体的学科课程。这是一种立足学科本位，重在教授学生掌握艺术知识和艺术技能，由众多艺术门类组成的课程体系。随着美育通识性

大学美育

价值和目标定位的变化，高校需要重构传统美育课程体系，从审美育人的角度出发，重构融合性课程体系，帮助大学生在审美感知、审美鉴赏、审美创造中学会用审美的方式表达，提升大学生的非认知能力和创造性解决问题的能力。大美育观念要求突破以艺术学科知识和技能为本位的知识观，从美学、教育学、艺术学中提炼出能够促进学生领会审美和艺术的独特性和价值意义的大美育观念，以此建构课程结构及内容。从本体论角度学习对美和艺术元素符号以及形式美法则的感受和创造；从认识论角度探讨大学生如何通过感知、直觉、体验、想象等审美方式把握审美对象；从价值论角度思考审美与大学生全面发展的关系，追问其价值和意义。基于这三个角度设计美育课程的主题和内容，使大学美育课程突破艺术门类内部以及艺术学科与其他学科的界限，实现学科融合。通过共同的生活经验，将审美与艺术衔接到不同的时空、文化和历史维度，为学生创设审美化的学习情境，建立审美、艺术、生活经验和情感体验之间的关联，从而丰富他们的审美感受和审美经验，提升大学生的审美素养。

（二）基于美育的实践需求，创设具身性美育活动课程

美育具有实践性、体验性特征，仅仅给大学生提供艺术类学科课程，并不能让其真正产生审美体验，掌握美的规律。在审美过程中，具身性体验远胜于审美知识灌输，教师的生动讲解虽然能够提供丰富的信息，但学生通过亲身参与和体验所获得的美感更为深刻和真实。具身认知理论强调认知、思维、记忆、学习、情感和态度等心理过程是在身体与环境的互动中塑造出来的，心智是身体经验的产物，身体的物理体验对心智的性质和特征有着决定性的影响。梅洛·庞蒂在《知觉现象学》中提出，知觉不仅仅是大脑的功能，而是身体的知觉，是身体与环境相互作用的结果。他认为身体、知觉和环境构成了一个不可分割的整体。知觉是身体塑造出来的，而非单纯对外界事物的印象。因此，任何学习过程都需要理解身体在其中所扮演的角色。杜威的"做中学"集中体现了具身性原则，他相信一切学习和思维都始于经验。认知的发展离不开实践活动。"教育为实现其目的，必须从经验即始终是个人实际的生活经验出发。"[①] "做中学"的教学原则鼓励学生通过身体力行、躬身实践来亲身经历和体验知识背后的深层含义。这就要求高校创新课内外特色活动的美育实践。一方面，师范类院校要采取行动研究课内外实践模式，建立大中小幼美育协作机制，通过见习、实习等途径参与中小学美育教学实践，探索解决中小学美育师资短缺的问题，在协同交流与具身性实践中提升美育实践能力。另一方面，综合性院校要鼓励大学生积极参与美育志愿服务、大学生艺术展演、美育实践工作坊等活动，让大学生走出校园，到社区、企业、文化场馆践行美育。通过具身性美育实践活动，提升大学生的审美素养。

① 杜威. 杜威教育论著选[M]. 赵祥麟，王承绪，译. 上海：华东师范大学出版社，1981：375.

200

（三）加强校园文化建设，构筑美育隐性课程体系

大学校园文化不是自发形成的，而是通过人的自觉追求与创造而建设形成的。大学校园文化从表象而言，是一个自然历史过程，是在大学发展的历史延续中逐渐形成的。实际上，大学校园文化的形成是一个高度自主的创造过程。校园文化意味着一定的办学传统、办学特色和办学风格，这种传统、特色、风格中渗透着对大学价值的理解和认同，它们的形成与学校管理者的教育理想、主导性教育理念、历史文化背景、地域文化环境和时代教育变迁关系密切。高校要营造向上向善向美的校园文化氛围，把美育融入校园生活的全方位。应优化校园自然环境和人文环境。从自然环境方面来看，优美的校园环境不仅能给学生提供一个良好的学习环境，还能在潜移默化的过程中陶冶学生的情操。从校园人文环境来看，应该通过各种途径来创造一种积极向上、朝气蓬勃的校园文化氛围，使大学生能时刻感受到生活学习中的美，远离庸俗媚俗和低级趣味。充分利用校内各种宣传平台，特别是校园广播、电视台、校园网站、橱窗、展示屏等多种渠道，打造校园文化艺术空间。配合课堂教学，经常播放一些健康向上的音乐和优美的诗歌散文，或设置各种美育专栏，让学生展示自己的艺术才能，从而营造良好的校园文化氛围。

第四节　大学生的人生境界

一、何为大学生的人生境界

一般而言，境界有三重含义。一是指学问、事业的阶段和品位。王国维在《人间词话》中写道，古今成就大事业、大学问的人，必须经历三种境界："昨夜西风凋碧树，独上高楼，望尽天涯路。"此第一境也。"衣带渐宽终不悔，为伊消得人憔悴。"此第二境也。"众里寻他千百度，蓦然回首，那人却在灯火阑珊处。"此第三境也。[①]二是指审美意象。"境界之呈于吾心而见于外物者，皆须臾之物。"[②]三是指人的精神境界和心灵境界，也就是我们在本节中讨论的大学生的人生境界。

中国传统哲学重视对人生境界的探讨。冯友兰认为，尽管人们似乎都生活在同一个世界，但每个人的世界实际上是不同的，因为每个人对这个世界的理解和感受都是独一无二的。人们能够对宇宙和人生有所认识，并对自己的行为形成一种自觉意识。这意味着大学生的生活应该是一个充满觉悟和理解的过程，其中"觉"指的是一种自发的心理

---

① 王国维. 王国维文集：第 1 卷 [M]. 北京：中国文史出版社，1997：147.
② 王国维. 王国维文集：第 1 卷 [M]. 北京：中国文史出版社，1997：173.

状态，"解"则是指对事物过程及其含义的深入理解。可以说，正是人的觉解，照亮了宇宙万物，如果没有人的觉解，宇宙就处于一片混沌之中。正如朱熹所说的"天不生仲尼，万古如长夜"，彰显了孔子等圣贤对文明的启迪作用，表明没有孔子这样的智者，人类历史将如同无尽黑夜，缺乏智慧的光芒。对于每位大学生而言，他们对人生的觉悟和理解各异，从而赋予人生不同的意义，构成各自独特的人生境界。

个体的专业背景、兴趣爱好和觉解深度的差异，使得即便执行相同的任务，对每个人的意义也大相径庭。专业背景提供了独特的视角，兴趣爱好带来了不同的情感投入，而觉解深度决定了对同一事件的理解和感受。这些因素共同塑造了每个人的人生境界，使得每个人的生活道路和价值追求都呈现出个性化的特点。假如地质学家、历史学家和文学家同游一座名山，地质学家在山中看到的是地质构造、岩石矿物，历史学家看到的是历史遗迹和相关的历史故事，文学家则会把关注点放在历代文人墨客留下的诗词歌赋以及对自然美景的歌咏上。因此，同游一座山，由于游览者的身份不同，山对他们的意义就不同。

对于功名利禄，许多人趋之若鹜，毛泽东在《沁园春·长沙》中却写道："恰同学少年，风华正茂；书生意气，挥斥方遒。指点江山，激扬文字，粪土当年万户侯。"尽管事物同是此物，但它对每个人的价值和意义却各有不同。也就是说，每个人都有自己的人生境界，世界上没有两个人的境界是完全相同的。冯友兰将人生境界的高低归结为一个人的觉解程度，这样就将人生境界完全归于理性层面，剥离了感性这一重要维度。另一方面他忽视了人生境界与世俗生活的联系，其实，境界高下对一个人的日常生活也有指引作用，不同境界的人，言行举止、兴趣爱好、生活方式必然各不相同。

人生境界可以体现出一个人的人生态度，包括个体对宇宙和人生的了解程度和对自己行为的自觉程度，也包括情感、志趣、爱好、追求，是浓缩了一个人的过去、现在和未来而形成的情感世界的整体。大学生的人生境界既受到主观情感因素的影响，也受到其家庭环境、文化背景、人生阅历的影响。大学生的人生境界是指引其实践的导航仪，其境界对其生活、学习和实践具有指引作用，一个人有什么样的人生境界，就意味着他会走什么样的人生道路。境界指引着大学生的行为选择和爱好风格，一个只有低级趣味的人必然过着只有低级趣味的生活，而一个有着高尚审美境界的人则会过着诗意的生活。每一个大学生的人生境界不同，宇宙和人生对其的意义和价值也就不同。可以说，一个人的人生境界可以体现出他的人生意义和价值。

一个人的精神境界表现为他内在的心理状态。我国古人将精神境界称为胸襟抱负，将精神境界外化为行为举止、仪表仪态时，称为气象格局，法国的布迪厄则称之为生存心态和生活风格。胸襟抱负、气象格局作为大学生精神风貌的表现，看似是看不见、摸不着的，但在与人交往的过程中，别人却能真切地体会到。对于古代先贤，我们不可能面对面接触，但通过他们遗留下的文章著述和旁人在接触过程中留下的评价，依然可以感受到他们的胸怀气象。孔子的得意门生颜渊对孔子的学问和道德极为推崇，他在《论语·子罕》篇中说："仰之弥高，钻之弥坚。瞻之在前，忽焉在后。夫子循循然善诱人，博我以文，约我以礼，欲罢不能。既竭吾才，如有所立卓尔。虽欲从之，末由也已。"由此，孔子学识渊博、道德高尚、循循善诱的师者形象跃然纸上。

从被动的角度而言，大学生的精神境界可以被别人感知到。从主动的角度而言，大学生的精神境界如果已经达到了一定的高度，就可能对周围的人产生一种榜样示范的作用。对高校教师而言，大学生人生境界的提升往往是在"春风化雨"和"潜移默化"的过程中完成的。冯友兰在《我所认识的蔡孑民先生》中说："蔡先生的教育有两大端，一个是春风化雨，一个是兼容并包。依我的经验，兼容并包并不算难，春风化雨可真是太难了。春风化雨是从教育者本人的精神境界发出来的作用。没有那种精神境界，就不能发生那种作用，有了那种精神境界，就不能不发生那种作用，这是一点也不能矫揉造作，弄虚作假的。"①

二、大学生人生境界的品位

冯友兰将人生境界划分为四个层次：自然境界、功利境界、道德境界和天地境界。其中，自然境界位于最底层，处于这一境界的人仅依照习惯行事，对所做事情的意义缺乏深刻理解，这一境界的特点可以概括为"顺才顺习"。他们按照生物本能或社会习俗而生活，整个人生处于一片混沌之中，缺乏自我规划和自我反思意识。需要注意的是，冯友兰的境界高下不以年龄、智商为标准，不以学问、事功大小为尺度。功利境界比自然境界更高一层，身处此种境界，一切都以利己为要务，处于此种境界的人会有自觉意识，会为达成自我心中设定的目标而积极奋斗，他们可能会在成就自我的同时，做一些功在当代、利在千秋的功绩，但最终的目的是自己的利益。功利境界的人不再是一片混沌，而对自己的行为有了清晰的认知，他会自觉追名逐利。历史上功勋卓著的人物为实现自己的功名利禄而奋斗，但境界并不高。比功利境界更高一层的是道德境界。身处此境界的人，一切行动的终极追求都是为了"义"，不再是一心利己，而是寻求利他。这是因为他对自己的人生已经有了一种觉解，人本质上具有社会性，人是构成社会的要素，只有在社会环境中，个体才能实现自身的价值和追求。处于功利境界的大学生，一心只为谋求自己的利益；处于道德境界的大学生，则会抛却小我的一己之私，追求奉献自己的光和热，照亮别人前行的路。处于功利境界的大学生，其行为是以索取和占有为目的；处于道德境界的大学生，其行为是以奉献和给予为目的。处于道德境界的大学生，

---

① 冯友兰.三松堂全集：第14卷[M].2版.郑州：河南人民出版社，2000：218.

对于人之所以为人已经有了觉解，了解在人性之中蕴含着社会性，人只有处在社会之中，才能实现自我的人生价值。同时，人需要在社会道德和规范的约束中才能有序实现自我发展。天地境界是人生的最高境界。处于这一境界的大学生，他一切行为的目的都是为了"事天"，因为他产生了一种最高的觉解。人既是自然和社会的一部分，也是宇宙的一部分，人不但应该遵循自然规律，适应自然，也应该对社会和宇宙作出一定的贡献。这便是"知天"。唯有"知天"，才能"事天""乐天"。"乐天"是其所见所行对其都产生了新的意义，这是一种最高的精神愉悦。

这四种境界，就其品位高低而言，是一种由低到高的发展过程，四种境界与四种觉解程度呈一一对应关系。处于自然境界中的大学生对宇宙和人生缺乏深刻的认识和觉解，对外界事物和个人行为缺少明确的规划与认知，常常处于一种迷茫的状态；处于功利境界的大学生对自己的行为有了较为清晰的认识，但其主要目的是追求个人利益，处于觉解的初级阶段；处于道德境界的大学生不仅对个人行为有了清晰的认识，而且开始对人的本性有了一定的理解和觉解；处于天地境界的大学生已经完全觉解，不仅知性，而且知天地。冯友兰认为，自然境界和功利境界是自然的产物，随着人的年龄和阅历的增加，会由自然境界进入功利境界。但道德境界和天地境界是精神的创造，须经过人的主观努力方能达到。

觉解发展的过程也是"真我"发展的过程。在自然境界中，人不知有"我"；在功利境界中，人只知有"我"；在道德境界中，人自知无"我"；在天地境界中，人亦无"我"，但这是一种大无"我"，这种大无"我"，是在了解了"我"在社会和宇宙中的地位的基础上，充分发展了"真我"。"真我"的尺度是实现人的自由，在天地境界中，人的自由达到最高程度。因此，天地境界中蕴含着深厚的审美意蕴。

我们可以根据审美对象的差异和审美主体心灵的自由程度，将审美分为七重境界。审美的第一重境界是对审美对象材质的感官直觉，审美主体通过感知器官对对象进行感知，这种感知作为一种欣赏行为，其中含有感官性刺激和精神性愉悦。这种感受一方面受到对象材质的吸引，基于感官的被动刺激，是一种不自由的行为；但也有自由的一面，感官刺激可以转化为审美愉悦，这种审美愉悦对于对象的感知的被动性较强，而自由精神的呈现较弱，可以称之为"感知之境"。审美的第二重境界是对审美对象形式的直观感知，康德在其审美理论中提出，审美判断是对对象表象形式的直接感受，这种感受不受概念和目的性的影响。当各种能力在自由活动中达到平衡时，便会产生纯粹的愉悦感，这种愉悦是美感产生的内在基础。这种审美更多地依赖于对感性直观的高要求，而对精神自由的表现要求相对较低，因此可以被称为"直观之境"。审美的第三重境界是对审美对象进行情感体验，在审美中，情感现象丰富多彩，愉悦和美感常常交织在一起。从情感体验的角度审视审美，既有不自由的一面，也有心灵自由的一面。体验结晶了个人感受和经验认知，既有具身性，也有直观性，再加上个体情感和想象力的自由，它表现得比直观更为主动，更能体现主体精神的自由，可以称之为"体验之境"。审美的第四重境界是对审美对象真理性的认知。在审美过程中，追求普遍性的规律、知识的普遍性以及伦理学上的人生真理，是审美体验的重要方面。当审美对象能够反映出某种真实性时，对这种真实性的思考和体验便构成了审美的一种形态，这被称为审美的"求真之境"。审美的第五重境界是对世界理想状态的追寻。从美学史上看，西方把对象是否完善作为审美判断的重要依据，而在中国，事物恰到好处，"中庸之道"是判断审美行为的组成部分。对完美与否的判断是一种对于对象应然与实然的认知模式，应然是理想、至善、理念，实然是事物的经验状态，可以称之为"完美之境"。审美的第六重境界是在审美过程中，我们不仅可以品味质感、把玩形式、体验情感，还可以领悟这些因素传达出的气韵与神采。对这种精神性内涵的感悟，体现着我们心灵既感知对象，又超越对象的自由状态，可以称之为"感悟之境"。审美的第七重境界是澄明之境。作为审美的最高境界，实现了主体与客体之间的深度融合，将审美体验从主观投射转变为双方在审美中的本真展现，达到了物我合一的境地。在此境界中，客体以其纯粹的存在显现，主体则以真实的自我呈现，两者均超越了功利的考量，进入了一个全面超越的状态。

审美的七重境界虽然具有一定的层次性，但没有明确的界限，各个境界之间相互贯通。大学生在追求审美境界的过程中要具有一种开放性思维和多元性价值观念，表现出对审美超越性的反思意识。以境界论的思维对审美、艺术、人生进行层次性划分，构成了中国近代美学理论的一种传统。如王国维提出三境界说，宗白华提出艺术境界论，冯友兰提出四境界说。

三、大学生人生境界的层面

大学生的人生境界主要体现在三个层面：日常生活层面、学业层面、审美层面。

第一个层面是大学生的日常生活层面，就是我们所说的衣食住行、柴米油盐、人情世故等日常俗务。日常俗务尽管显得单调乏味，却是人生不可或缺的重要组成部分。日常生活层面对应着马斯洛需求层次理论中的生理需求和安全需求。生理需求是人们最基本的自然需要，包括呼吸、饮食、衣着、居住等；安全需求包括人身安全、健康保障等。

第二个层面是大学生的学业层面。洪堡在创建柏林大学之际明确了大学的双重使命：一方面，致力于探索真理和推进科学发展；另一方面，致力于塑造学生的个性与道德品质。他首次提出将科学研究与教学相提并论，并强调了在两者结合中实现大学的科研任务，但科研的终极目标是促进人的发展。学业层面对应着马斯洛需求层次理论中的归属需求和尊重需求。归属需求包括友情、爱情、关怀和被接纳等；尊重需求包括自尊心、自豪感、荣誉和威望等。

　　第三个层面是大学生的审美层面。前两个层面是功利层面，第三个层面是超功利层面。在学业之外，大学生还应进入审美层次。现代社会的一个特点是就业压力大，竞争十分激烈，大学生身陷"内卷"的漩涡之中。"内卷"一词几经演变，成为大学生群体广泛使用的社交热词，在日常语境中多指非理性的内部竞争。当"内卷"持续加剧成为一种恶性竞争，"内卷化"现象也随之产生，这不仅反映了部分大学生的生活状态和复杂心理，而且折射出其背后的社会根源，展现了部分大学生的奋斗观念和发展能力的时代特征。身处"内卷化"困境的大学生在理想与现实的落差里无法调适，在自我认同和社会认同的失衡中难以协调，在个人能力与社会需要的不匹配中陷入迷茫，在个人追求和时代需要的脱节中缺失担当，从而产生了奋斗意志被消磨、奋斗动力被侵蚀、奋斗信念被动摇的精神危机，从"内卷"逐渐转向"佛系"和"躺平"。大学生"内卷化"是社会环境和个体内在认知共同作用的结果，助力大学生实现"去内卷化"是一个需要需求满足、思维建构、心理调适、价值重塑的复杂过程，既不能离开外部条件的完善，也需要内在精神的支撑。内在精神支撑就是在审美活动中滋润心灵、陶冶情操、健全人格。审美活动尽管没有直接的功利性，但它是大学生所必需的。没有审美活动的人生是有缺憾的。我们不能说审美层面是大学生最重要的层面，但它是完美人生中不可或缺的一个层面。

　　大学生的日常生活层面、学业层面、审美层面应该有一个恰当的比例。大学生不能沉迷于物质享受带来的感官刺激，把学业荒废、审美抛却，也不能整天把自己禁锢在书斋中，生活毫无诗意可言。当然，大学生也不能整日把时间和精力投入到各种审美实践活动中。这三个层面可以相互渗透，相互转化。日常生活中的衣食住行在一定条件下可以具有审美的意义，这就是费瑟斯通在《消费文化和后现代主义》和韦尔施在《重构美学》中提出的"日常生活审美化"。这一命题由费瑟斯通在《日常生活审美化》的演讲中最早提出，他认为日常生活审美化正在消弭艺术和生活之间的距离，在把生活转换成艺术的同时，艺术也转换成了生活。"日常生活审美化"具体包括两个层面：一是艺术和审美进入日常生活，被日常生活化；二是日常生活中的一切，特别是大工业批量生产中的产品以及环境被审美化。在学业层面，教学和学习在一定条件下可以升华至审美层面。审美化教学涉及将所有教学因素，包括教学目标、教学内容、教学方法、教学手段、教学评价和教学情境，转化为审美对象，使整个教学过程成为美的欣赏、美的表现和美的创造活动。这一过程将静态与动态和谐统一，形成内在逻辑美与外在形式美高度和谐统一的整体，从而显著提升教学质量，减轻学生的学业负担，并使师生都能体验到身心的愉悦，实现一种教学模式的创新。从教育的整体范围审视审美化教学，也可以广义称之为"审美化教育"。审美化教育与一般教育的不同之处在于，其将所有因素都按照美的规律加以审美转化，这里的"化"是一个动词，表明由原来的某种状态转化为一种全新的状态，由原来枯燥乏味的学习和教学转化成为审美状态，由原来非审美关系转化为审美关系，使教学和学习达到整体性和谐，富有效率和美感，呈现出新的面貌与生气，从而获得一种审美的愉悦感。这就是教学和学习升华到了审美的层面。反过来，审美活动可以拓宽人的胸襟与气度，也有助于大学生日常生活审美化和学业审美化。大学生的人生境界在三个层面中都会得到体现，其日常生活、衣食住行，包括一些生活细节，都能反映其精神境界，反映其生活心态、生活风格和文化品位。可以说，一个人的精神境界必然会从他日常生活的一举一动中表现出来。一个人的人生境界是一个人生活世界的内在化，人生境界不同，反映出的生活世界就不同。

四、大学生审美化的人生

大学生有什么样的人生境界，就有什么样的人生态度和人生追求。一个迈入审美境界的人，必然会追求审美化的人生。反过来，如果大学生在生活实践中能够有意识地追求审美化的人生，那么他同时也就在向着最高的层面提升自己的人生境界。朱光潜在《谈美》中倡导人生的艺术化，而人生的艺术化就是追求一种审美化的人生。朱光潜认为，人生是多方面相互和谐的整体，把它拆开来看，某部分是实用的活动，某部分是科学的活动，某部分是美感的活动。但我们不能忘记，完满的人生鉴于这三种活动的均衡发展，他们虽然是分开的，却不是相互冲突的。部分人认为艺术对于实际人生是隔着一层的，在整个人生中也没有什么实际价值；有些人为了维护艺术的地位，又想把它纳入实际人生的小范围中，这不但是误解艺术，而且没有认识人生。我们把实际生活看作整个人生之中的一个片段，所以在肯定艺术与实际人生的距离时，并非肯定艺术与整个人生的隔阂。严格而言，离开人生便无所谓艺术，因为艺术是情趣的表现，情趣的根源就在人生。反之，离开了艺术，也就没有真正意义的人生，因为凡是创造和欣赏都是艺术的活动，无创造、无欣赏的人生是自相矛盾的。

人生本来就是一种较为广义的艺术，每个人的生命史就是他自己的作品。这种作品可以是艺术的，也可以不是艺术的，正犹如同是一块顽石，雕刻家可以将其雕成一座伟大的雕像，一般人却不能使其成器，区别就在于审美素养不同。知道生活的人就是生活的艺术家，他的生活就是艺术作品。生活好比一篇文章，完美的生活都有上品文章应有的美点。一篇好文章一定是一个完整的有机体，其中全体与部分息息相关，不能稍有增减，一字一句之中都可以见出全篇贯注的精神气韵。一首诗或一篇美文一定是深情的自然流露，由内而外的表达。情趣源于人与自然景物的互动与共鸣，随着景物的不断变化，情趣也持续不断地产生。在这种不断涌现的情趣中，我们能够洞察生命的创造力，将这种生命力通过语言文字表达，便成就了优美的篇章；通过行为举止展现，便是充实的人生历程。艺术是情趣的活动，艺术化的生活也是情趣丰富的生活。朱光潜将人分为两类：一类是情趣丰富的人，他们对许多事物都感兴趣，并积极寻求趣味；另一类是情趣枯竭的人，他们对事物缺乏兴趣，也不寻求趣味，仅关注基本的生存需求。情趣的丰富程度决定了生活的美满程度，人生的艺术化即是其趣味化。审美化的人生就是充满诗意的人生，创造的人生，爱的人生。

首先，审美化的人生是充满诗意的人生。海德格尔所说的"诗意地栖居"就是回到人的生活世界。生活世界构成了人类最基本的经验领域，其中，人与自然万物和谐共存，没有隔阂。这一概念在中国传统美学中被描述为"自然"与"真"。在自然世界里，人生被赋予了诗情画意，这成为人类精神的归宿。然而，在世俗生活中，人们往往以主客二分的视角来观察世界，将一切事物视为认知和利用的对象，从而在人与人、人与自然之间筑起了壁垒，使人陷入了自我设限的狭小空间，割断了主体与客体之间的天然联系，如同无根的浮萍，随波逐流。诗意的人生则超越了自我和主客二分的界限，以审美的视角和胸怀去欣赏和拥抱万物，体验它们无尽的诗意与情趣，享受当下，重返人类的精神家园。功利的视角和逻辑的思维方式往往掩盖了这个充满意义和趣味的世界，使人失去了对当下的感知。审美活动正是揭开这层遮蔽，揭示出本真的世界，让万物变得有情有灵，充满了难以言喻的诗意。马斯洛在《自我实现的人》中说道，自我实现的人的特点是更有情趣，更能感受世界之美，能够从生活中得到更多的东西，他们带着敬畏、兴奋、好奇甚至是狂喜去体验人生。对于自我实现的人而言，"每一次日落都像第一次看见那样美妙，每一朵花都温馨馥郁，令人喜爱不已，甚至在他见过许多花以后也是这样，他们见到的第一千个婴儿，就像他见到的第一个一样，是一种令人惊叹的产物……这个人可能已经第十次摆渡过河，但当他第十一次渡河时，仍然有一种强烈的感受，一种对于美的反应以及兴奋油然而生，就像他第一次渡河一样。"①

其次，审美化的人生是创造的人生。创造的人生指的是个体将其生命力和创造力发挥到极致的状态，这样的人生充满价值和意义，是生生不息的创造性存在。对于大学生而言，最重要的是生命实践和价值创造，这样的人生才是丰富多彩的，才是审美化的人生。审美活动中总是洋溢着生命的活力和创造的激情。相对地，缺乏创造力的人生则是缺乏价值和意义的，是灰暗和惨淡的，是索然无味的。马斯洛曾指出，我们绝大多数人都有可能比现实中的自己更伟大，我们都有未被利用或发展不充分的潜力。他认为"创造性"与"自我实现"是同义的，同时也与"充分的人性"同义。这意味着每个人都有潜在的创造力和自我实现的可能性，而挖掘这些潜力，实现个人的创造性，是通往充实和有意义的人生之路。通过创造性的活动，个体不仅能够实现自我价值，还能够体验到生活的审美层面，从而丰富自己的精神世界和生活质量。自我实现就是充分利用和开发天资、能力、潜能等，"这样的人几乎竭尽所能，使自己趋于完美"②。这样的人，从不停

---

① 马斯洛. 自我实现的人 [M]. 许金声，刘锋，译. 北京：生活·读书·新知三联书店，1987: 26.
② 马斯洛. 自我实现的人 [M]. 许金声，刘锋，译. 北京：生活·读书·新知三联书店，1987: 4.

止自己的创造，直至生命的最后一刻。

最后，审美化的人生是爱的人生。大学生的人生充满诗意和创造，一定会为其带来无限的喜悦，使其热爱人生，对美好人生充满感恩，并因此提升自己的人生境界。诗意的人生和创造的人生必然带来爱的人生。审美活动使人感受到人生的美好，其原因在于它使人超越主客二分的传统审美模式，使万物受到阳光雨露的滋润。在天地之间转瞬即逝的事物，与人相遇而产生审美交融，在审美主体心中生成审美意象，从而激起人们心中无限的欢喜。这种对人生的爱和感恩的心会相互结合，在万物一体的境界中，人会深刻地感受到作为无限整体的存在对个人生存的眷顾，没有自然环境的孕育，人不可能实现自我。在审美活动中，人会感受到人生的美好，产生感恩之心，从而激励自己追求高尚、纯粹的精神世界。因此，审美的人生是爱的人生，是感恩的人生，是激励自己追求高尚道德情操和完美精神境界的人生。

总之，追求审美的人生就是追求诗意的人生、创造的人生、爱的人生。大学生在追求审美人生的过程中，会不断拓宽自己的视野，涵养自己的气象，提升自己的人生境界，实现人生的价值和意义，从而达到审美化的人生境界。这种人生境界是"饭疏食饮水，曲肱而枕之，乐亦在其中矣。不义而富且贵，于我如浮云"所说的"孔颜之乐"，也是以周敦颐为代表的宋明理学家"胸中洒落，如光风霁月"的境界。在这种人生境界中，真善美获得了统一与协调，心灵超越了个体生命的有限存在，获得了一种高度的自由和解放，使人回归到了自我的精神乐园。

本章小结

在大学阶段，学生开始走向成熟，对美的追求变得更为迫切。大学生的爱美之心主要表现在他们对美的对象的喜爱与欣赏方面。大学生对周围的事物充满了兴趣，具有探索发现的愿望，具有非常敏锐的审美感知力。大学生美育的目标包括塑造健全人格、提升审美素养、激发想象力和培养创造力。大学生美育的特征表现为过程性、全面性、趣味性、形象性、情感性、愉悦性、浸润性和实践性。对美的追求是大学生的一种理性的自觉追求，需要结合审美理论学习和审美实践活动。大学生开展美育的途径多种多样，我国各高校致力于高品位的校园文化建设，注重树立大学生正确的审美观念和培养高雅的审美趣味，提升大学生的审美能力，在实践中探索出了不少富有成效的做法，为大学美育实践活动的开展积累了丰富的经验。审美活动可以从多方面提升大学生的文化素质和文化品格，审美活动对大学生而言，归结起来就是提升大学生的人生境界。

💡 **思考练习**

1.简述大学生美育的目标包括哪些内容。

2.简述大学生美育具有哪些个性化的特征。

3.从理论与实践相结合的角度论述大学生如何提升审美能力。

4.结合实际情况论述高校如何构建多维度立体化的大学美育课程体系。

5.结合实际论述大学生如何实现审美化的人生。

参考文献

一、专著

[1] 爱克曼.歌德谈话录[M].朱光潜，译.北京：人民文学出版社，1982.

[2] 爱因斯坦.爱因斯坦文集：第 2 卷[M].范岱年，赵中立，许良英，译.北京：商务印书馆，1977.

[3] 爱因斯坦.爱因斯坦文集：第 3 卷[M].许良英，赵中立，张宣三，译.北京：商务印书馆，1979.

[4] 鲍列夫.美学[M].乔修业，常谢枫，译.北京：中国文联出版社，1986.

[5] 北京大学哲学系美学教研室.西方美学家论美和美感[M].北京：商务印书馆，1980.

[6] 蔡元培.蔡元培全集：第 2 卷[M].杭州：浙江教育出版社，1997.

[7] 蔡元培.中国现代美学名家文丛：蔡元培卷[M].北京：中国文联出版社，2017.

[8] 曹廷华，许自强.美学与美育[M].2 版.北京：高等教育出版社，2011.

[9] 曾繁仁.美育十五讲[M].北京：北京大学出版社，2012.

[10] 车尔尼雪夫斯基.车尔尼雪夫斯基论文学[M].辛未艾，译.上海：上海译文出版社，1965.

[11] 陈望衡.科技美学原理[M].上海：上海科学技术出版社，1992.

[12] 仇春霖.大学美育[M].北京：高等教育出版社，2005.

[13] 辞海编辑委员会.辞海[M].上海：上海辞书出版社，1999.

[14] 丹纳.艺术哲学[M].傅雷，译.北京：人民文学出版社，1963.

[15] 杜威.杜威教育论著选[M].赵祥麟，王承绪，译.上海：华东师范大学出版社，1981.

[16] 杜威.学校与社会·明日之学校[M].赵祥麟，任钟印，吴志宏，译.北京：人民教育出版社，1994.

[17] 杜卫.美育论[M].2 版.北京：教育科学出版社，2014.

[18] 杜卫.美育学概论[M].北京：高等教育出版社，2023.

[19] 冯友兰.三松堂全集：第 14 卷[M].2 版.郑州：河南人民出版社，2000.

[20] 郭宏安.二十世纪西方文论研究[M].北京：中国社会科学出版社，1997.

[21] 郭沫若.殷周青铜器铭文研究[M].北京：科学出版社，1961.

[22] 哈佛委员会.哈佛通识教育红皮书[M].李曼丽，译.北京：北京大学出版社，2010.

[23] 河竹登志夫.戏剧概论[M].王晓明,译.北京:中国戏剧出版社,1983.

[24] 黑格尔.美学[M].朱光潜,译.北京:商务印书馆,2006.

[25] 胡锦涛.坚定不移沿着中国特色社会主义道路前进 为全面建成小康社会而奋斗:在中国共产党第十八次全国代表大会上的报告[M].北京:人民出版社,2012.

[26] 蒋国忠.新编大学美育[M].上海:复旦大学出版社,2002.

[27] 金元浦,尹鸿,勇赴.影视艺术鉴赏[M].北京:首都师范大学出版社,1999.

[28] 康德.判断力批判:上卷[M].宗白华,译.北京:商务印书馆,1964.

[29] 李泽厚.美学论集[M].上海:上海文艺出版社,1980.

[30] 李泽厚.美学四讲[M].天津:天津社会科学院出版社,2002.

[31] 刘仲林.科学臻美方法[M].北京:科学出版社,2002.

[32] 柳鸣九.未来主义 超现实主义 魔幻现实主义[M].北京:中国社会科学出版社,1987.

[33] 鲁迅.中国小说史略[M].北京:中国书籍出版社,2020:104.

[34] 马斯洛.自我实现的人[M].许金声,刘锋,译.北京:生活·读书·新知三联书店,1987.

[35] 庞蒂.知觉现象学[M].姜志辉,译.北京:商务印书馆,2001.

[36] 彭吉象.影视鉴赏[M].2版.北京:高等教育出版社,2006.

[37] 彭加勒.科学的价值[M].李醒民,译.北京:光明日报出版社,1988.

[38] 普列汉诺夫.普列汉诺夫美学论文集[M].曹葆华,译.北京:人民出版社,1983.

[39] 孙美兰.艺术概论[M].北京:高等教育出版社,1989.

[40] 孙荣春.大学美育[M].徐州:中国矿业大学出版社,2011.

[41] 谭霈生.戏剧鉴赏[M].北京:高等教育出版社,2004.

[42] 汤垕.画鉴[M].北京:人民美术出版社,1969.

[43] 童庆炳.文学概论[M].武汉:武汉大学出版社,2000.

[44] 童庆炳.文学理论教程[M].4版.北京:高等教育出版社,2008.

[45] 王道俊,王汉澜.教育学[M].北京:人民教育出版社,1999.

[46] 王国维.王国维文集:第1卷[M].北京:中国文史出版社,1997.

[47] 王极盛.科学创造心理学[M].北京:科学出版社,1986.

[48] 王一川.大学美育[M].北京:北京师范大学出版社,2021.

[49] 王一川.美学与美育[M].北京:中央广播电视大学出版社,2008.

[50] 维纳.维纳著作选[M].洪帆,译.上海:上海译文出版社,1978.

[51] 习近平.高举中国特色社会主义伟大旗帜 为全面建设社会主义现代化国家而团结奋斗:在中国共产党第二十次全国代表大会上的报告[M].北京:人民出版社,2022.

[52] 席勒.美育书简[M].徐恒醇,译.北京:中国文联出版公司,1984.

[53] 徐恒醇.理性与情感世界的对话：科技美学[M].西安：陕西人民教育出版社，1997.

[54] 杨安仑.美学研究与应用[M].长沙：湖南人民出版社，1987.

[55] 杨辛.大学美育[M].北京：水利电力出版社，1988.

[56] 叶朗.美学原理[M].北京：北京大学出版社，2009.

[57] 易晓明.美育与艺术教育研究新趋势[M].上海：上海教育出版社，2019.

[58] 袁行霈.中国文学史：第1卷[M].北京：高等教育出版社，2005.

[59] 原研哉，阿部雅世.为什么设计[M].朱锷，译.济南：山东人民出版社，2010.

[60] 张法.美育教程[M].北京：高等教育出版社，2006.

[61] 张家骥.中国造园论[M].太原：山西人民出版社，2012.

[62] 张建.大学美育[M].北京：高等教育出版社，2017.

[63] 钟友循，何宇宏.影视与影视鉴赏[M].长沙：中南大学出版社，2004.

[64] 周宪.大学美育导引[M].北京：高等教育出版社，2023.

[65] 朱光潜.谈美·谈美书简[M].南京：江苏人民出版社，2019.

[66] 朱立元.美学大辞典[M].上海：上海辞书出版社，2010.

[67] 朱良志.曲院风荷[M].合肥：安徽教育出版社，2003.

[68] 宗白华.美学散步[M].上海：上海人民出版社，2005.

[69] 宗白华.艺境[M].北京：商务印书馆，2011.

二、期刊

[1] 安福杰.基于需要层次理论的教育游戏激励机制研究[J].中国电化教育，2013(3)：96-100.

[2] 曹玉玺.变与不变——中国"色彩"与"五行"体系关系探析[J].美术观察，2021(5)：65-66.

[3] 曾繁仁.当代生态美学观的基本范畴[J].文艺研究，2007(4)：15-22，174.

[4] 陈岸瑛.未来主义和纯粹主义——欧洲机器美学的缘起[J].装饰，2010(4)：26-30.

[5] 陈望衡.生态美学及其哲学基础[J].陕西师范大学学报（哲学社会科学版），2001(2)：5-10.

[6] 程科，黄希庭.健全人格取向的大学生心理健康结构初探[J].心理科学，2009(3)：514-516，520.

[7] 程相占.冯友兰人生境界论的审美维度[J].孔子研究，2004(5)：19-27，126-127.

[8] 刁生富.从美育的性质和特点看当前美育中的几个问题[J].天中学刊，2004(1)：112-115.

[9] 杜卫.情感体验：美育的根本特征——当代中国美育基础理论问题研究之四[J].美术

研究，2020(3)：5–10.

[10] 杜卫.论审美素养及其培养[J].教育研究，2014(11)：24–31.

[11] 杜卫.论现代美育学的理论构架[J].文艺研究，1993(5)：4–13.

[12] 杜卫.美育与创新教育[J].教育研究，1999(9)：20–24.

[13] 杜卫.谈谈学校美育教师的基本能力和素养——兼及加强和改进师范艺术教育[J].美育学刊，2022(2)：1–7.

[14] 高东升.自然美·社会美·艺术美——浅谈高中语文新教材的美学价值[J].中学语文园地，2002(20)：4–5.

[15] 郭捷，尹萍.艺术美育与高层次创新人才的培养[J].高教探索，2012(1)：79–83.

[16] 郭声健，刘珊.国家美育评价政策：背景、内容与原则[J].湖南师范大学教育科学学报，2021(3)：14–21.

[17] 胡友峰.论自然美的生成机制[J].北京大学学报（哲学社会科学版），2023(2)：42–50.

[18] 胡友峰.自然美的理论谱系及其问题[J].山东社会科学，2019(9)：43–51.

[19] 胡友峰.自然审美四重关系论[J].西南民族大学学报（人文社科版），2020(4)：161–168.

[20] 姜宏德."浸润式"双语教学模式的建构与实践[J].教育发展研究，2004(6)：32–34.

[21] 蒋瑛，孙大庆.艺术人才培养的美育浸润——社会生活在教学中的有效体现[J].中国大学教学，2024(10)：27–32.

[22] 鞠玉翠，罗文钚.在与美游戏中实现人性和谐完满——透过席勒美育思想再探审美素养[J].教育发展研究，2022(Z2)：73–79.

[23] 李咏吟.自然美与艺术美的区分及其价值反思[J].文艺评论，2008(3)：4–13.

[24] 凌继尧.对"日常生活审美化"研究的反思[J].东南大学学报（哲学社会科学版），2007(6)：63–66，127.

[25] 刘滨谊，陈威.中国乡村景观园林初探[J].城市规划汇刊，2000(6)：66–68，80.

[26] 刘成纪.重新认识中国当代美学中的自然美问题[J].郑州大学学报（哲学社会科学版），2006(5)：121–127.

[27] 刘华年.应是无言诗——中国传统手工艺品的当代价值[J].文艺研究，2015(2)：131–137.

[28] 刘黎明.乡村景观规划的发展历史及其在我国的发展前景[J].农村生态环境，2001(1)：52–55.

[29] 刘希言.博物学教育：自然美育的最佳途径[J].东岳论丛，2024(4)：75–83.

[30] 刘欣，李吉品.浸润式美育的学理内涵和实践路径——基于现象学的阐释[J].文艺争鸣，2022(11)：193–195.

[31] 刘旭光.论"审美"的七种境界——关于审美的有限多样性与超越性[J].社会科学，2020(8)：160–170.

[32] 刘勇，刘静.造型艺术审美教育随谈[J].职大学报，2017，(02)：122–124.

[33] 刘悦笛.日常生活审美化与审美日常生活化——试论"生活美学"何以可能[J].哲学研究，2005(1)：107–111.

[34] 刘在洲.科学家精神培养：引育大学生献身科学事业的重要基石[J].学校党建与思想教育，2021(12)：84–87.

[35] 龙静云，崔晋文.生态美育：重要价值与实施路径[J].中州学刊，2019(11)：95–101.

[36] 陆广智.论社会美的性质与特征[J].安徽教育学院学报（哲学社会科学版），1994(2)：34–37.

[37] 罗树杰.中国古典园林景观的意义和旅游价值[J].青海民族研究，2011(2)：24–29.

[38] 罗晓路.大学生创造力特点的研究[J].心理科学，2006(1)：168–172.

[39] 欧阳康.大学校园文化建设的价值取向[J].高等教育研究，2008(8)：5–10.

[40] 彭成广."自然美"何以可能及其作为"问题"的理论启示[J].四川大学学报（哲学社会科学版），2022(4):46–56.

[41] 冉祥华.大学美育课程的设计与操作[J].黑龙江高教研究，2008(9)：177–179.

[42] 史一丰.大学美育：向美前行 培育真人——《大学美育十讲》读后[J].民族音乐，2024(5)：95–97.

[43] 宋薇.生态美学、环境美学与自然美学辨析[J].晋阳学刊，2011(4)：53–56.

[44] 眭依凡.大学使命：大学的定位理念及实践意义[J].教育发展研究，2000(9)：18–22.

[45] 孙勇，范国睿.我国学校美育工作的现状、问题与对策[J].教育科学研究，2018(10)：70–75.

[46] 汤杰英.美育概念考察[J].西南师范大学学报（人文社会科学版），2002(2)：70–76.

[47] 唐松林，邓洁隽.论科学研究的审美性质[J].大学教育科学，2015(4)：8–13.

[48] 汪以平.艺术美育与大学生素质[J].江苏高教，2007(5)：154–155.

[49] 王泉泉，魏铭，刘霞.核心素养框架下科学素养的内涵与结构[J].北京师范大学学报(社会科学版)，2019(2)：52–58.

[50] 王子涵，刘丹.人文价值视野下的社会美育[J].美术教育研究，2024(21)：56–58.

[51] 肖笃宁，李晓文.试论景观规划的目标、任务和基本原则[J].生态学杂志，1998(3)：47–53.

[52] 谢海涛.艺术设计类人才培养模式改革初探[J].教育与现代化，2010(1)：42–45.

[53] 徐碧辉.从实践美学看"生态美学"[J].哲学研究，2005(9)：107–113.

[54] 许洪林，代志东，卢思霖.中国社会美育百年发展历程及其形态考察[J].文艺争鸣，

2024(9)：100–106.

[55] 姚文放."社会美育"：蔡元培美育思想的第二原理[J]. 求是学刊，2024(5)：161–168，10.

[56] 叶浩生.身体与学习：具身认知及其对传统教育观的挑战[J].教育研究，2015(4)：104–114.

[57] 易晓明.新时代学校美育观的确立与发展[J].教育研究，2024(9)：91–104.

[58] 殷瑛，郭声健.面向未来的美育教师：素养结构与培养进路[J].湖南社会科学，2024(5)：151–157.

[59] 张雪梅，吴炜生."内卷化"冲击下的新时代青年奋斗精神及其培育理路[J].中国青年社会科学，2022(4)：49–58.

[60] 张志泉，陈振华.教育应助力儿童想象力的发展[J].中国教育学刊，2019(2)：54–58.

[61] 赵伶俐，文琪.以审美素养发展为目标的美育评价[J].湖南师范大学教育科学学报，2021(3)：22–29.

[62] 赵伶俐.审美化教学论[J].西南师范大学学报（人文社会科学版），2000(5)：108–114.

[63] 郑巨欣.从"工艺美术"到"艺术设计"之名实说[J].装饰，2009(12)：19–22.

[64] 郑欣.从《负建筑》思考地标性建筑[J].艺术评论，2011(6)：123–125.

[65] 周治金，杨文娇，赵晓川.大学生创造力特征的调查与分析[J].高等教育研究，2006(5)：78–82.

[66] 卓雅.高校艺术美育通识课现状及师资需求分析[J].美育学刊，2014(5)：101–105.

三、学位论文

[1] 程远.马克思主义美育观与当代中国美育建设[D].北京：北京交通大学，2018.

[2] 邓佳.高校美育课程研究[D].重庆：西南大学，2019.

[3] 冯静.理工科大学美育模式与实践路径研究[D].上海：华东理工大学，2022.

[4] 冯婷.审美教育与大学生的全面发展[D].西安：陕西师范大学，2015.

[5] 李家苗.三全育人视域下新时代大学生美育教育研究[D].西安：长安大学，2023.

[6] 任世东.美育合理性研究[D].呼和浩特：内蒙古师范大学，2023.

[7] 史文倩.地方高校美育教育体系构建研究[D].赣州：赣南师范大学，2021.

[8] 王樱.普通高校美育模式的探索[D].上海：复旦大学，2012.

[9] 战红岩.中国现代美育实践的发生[D].长春：东北师范大学，2021.

四、网络资源

[1] 中华人民共和国中央人民政府.中共中央办公厅 国务院办公厅印发《关于全面加强和改进新时代学校体育工作的意见》《关于全面加强和改进新时代学校美育工作的意见》[EB/OL]. (2020–10–15)[2025–02–24]. https://www.gov.cn/gongbao/content/2020/content_5554511.htm.

[2] 中华人民共和国教育部.教育部关于印发《全国学校艺术教育发展规划（2001—2010 年）》的通知[EB/OL]. (2002–05–13)[2025–02–24].http://www.moe.gov.cn/srcsite/A17/moe_794/moe_795/200205/t20020513_80694.html.

[3] 中华人民共和国教育部.教育部关于印发《中小学生艺术素质测评办法》等三个文件的通知[EB/OL]. (2015–05–26)[2023–11–29]. http://www.moe.gov.cn/srcsite/A17/moe_794/moe_795/201506/t2015–06–18_190674.html.

[4] 中华人民共和国教育部.国务院办公厅关于全面加强和改进学校美育工作的意见[EB/OL]. (2015–09–15)[2025–02–24]. http://www.moe.gov.cn/jyb_xxgk/moe_1777/moe_1778/201509/t20150928_211095.html.

[5] 中华人民共和国教育部.培养德智体美劳全面发展的社会主义建设者和接班人[EB/OL]. (2018–09–16)[2025–02–24]. http://www.moe.gov.cn/jyb_xwfb/xw_zt/moe_357/jyzt_2018n/2018_zt18/zt1818_pl/mtpl/201809/t20180919_349377.html.

[6] 中华人民共和国教育部.教育部关于切实加强新时代高等学校美育工作的意见[EB/OL]. (2019–04–02)[2025–02–24]. http://www.moe.gov.cn/srcsite/A17/moe_794/moe_624/201904/t20190411_377523.html.

[7] 中华人民共和国中央人民政府.教育部关于全面实施学校美育浸润行动的通知[EB/OL]. (2023–12–20)[2025–02–24]. https://www.gov.cn/zhengce/zhengceku/202401/content_6924205.htm.

[8] 中共中央关于全面深化改革若干重大问题的决定[EB/OL]. (2013–11–15)[2025–02–24]. https://www.gov.cn/zhengce/2013–11–15/content_5407874.htm.

[9] 中华人民共和国教育部.教育部关于推进学校艺术教育发展的若干意见[EB/OL]. (2014–01–14)[2025–02–24]. http://www.moe.gov.cn/srcsite/A17/moe_794/moe_795/201401/t20140114_163173.html.

[10] 中华人民共和国教育部.做好新时代学校美育工作[EB/OL]. (2019–05–07)[2025–02–24]. http://www.moe.gov.cn/jyb_xwfb/moe_176/201905/t20190507_380858.html.